权威·前沿·原创

皮书系列为
"十二五""十三五"国家重点图书出版规划项目

中国社会科学院创新工程学术出版资助项目

城市蓝皮书
BLUE BOOK OF
CITIES IN CHINA

中国城市发展报告
No.11

ANNUAL REPORT ON URBAN DEVELOPMENT OF CHINA
No.11

大国治土之城乡变革

主　编／潘家华　单菁菁
副主编／武占云

社会科学文献出版社
SOCIAL SCIENCES ACADEMIC PRESS（CHINA）

图书在版编目（CIP）数据

中国城市发展报告.No.11，大国治土之城乡变革／
潘家华，单菁菁主编. －－北京：社会科学文献出版社，
2018.9
　（城市蓝皮书）
　ISBN 978 - 7 - 5201 - 3508 - 5

　Ⅰ.①中⋯　Ⅱ.①潘⋯ ②单⋯　Ⅲ.①城市经济 - 经
济发展 - 研究报告 - 中国　Ⅳ.①F299.21
　中国版本图书馆 CIP 数据核字（2018）第 219412 号

城市蓝皮书
中国城市发展报告 No.11
——大国治土之城乡变革

主　　编／潘家华　单菁菁
副 主 编／武占云

出 版 人／谢寿光
项目统筹／邓泳红　陈　颖
责任编辑／薛铭洁　陈　颖

出　　版／社会科学文献出版社·皮书出版分社 （010）59367127
　　　　　地址：北京市北三环中路甲 29 号院华龙大厦　邮编：100029
　　　　　网址：www.ssap.com.cn
发　　行／市场营销中心（010）59367081　59367018
印　　装／三河市龙林印务有限公司

规　　格／开 本：787mm×1092mm　1/16
　　　　　印 张：21.25　字 数：321 千字
版　　次／2018 年 9 月第 1 版　2018 年 9 月第 1 次印刷
书　　号／ISBN 978 - 7 - 5201 - 3508 - 5
定　　价／98.00 元

皮书序列号／PSN B - 2007 - 091 - 1/1

主要编撰者简介

潘家华　中国社会科学院学部委员，中国社会科学院城市发展与环境研究所所长，研究员，博士研究生导师。研究领域为世界经济、气候变化经济学、城市发展、能源与环境政策等。担任国家气候变化专家委员会委员，国家外交政策咨询委员会委员，中国城市经济学学会副会长，中国生态经济学会副会长，政府间气候变化专门委员会（IPCC）第三次、第四次和第五次评估报告核心撰稿专家。先后发表学术（会议）论文 200 余篇，撰写专著 4 部，译著 1 部，主编大型国际综合评估报告和论文集 8 部；获中国社会科学院优秀成果一等奖（2004 年）、二等奖（2002 年），孙冶方经济学奖（2011 年）。

单菁菁　中国社会科学院城市发展与环境研究所研究员，博士，中国城市经济学会副秘书长。主要从事城市与区域规划、城市经济、城市社会、城镇化等研究。先后主持国家社科基金课题、中国社会科学院重大课题、国际合作课题、省部委及地方委托课题等 56 项。出版专著 2 部，主编著作 12 部，参与了 14 部学术著作和《城市学概论》《环境经济学》等研究生重点教材的撰写工作，先后在国内外学术期刊和《人民日报》《光明日报》《经济日报》等发表文章 100 多篇，向党中央、国务院提交的政策建议多次得到国家领导人的批示，获得各类科研成果奖 13 项。

武占云　中国社会科学院城市发展与环境研究所副研究员，理学博士，应用经济学博士后，主要从事城市规划、城市与区域经济学研究。在国内外核心期刊发表中英文学术论文 30 余篇，撰写研究报告 10 余篇。先后主持或参与完成 10 余项科研项目，包括国家社科基金项目 4 项、国家自然基金项目 4 项、教育部人文社科项目 1 项、博士后基金项目 1 项、中国社会科学院中英合作伙伴项目 1 项、中国社会科学院青年基金课题 1 项。

摘　要

　　土地是万物之母，无论是经济社会发展还是人们的生产生活，都需要有作为空间载体的土地支撑和持续供给。改革开放以来，我国城镇化和经济发展呈现高度依赖土地的特征，虽然推动了经济的高速发展，但也导致城市土地无序蔓延、农村土地大量荒废、土地利用效率低下、征地拆迁矛盾、生态环境破坏等一系列社会环境问题。当前，中国经济已经由高速增长阶段转向高质量发展阶段，加强国土治理、优化土地开发方式、提升土地利用效能成为新时期的重要任务。党的十九大报告也强调，要构建国土空间开发保护制度，推进国土综合治理。

　　《中国城市发展报告 No. 11》（以下简称《报告》）以"大国治土之城乡变革"为主题，紧密结合十九大精神，共设计了总报告、综合篇、国土规划篇、国土整治篇、城乡改革篇、国际经验篇、大事记 7 个篇章，分专题深入分析了我国国土开发利用和土地治理管理的现状及问题，系统评价中国城市健康发展状况，并结合国际经验，提出了"大国治土"的总体思路和对策建议。值得强调的是，在本报告中，"大国治土"的"治"，是广义上的"治理"，即通过对土地资源进行科学规划、合理开发、高效利用和保护整治，实现土地利用效能的整体提升和可持续发展。

　　《报告》指出，我国土地资源具有资源总量大、人均少、后备资源相对不足，山地多、平原少、耕地质量总体偏低，地区自然禀赋差异大、区域资源分布不均衡等特征，给国土开发利用带来较大困难。随着我国在国土空间规划、国土生态整治和土地制度改革等方面的深化发展，国土开发利用和土地治理管理措施不断升级，国土资源利用水平得到提升，国土生态环境初步得到改善。目前我国建设用地增量逐年减少，土地利用效率持续提升，土地

城镇化快于人口城镇化趋势初步得到扭转，土地荒漠化和沙化得到有效控制。但与此同时，由于空间规划衔接不畅、农村土地制度不完善、国土治理力度不够等原因，城乡建设用地倒挂、人均耕地持续减少、农地利用效率偏低、农地被非法占用、土壤污染、生态系统功能退化等问题依然存在。

《报告》认为，当前生态文明建设和供给侧结构性改革加快推进，国土空间开发治理也日益呈现一些新的发展趋势：一是规划重点从侧重土地用途管制转向统筹利用国土空间资源；二是国土开发模式从点轴带动转向集聚开发；三是国土治理从分类型解决问题转向分区域综合整治。

在此背景下，针对当前我国国土开发利用和土地治理管理中存在的问题，《报告》建议，应立足我国国情，借鉴国际成功经验，促进我国土地利用效能提升和维护国土生态安全。第一，全面推动"多规合一"，充分发挥规划引导管控作用；第二，推进国土空间集聚开发和人地挂钩，促进城乡区域高质量发展；第三，严格落实节约集约用地，进一步提高土地利用效益；第四，继续深化城乡土地制度改革，构建城乡统一的土地市场；第五，加大污染防治和修复力度，全方位维护国土生态安全；第六，完善相关法律法规保障，引导鼓励公众广泛参与。通过政府和社会各界的共同努力，以绿色理念开辟国土资源永续利用新途径，促进城乡健康和可持续发展。

释放土地资产的市场潜能（代序）

潘家华

土地作为一种有限的自然资源，具有稀缺性；作为多重经济社会功能的资产，有着明确的生产要素属性。城市发展离不开土地。所谓"人法地，地法天"，意味着人类生存繁衍依赖土地，而土地又不是独立的，其生产力或价值，在一定程度上取决于"天"，也就是包括降水、温度，以及天然河流、山川地貌、地下矿产品位储量等自然条件。

也正是因为这样，其国家主权属性往往使其成为战争标的物，其权益所有者所拥有的资产属性使其成为市场交易品。在国家主权一定的框架下，土地资产的所有者权益成为财富和社会话语的有效测度。新中国从新民主主义步入社会主义，实现了全民即国家和村集体所有的土地公有制，并入宪固化。由于农村集体土地在制度上不得用以城市和工业，通过非市场的行政手段低价征用农村集体土地，为快速、大规模的工业化和城市化提供了廉价的要素资源。土地资产的旺盛市场需求，为全民所有权益的代表者——地方政府积累了巨额收益，有效支撑了地方政府的"土地财政"。在现行土地制度下，即使是农村非农业生产属性的宅基地和乡村工业用地，也不得进入市场交易。

国有土地的高度垄断供给，经常出现"面粉比面包贵"的畸形状况，引发"城市病"，降低宜居性。另外，农村非农业生产用地在没有"国有化"以前，不可以入市，形成不了土地要素的市场供给。这样一种国有—集体和城—乡双重二元锁定，从制度上打压了土地的市场潜能。农村土地的低效率利用，土地资产不能成为商业资本的有效载体；城市国有土地的资本投入，回报率也在逐渐递减；农业劳动力难以在城市立足，城市发展的动力也会不断衰减。

　　农民作为弱势群体，需要基本生存保障。但是，土地资产并不能提供有效保障。这是因为，目前我国农民的教育、知识、技能水平普遍不高，很难获得相应的高回报，而大量农村劳动力进城打工导致农村空心化以及老弱、疾病等因素，又使得很多土地资源被闲置浪费。一种改进，是将农村土地的承包权和使用权分离，让"能人""租用"土地进行规模经营，而农民获取其"地租"收益。但是，这样的方式，一方面，农民获取地租收益不符合社会主义"按劳分配"的原则；另一方面，由于土地承包人的个人意愿差异，也会使规模经营存在不确定性和风险。农民作为公民，与作为城市居民的公民，具有相同的法律权益。城市居民无须土地保障，农村居民同样可以通过社会提供保障。这种社会保障，相对于土地保障，成本更低，效果更好。社会保障可以将农民从土地中解放出来，同时也将稀缺的土地资源从农民手中解放出来，无疑会极大地释放土地的市场潜能。

　　乡村振兴需要注入人才和资本要素。城市户籍的人才和资本下乡，需要农村土地作为载体。历史上，通过官员告老还乡、商人衣锦还乡和军人解甲归田，城乡人口和资本的流动是通畅的。在城乡"二元体制"下，人才、资本的流动是单向的，农村优质的人力资本通过考学、招工、打工、入伍等方式进城而离开土地。从乡村走出来的知识分子、官员、企业家、军官，由于城市户籍，纵然有意愿，有资金、技术、市场、管理经验，但也回不去了。因为，城里人不可以在农村置地建房、安家落户。有人说，城里人可以通过捐资修路、办学，帮助振兴乡里。但问题是，没有决策权，不承担责任，土地资产的生产力也难以得到最大实现。当然，外出务工人员具有农村户籍，可以返乡创业，但是一家一户的谈合同，交易成本太高、风险太大。缺乏技术、资金、治理能力的土地，生产力显然难以充分发挥其潜能。

　　农药化肥的过度使用已经构成严重的土地安全和食品安全挑战。面源污染的治理，大型养殖场禽畜粪便的处理，地表水、地下水的污染防治，也影响农村土地的功能价值。由于中国的土地承包权面向分散的农户个体，单个承包者规模小、成本高，不会有效投入治理；而依赖于国家财政投入，也会因为缺乏规模效益而效率低、效果差。城市土地集约程度高，集聚效应好，因而对污水处理、土地治理等相对来说，也具有更高的规模效应。农村土壤污染的治理，农村社会服务的普及和完善，也需要土地利用能够科学规划、集中投入，客观上要求通过市场实现土地资源的优化配置和资产价值最大化。

中国地域广阔，但人口众多，地形、地貌、温度、降水等自然禀赋要素匹配性差。根据我国人居环境的相关研究，高度适宜地区占国土面积的9.99%，承载的人口却高达29.94%；不适宜地区和临界适宜地区的面积占55.16%，但所承载的人口只占3.44%；比较适宜和高度适宜地区的面积占27.36%，承载人口占比却高达78.72%。而国家工业发展、农业生产、粮食安全等大多依赖于宜居之地，在这极其有限的土地面积上，非农业生产用地还被分割为城乡二元，显然难以实现土地资源的市场配置。

放宽大城市农民工落户门槛，似乎可以缩减城乡鸿沟，殊不知大城市的生态空间，已成为刚性约束。根据北京水务局数据，南水北调每年补水北京10亿多立方米，但2016年北京市人均水资源依然只有168立方米，仅相当于国际上极端缺水标准人均500立方米的1/3，粮食、农副产品等也基本依靠京外输入。京、沪、深的房价，动辄每平方米10万多人民币，而在四、五线城市不过数千元。与其让农民工进入大城市，砸锅卖铁也买不了1平方米的住房，不如让大城市的资本、技术、人才，尤其是高等教育、医疗、科研等优质公共资源疏解到四、五线城市。这些中小城市和周边乡村的土地，在注入优质的经济社会资源后，其市场价值和经济潜能会大幅提升，而大城市的生态环境约束，也会因为优质资源的疏解以及随之而来的产业和人口疏解，得到有效缓解，高房价、交通拥堵等"城市病"也将因此得到根治。

在我国经济从高速度增长转向高质量发展的新的历史方位，解决发展不平衡、不充分问题，满足人民不断增长的美好生活的需要，需不断提升国土资源的治理水平和能力。以"大国治土之城乡变革"作为今年《中国城市发展报告》的主题，也是我国迈向高质量发展的客观需要。

目　录

Ⅳ 国土整治篇

Ⅴ 城乡改革篇

Ⅵ 国际经验篇

Ⅶ 大事记

皮书数据库阅读 使用指南

总 报 告

General Report

B.1

大国治土：现状、问题与对策

总报告编写组*

摘　要： 当前，中国经济已经由高速增长阶段转向高质量发展阶段，
加强国土治理、优化土地开发方式、提升土地利用效能成为
新时期的重要任务。本文着重分析了中国的土地资源特征、
开发利用现状以及面临的问题挑战等，并在此基础上，以促
进土地利用效能提升和维护国土生态安全为目标，提出着力
提升土地治理管理水平，优化国土空间开发利用模式，促进
土地资源集聚开发和人地挂钩，以放活经营权为核心继续深
化城乡土地制度改革，通过生态建设和综合治理全方位维护

　* 执笔：单菁菁，中国社会科学院城市发展与环境研究所规划室主任，研究员，博士，研究方
　　向：城市与区域经济发展战略、城市与区域规划、城市与区域管理等；武占云，中国社会科
　　学院城市发展与环境研究所副研究员，博士，研究方向：城市规划、城市与区域经济学等；
　　耿冰，中国社会科学院城市发展与环境研究所博士后，博士，研究方向：城市与区域规划。
　　感谢潘家华所长对总报告的指导，同时也感谢各分报告对总报告的支撑和贡献。

国土生态安全等对策建议。

关键词： 土地　治理　开发　利用　改革

　　土地是万物之母，无论是经济社会发展还是人们的生产生活，都需要有作为空间载体的土地支撑和持续供给。改革开放以来，我国城镇化和经济发展呈现高度依赖土地的特征，虽然推动了经济的高速发展，但也导致城市土地无序蔓延、农村土地大量荒废、土地利用效率低下、征地拆迁矛盾、生态环境破坏等一系列社会环境问题。当前，中国经济已经由高速增长阶段转向高质量发展阶段，加强国土治理、优化土地开发方式、提升土地利用效能成为新时期的重要任务。党的十九大报告也强调并指出，要构建国土空间开发保护制度，推进国土综合治理。

　　本报告立足当前中国实际，紧密结合十九大精神，在深入分析我国国土开发利用和土地治理现状的基础上，针对当前存在的问题，结合国际经验，提出"大国治土"的总体思路和对策建议。值得强调的是，在本报告中，"大国治土"的"治"，是广义上的"治理"，即通过对土地资源进行科学规划、合理开发、高效利用和保护整治，实现土地利用效能的提升和可持续发展。

一　中国土地资源特征及开发利用情况

（一）土地资源特征

1. 数量特征：土地资源总量大、人均少，后备资源相对不足

　　我国土地资源的基本国情是土地资源总量大，但可利用的土地特别是耕地资源数量不足，人均土地资源占有量小；地貌空间格局以山地、丘陵为主，土地资源与水资源空间分布不平衡，土地覆被类型具有显著的地域性特

征，人均耕地自北向南、自西向东递减，人口和粮食生产区域分布不均衡，局部地区特别是东部地区人地矛盾十分突出。

土地资源总量大。我国土地辽阔，国土总面积960万平方公里，仅次于俄罗斯（1709.83万平方公里）、加拿大（998.47万平方公里）和美国（983.15万平方公里），居世界第四位①。根据国土资源部公布的最新调查统计结果，2016年中国实有耕地面积134.93万平方公里，占世界耕地面积的8.34%，居第四位；林地252.92万平方公里，占世界林地面积的5.21%，居第五位；草地219.37万平方公里，占世界草地面积的16.53%，居第一位②（见图1）。

人均土地资源量少。尽管中国土地面积大，但是由于人口数量多，人均土地资源占有量少。据统计，2016年中国人均土地面积仅为0.007平方公里，只有世界人均土地面积的38.9%，是澳大利亚人均土地面积的2.2%，加拿大人均土地面积的2.5%，俄罗斯人均土地面积的5.9%，美国人均土地面积的22.6%；人均耕地0.00098平方公里（1.47亩），仅为世界人均耕地的40%；

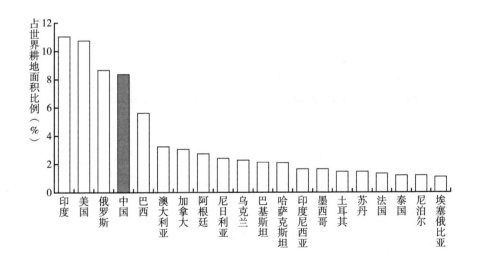

① 《世界银行WDI数据库》，2016。
② 联合国粮食及农业组织数据库，中国土地调查成果共享应用平台，http：//tddc. mlr. gov. cn/to_ Login。

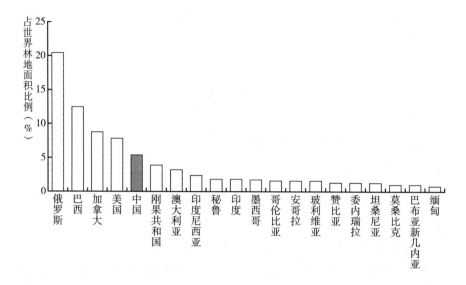

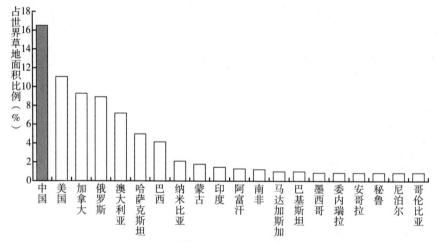

图1　世界耕地、林地、草地面积前20名国家

资料来源：联合国粮食及农业组织数据库。

人均林地0.0021平方公里，仅为世界人均林地的26.6%；人均草地0.0027平方公里，仅为世界人均草地的84.37%①。

_____

① 联合国粮食及农业组织数据库，2016。

后备土地资源相对不足。目前中国未利用土地面积为 164.48 万平方公里，约占国土总面积的 17%，除去河流湖泊水面以及无法利用的沙地外，荒草地、滩涂、盐碱地、沼泽地等后备土地面积共 90.4 万平方公里①。尽管保有一定数量的后备土地资源，但 80% 分布在生态脆弱的西部地区（见表 1），常年干旱少雨、土地贫瘠、水土流失严重、可垦殖比例较小，非常难以开发利用。

表 1　中国后备土地资源面积与分布

单位：万平方公里

地区	荒草地	沿海滩涂	内陆滩涂	盐碱地	沼泽地	后备土地资源
东部地区	3.6	1.4	0.5	0.3	0.0	5.8
中部地区	5.8	0.0	0.9	0.0	0.0	6.7
西部地区	55.1	0.1	4.1	10.8	2.4	72.5
东北地区	2.4	0.2	0.8	0.8	1.2	5.4
全国	66.9	1.7	6.3	11.9	3.6	90.4

资料来源：中国土地调查成果共享应用平台，http：//tddc. mlr. gov. cn/to_ Login。

2. 质量特征：山地多、平原少，耕地质量总体偏低

山地多、平原少。中国地貌类型多样，其中山地面积最大，共 320 万平方公里，占总面积的 33.33%；高原 250 万平方公里，占总面积的 26.04%；盆地 180 万平方公里，占总面积的 18.75%；平原 115 万平方公里，占总面积的 11.98%；丘陵 95 万平方公里，占总面积的 9.90%（见图 2）。全国近一半的省份，山地面积超过辖区面积的 50%。大面积的山地产生了大面积的坡耕地。据第二次全国土地调查公报，全国耕地按坡度划分，15~25 度耕地占总耕地面积的 7.9%；25 度以上耕地占总耕地面积的 4.1%，主要分布在西部地区（见图 3）。

耕地质量总体偏低。由于水、热、光、土等自然资源要素的组合不平

---

① 未利用地包括其他草地、河流水面、湖泊水面、沿海滩涂、内陆滩涂、冰川及永久积雪、盐碱地、沼泽地、沙地。资料来源：中国土地调查成果共享应用平台，http：//tddc. mlr. gov. cn/to_ Login。

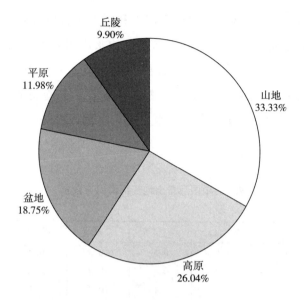

图 2　中国各类地貌类型

资料来源:《中国国土资源年鉴 2017》。

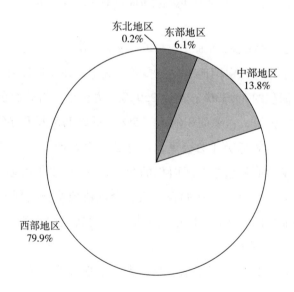

图 3　中国 25 度以上坡耕地分布

资料来源:第二次全国土地调查主要数据成果公报。

衡，中国土地资源的质量差距较大。中国将耕地质量划分为 15 个等级，其中 1～4 等为优等地；5～8 等为高等地；9～12 等为中等地；13～15 等为低等地。根据调查结果，2016 年全国耕地质量平均等别为 9.96 等，其中，中低等地面积占全国耕地评定总面积的比例超过 70%（见图 4），东部地区和中部地区耕地平均质量等别较高，分别为 8.19 等和 7.98 等；东北地区和西部地区耕地平均质量等别较低，分别为 11.25 等和 11.33 等。总体来看，中国耕地质量偏低。

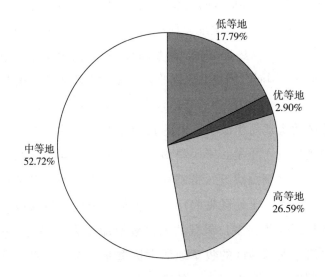

图 4　中国优高中低等地面积比例构成

资料来源：《2017 中国土地矿产海洋资源统计公报》。

3. 空间分布特征：地区自然禀赋差异大、区域资源分布不均衡

中国幅员辽阔，领土纵跨南北纬度近 50 度，东西相距约 5000 千米，东、中、西、东北部地区之间的自然禀赋差异较大，土地资源状况也存在较大差异。其中，土地资源条件最好的地区是东部地区，该区域包括北京、天津、河北、上海、江苏、浙江、福建、山东、广东和海南 10 个省市。在不到国土总面积 1/10 的土地上，东部地区承载了全国近 2/5 的人口，人均土地面积仅 0.0017 平方公里（见图 5）。从用地类型来看，东部地区建设用地

面积最大,占全国同类用地总面积的33.1%,其中居民点及工矿用地面积占全国同类用地总量的33.6%;交通运输用地面积占全国同类用地总量的32.6%;水利设施用地占全国同类用地总量的29.2%。在农业用地类型中,农用地总量占全国同类用地总面积的10.9%,仅高于东北地区0.4个百分点,其中园地所占面积最大,占全国同类用地面积的39%;耕地和林地面积均为四地区中最少,分别占全国同类用地面积的19.4%和12.8%,人均耕地面积仅为1.11亩。

中部地区是东、西部地区的过渡带,包括山西、安徽、江西、河南、湖北和湖南6个省份,占全国土地总面积的10.7%。该地区大部分为半湿润的中温带、暖温带及亚热带地区,热量条件好,是全国粮、棉、油生产基地。耕地面积占全国同类用地总面积的22.6%,人均耕地面积1.88亩,耕地质量较高。

西部地区的土地面积最大,包括12个省区市,占全国土地总面积的71.5%。该地区处于干旱、半干旱地带,沙漠、戈壁和高寒荒漠面积较大,气候干旱,水资源缺乏,生态环境脆弱,自然资源条件较差,适宜人类居住的土地少,土地开发利用程度较低。因此,尽管西部地区土地面积是东部地区的7倍多,承载的人口数量却仅为东部地区的2/3。从用地类型来看,西部地区的牧草地所占比重非常大,几乎全国的牧草地都集中在西部地区,是中国重要的畜牧业发展基地。另外,西南山区还是重要的林区、矿区和能源基地。全国超过4/5的未利用地分布在西部地区。总体而言,受自然条件的约束,西部地区未利用土地面积最大,土地资源条件较差。

东北地区包括辽宁、吉林和黑龙江三个省份,占全国土地总面积的8.2%。人口数量少,仅占全国总人口的7.9%。东北地区处于中温带和寒温带地区,是四个地区中纬度最高的地区。东北地区耕地和林地所占比例较大,分别占全国同类用地面积的20.6%和14.3%。其中,三江平原和松嫩平原是东北商品粮生产基地;大、小兴安岭和长白山林区则是中国最主要的林业生产基地。

综上所述，中国土地资源区域分布极不均衡，土地资源条件最好的地区为东南部地区，集中了全国大部分优质耕地和内陆水域，而西北部地区的土地资源条件较差。东北部和西南部地区集中了全国一半以上的林地，而草地则主要集中在西北部干旱和半干旱地区。这一特点，决定了中国不同地区的人口承载力和土地开发利用程度有较大差异。

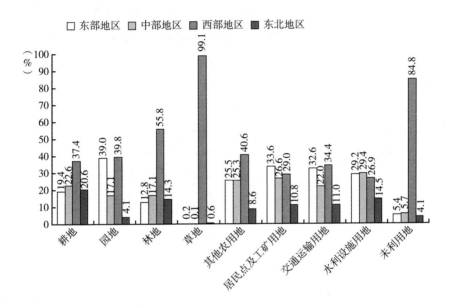

图5　中国东、中、西、东北地区各类用地面积占全国同类用地面积比重

资料来源：中国土地调查成果共享应用平台，http：//tddc. mlr. gov. cn/to＿ Login。

（二）土地开发利用情况

根据国土资源的最新统计，截至2016年底中国农用地占国土可开发面积的76.09%，建设用地占4.51%，未利用地占19.4%。已开发利用地合计占国土可开发面积的80.6%，土地开发利用的主要特点如下。

1. 建设用地：增量减少、效率提升、城乡倒挂

改革开放后，中国工业化、城镇化水平迅速提升，城镇和工矿用地以"摊大饼"的方式迅速扩张，国土资源严重浪费。近年来，通过严控增量、

盘活存量、优化结构、提高效率等方式，中国建设用地总量得到有效控制，土地利用结构和布局不断优化，节约集约利用水平普遍得到提升。

新增建设用地持续减少，总量得到有效控制。中国严格实施建设用地总量控制政策，要求相关规划的建设用地规模不得超过土地利用总体规划确定的建设用地规模，通过建设用地总量控制倒逼建设用地利用强度提升。据统计，2016 年中国建设用地总面积为 3829.5 万公顷，占国土总面积的 4.51%。其中，以居民点及工矿用地面积为主，占建设用地总面积的 80.94%，交通运输用地占 9.69%，水利设施用地占 9.37%（见图6）。

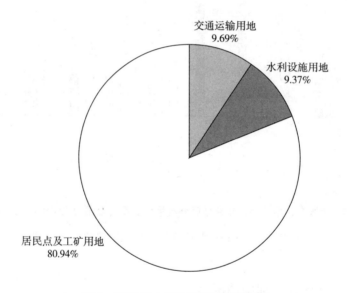

图6　2016 年中国建设用地利用情况

资料来源：中国土地调查成果共享应用平台，http://tddc. mlr. gov. cn/to_ Login。

建设用地总规模的增幅保持较低水平。2010～2016 年，中国新增建设用地面积从 2010 年的 67.09 万公顷，减少至 2016 年的 49.69 万公顷，同比增幅从 2010 年的 1.96% 降低到 2016 年的 1.31%，降低了 0.65 个百分点（见图7）。

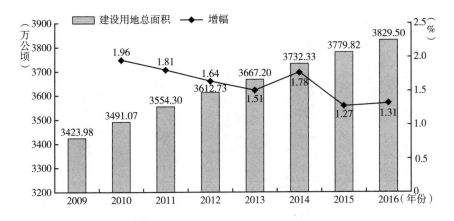

图 7　2009～2016 年中国建设用地面积变化情况

资料来源：中国土地调查成果共享应用平台，http：//tddc. mlr. gov. cn/to_ Login。

城市土地开发强度不断提升①。最新数据显示，2010～2016 年土地开发强度由 6.4% 上升到 7%，但开发速度逐年降低，年变化量从 1.12‰ 降至 0.87‰。

城乡土地利用结构不断优化，土地利用效率持续提升。从城市供地情况来看，中国工矿仓储用地供地持续减少，城镇建设用地内部结构不断优化。2017 年，工矿仓储用地供地 12.28 万公顷，同比下降 0.2%；商服用地供地 3.09 万公顷，同比下降 11.9%；住宅用地和基础设施及其他用地同比增长 13.2% 和 22.4%（见图 8）。

从城乡建设用地结构来看，城镇用地比例持续提升，城乡用地结构得到优化调整。2009～2016 年，中国城镇建设用地占城乡建设用地比例由 28.19% 提高到 32.94%，农村建设用地占城乡建设用地比例由 71.81% 下降到 67.06%（见图 9）。城镇用地比例持续提升，农村用地比例持续下降，建设用地内部结构趋于优化。同时，基础设施用地占建设用地比例稳中有升，有力保障了重大基础设施和民生工程项目建设。

----

① 《全国城市区域建设用地节约集约利用评价情况通报》，2018 年 8 月 23 日。

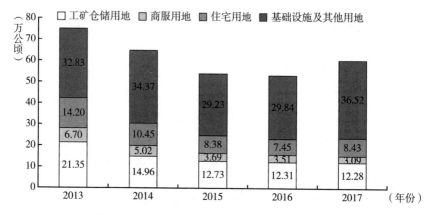

图8　2013～2017年中国国有建设用地供地状况

资料来源：《2017年中国国土资源公报》。

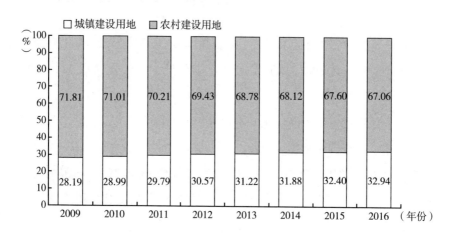

图9　2009～2016年中国城乡建设用地比例

资料来源：中国土地调查成果共享应用平台，http：//tddc.mlr.gov.cn/to_ Login。

　　从建设用地投入产出效益来看，土地经济承载水平持续提升，经济增长耗地面积降低，建设用地利用效率逐年提高。近年来，通过推进产业结构调整和升级，促进经济发展方式转变，中国建设用地地均GDP和地均固定资产投资持续增加，地均GDP从2009年的101.95万元/公顷提高到2016年的190.34万元/公顷，地均固定资产投资从2009年的65.5万元/公顷提高到2016年的155.13万元/公顷，按可比价增幅分别达到51.1%和91.4%

（见图10）。同时，单位 GDP 和单位固定资产投资耗地面积不断减少，单位
GDP 耗地面积从 2009 年的 98.09 公顷/亿元减少到 2016 年的 52.54 公顷/亿
元，单位固定资产投资耗地面积从 2009 年的 152.45 公顷/亿元减少到 2016 年
的 64.46 公顷/亿元，按可比价降幅分别达到 33.8% 和 47.8%（见图11）。

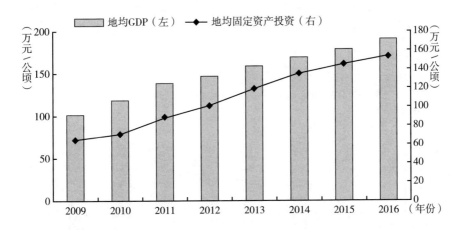

图10　2009～2016年中国地均 GDP 和地均固定资产投资

资料来源：《中国统计年鉴 2017》，中国土地调查成果共享应用平台，http：//tddc.
mlr. gov. cn/to_ Login。

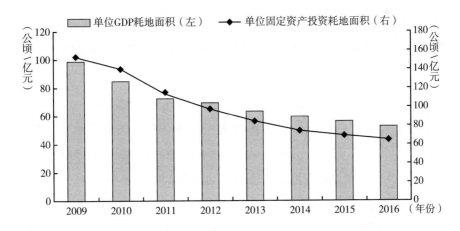

图11　2009～2016年中国单位 GDP 和单位固定资产投资耗地面积

资料来源：《中国统计年鉴 2017》，中国土地调查成果共享应用平台，http：//tddc.
mlr. gov. cn/to_ Login。

农村建设用地存在倒挂现象。由于缺乏村级土地利用规划，农村居民点没有统一的规划布局，分布较为分散。农村建设用地面积较大，是城镇建设用地面积的 2 倍多。同时，随着城镇化的推进，大量农村人口向城镇转移，农村人口数量不断减少，农村建设用地面积却在不断增加。2016 年，农村人口数量约为 5.9 亿人，比 2009 年减少了近 1 亿人，但农村建设用地面积不减反增了 72.76 万公顷，农村建设用地出现明显的倒挂现象，集约用地水平依然较低（见图 12）。

图 12　2009~2016 年中国农村建设用地面积和农村人口数量变化

资料来源：《中国统计年鉴 2017》，中国土地调查成果共享应用平台，http://tddc. mlr. gov. cn/to_ Login。

2. 农用地：人均耕地减少、利用效率低、农地非农化现象突出

在中国已开发利用土地中农用地面积占 94.4%，居主导地位。其中，林地、牧草地比重最大，分别占农用地的 39.2% 和 34%；耕地次之，占 20.92%；其他农用地和园地占比很小（见图 13）。

人均耕地减少。中国耕地总量不断减少，但人口数量持续增加。2009~2016 年耕地面积减少了 46.36 万公顷，年均减少近 7 万公顷，由于耕地退化、城镇建设侵占等原因，耕地面积还在不断地减少。但同期人口数量却不断增加，2016 年人口数量比 2009 年增加了 4821 万人。人均耕地面积明显

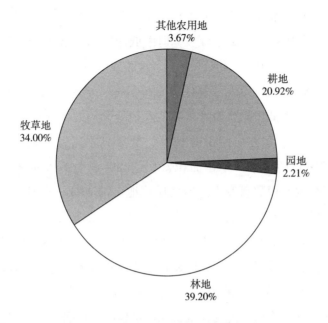

图 13　2016 年中国农用地利用情况

资料来源：《中国国土资源年鉴（2017）》。

减少，2016 年人均耕地面积 1.46 亩，比 2009 年的 1.52 亩减少了 0.06 亩
（见图 14）。

图 14　2009～2016 年中国耕地面积和人均耕地面积

资料来源：中国土地调查成果共享应用平台，http：//tddc. mlr. gov. cn/to_ Login。

耕地质量整体偏低。尽管通过土地综合整治等措施，在"十二五"期间中国耕地质量总体提升了1个等级，但中低产田仍占全部耕地面积的70%。由于农田使用过量化肥、农药残留污染、地膜残留污染、工业污水排放、畜禽粪便污染、重金属污染等原因，耕地质量依然偏低，严重影响国家粮食安全。

农地利用效率低。除耕地外，其他农用地利用效率也存在偏低的问题：现有林地面积只占宜林地面积的62%，低于日本（93%）、瑞典（94%）和德国（97%）的水平，单位面积蓄积量和生长量只及世界平均水平的75%；尽管草地面积数量较大，但优质草地仅占27%，而且生产力远比世界平均水平低，每公顷可利用草地平均生产畜产品还不及美国同等草地的1/27。在广大农村地区，土地资源的短缺和闲置浪费同时存在。劳动力转移和农村土地无法流转等问题的长期积累，造成有人无田可种和有田无人来种的资源配置错位。另外，耕地、园地和林地布局分散，地块零碎。田间道路、沟渠缺乏统一规划，占用大量耕地。耕地区域内嵌有许多其他类型零散用地，难以进行农业规模化经营，影响了农业生产效率的提高。

农地非农化现象突出。在中国社会经济快速发展过程中，建设用地的需求急剧增加。尽管采用了最严格的土地管理制度，加强规划和审批建设用地占用耕地项目，但仍然有部分地区土地管理措施不到位或执行不力，导致历史欠账较多，建设用地占用耕地现象屡禁不鲜。

后备耕地资源相对不足。对于人口不断增长、社会经济快速发展的需求，中国后备耕地资源相对不足，不仅数量有限，而且分布不均衡，大部分分布在西北干旱、半干旱地区，如内蒙古、新疆、宁夏三个自治区的耕地后备资源就占到全国的60%以上。这些地区水资源短缺，风沙大，低温严寒，生态环境脆弱，给土地开发利用带来了很大难度。后备耕地资源质量较差，山地多、平地少，高肥力地少、中等和低肥力地多。在宜耕后备土地资源中，滩涂和湿地土地质量高，开发条件好，但这些区域属于生态敏感区域，如开发不当容易引起严重的生态问题。

3. 城镇化：土地城镇化快于人口城镇化趋势初步扭转

本文采用城镇化人 – 地增长弹性系数（e），即城镇建设用地增长率与城镇人口增长率的比值，来测量土地城镇化与人口城镇化之间的关系。

$$e = \left(\frac{L_n}{L_{n-1}}\right) \Big/ \left(\frac{P_n}{P_{n-1}} \times 100\%\right)$$

其中，e 为人 – 地增长弹性系数，L 为城镇建设用地，P 为城镇人口，n 为评价年。当弹性系数（e）大于 1，表明土地城镇化快于人口城镇化；当弹性系数（e）小于 1，表明人口城镇化快于土地城镇化。2015 年，中国土地城镇化与人口城镇化的比值为 0.998，小于 1，说明当年土地城镇化速度已略低于人口城镇化速度，尽管 2016 年弹性系数稍有增加，但整体上依然呈现下降趋势（见图 15）。这一数据表明，土地城镇化快于人口城镇化的趋势正在逐步得到扭转，城镇土地利用更加集约高效。但值得注意的是，不同区域之间仍然存在较大差异。与 2015 年相比，2016 年东部地区人口更加集聚，人口城镇化快于土地城镇化；中部地区、西部地区的土地城镇化速度与人口城镇化速度非常接近，而东北地区的土地城镇化率明显快于人口城镇化率，土地利用效率仍有较大的提升空间[①]。

图 15　2009～2016 年中国城镇建设用地增长率与城镇人口增长率的比值

资料来源：中国土地调查成果共享应用平台，http：//tddc. mlr. gov. cn/to_ Login。

---

① 《全国城市区域建设用地节约集约利用评价情况通报》，2018 年 8 月 23 日。

二　中国国土治理管理现状

中国已实施土地利用总体规划和国土用途管制 30 余年，国土空间开发布局逐步优化，国土生态整治成效日益显著，城乡土地制度改革取得重要突破，国土资源开发利用和治理管理水平明显提升。

（一）国土空间规划体系逐步优化

近年来，在中国生态文明建设和供给侧结构性改革加快推进的背景下，国土空间开发和保护面临新的挑战，综合统筹国民经济与社会发展规划、城乡规划、环境保护规划等各类已有国土空间规划方案，建立国家空间规划体系是发展的必然趋势。2017 年 1 月，国家发布了《全国国土规划纲要（2016～2030 年）》，这是中国首个国土空间开发与保护的战略性、综合性、基础性规划，对涉及国土空间开发、保护、整治工作具有指导和管控作用。《全国国土规划纲要（2016～2030 年）》的出台，是中国国土规划工作的重大突破，开启了中国国土空间规划的新篇章。通过多规合一、统一空间管控、统一管理机构等措施，保障了《全国国土规划纲要（2016～2030 年）》顺利实施，推动了国土空间规划体系不断优化和完善。

1. 统一规划编制体系，积极推进"多规合一"

国土空间规划首要解决的就是规划之间冲突的问题。早在 2014 年，中国就开展了"多规合一"的试点工作，但由于各规划部门难以协调，规划的标准、流程难以统一等问题，试点的效果不甚理想。2015 年中共中央、国务院下发《生态文明体制改革总体方案》，严格要求整合各部门分头编制的各类空间性规划，编制统一的空间规划，实现规划全覆盖。目前，"多规合一"工作正在逐步有序开展，在原有的"三规合一"（国民经济与社会发展规划、土地利用总体规划和城乡规划）的基础上，增加了环境保护规划，形成了"四规合一"的工作内容，为未来其他规划的并入奠定了基础。

2. 统一空间管控体系，逐步完善配套政策

中国于 2013 年就提出要"建立空间规划体系，统一行使国土空间用途管制职能"①。为实现统一的国土空间用途管制，确保《全国国土规划纲要（2016～2030 年）》顺利实施，中国又发布了《省级空间规划试点方案》，要求以主体功能区规划为基础，划定"三区三线"②，统筹各类空间性规划，编制统一的省级空间规划。并在全国选取了 9 个试点地区③，为建立健全国土空间开发保护制度积累经验、提供示范。

此外，土地整治规划、村级土地利用规划、土地利用规划管理办法等相关配套措施相继出台，为推动《全国国土规划纲要（2016～2030 年）》落地提供先行基础。

3. 统一管理支撑体系，开展国土机构改革

为了对各类规划进行统筹，统一行使国土空间用途管制职责，2018 年 2 月颁布的《中共中央关于深化党和国家机构改革的决定》确定了自然资源部的改革目标，提出要"统一行使全民所有自然资源资产所有者职责，统一行使所有国土空间用途管制和生态保护修复职责"，并"强化国土空间规划对各专项规划的指导约束作用，推进多规合一，实现土地利用规划、城乡规划等有机融合"。自然资源部的组建，是中国空间规划体制改革的重大突破，有利于推动"多规合一"，进入国土空间规划的新时代。

（二）国土生态整治成效显著

国土生态整治是提升农地质量、解决建设用地紧缺问题的有效方式，也是促进山水林田湖生态保护修复，优化国土空间开发格局，建设生态中国、美丽中国的重要举措和必要路径。近年来，中国逐步完善了国土生态整治规划体系，在土地荒漠化和沙化治理、土壤污染治理、工矿废弃地治理等方面取得了良好的成效。

---

① 《中共中央关于全面深化改革若干重大问题的决定》。
② 三区三线是指城镇、农业、生态空间，以及生态保护红线、永久基本农田、城镇开发边界。
③ 9 个试点地区分别为海南、宁夏、吉林、浙江、福建、江西、河南、广西、贵州。

1. 土地荒漠化和沙化得到有效控制

中国是世界上受荒漠化、沙化危害最严重的国家之一，全国荒漠化土地面积占国土面积近 1/5。局部地区沙化土地仍在扩展，还有 31 万平方公里的土地具有明显沙化趋势。近年来，为推进荒漠化和沙化治理，中国政府采取了多种措施，如推行省级政府防沙治沙目标责任制，实施天然林保护、京津风沙源治理、"三北"防护林建设、退耕还林、退牧还草、石漠化综合治理等一系列生态修复工程，开展沙化大规模治理工作，使土地荒漠化和沙化状况得到整体遏制。

监测结果显示，1994～2014 年，中国荒漠化土地面积净减少 104 万公顷，年均减少约 5 万公顷；尽管沙化面积净增加 323 万公顷，但主要发生在 1994～1999 年，1999～2014 年沙化面积减少了 219 万公顷，年均减少约 13.7 万公顷①（见图 16）。2016 年、2017 年通过植树造林，全国又分别完成沙化土地治理 192.9 万公顷和 221.3 万公顷②，荒漠化和沙化程度均呈现由极重度向轻度转变的良好趋势。

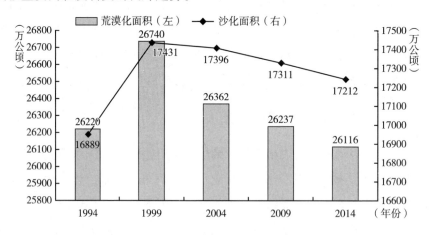

图 16　1994～2014 年中国荒漠化和沙化面积

资料来源：《第五次全国荒漠化和沙化监测公报》。

---

① 《中国荒漠化和沙化状况公报（2015）》。
② 《中国国土绿化状况公报（2016～2017）》。

此外，水土流失现象得到改善。在"十二五"期间，通过工程和生物等措施治理水土流失面积达415万亩。通过大规模国土绿化行动，每年完成营造林1亿多亩，抚育森林1.2亿多亩，共建设和划定国家储备林4700多万亩，林草资源质量和生态功能稳步提升①。

2. 土壤污染治理迈向法制化

中国是世界上最大的化肥生产国。尽管耕地面积还不到全世界总量的10%，化肥施用量却接近世界总量的1/3，使用量居全球第四。过量使用化肥带来的土壤污染问题，为食品安全、土地安全、生态安全带来较大隐患。近年来，中国高度重视农地污染治理问题，先后出台了《到2020年化肥使用量零增长行动方案》《到2020年农药使用量零增长行动方案》《土壤污染防治行动计划》《农业农村污染治理攻坚战行动计划》等一系列国家层面的整治方案和措施。2018年8月，中国出台了第一部《土壤污染防治法》，对完善国家生态环境保护和污染防治法律体系具有重要的意义。当前，中国农用地土壤污染治理顶层架构已经初步完成，各项治理工作稳步推进。2015年全面开启农业面源污染治理攻坚战，开展化肥、农药使用量零增长行动。2017年进一步聚焦重点领域和关键环节，启动实施了畜禽粪污资源化利用、果菜茶有机肥替代化肥、东北地区秸秆处理、农膜回收等农业绿色发展行动。农用地土壤污染防治的关键是控制化肥、农药的过量使用，中国化肥、农药投入量在2014~2015年达到峰值之后，已经开始下降，初步呈现较好的治理效果。2017年，中国水稻、玉米、小麦三大粮食作物化肥利用率为37.8%，农药利用率为38.8%，均比2015年提高了2.2个百分点，化肥农药零增长目标提前三年实现。

3. 工矿废弃地复垦率普遍提高

中国是矿产资源产出和消费大国。在快速工业化和城镇化过程中，矿产资源的需求量日益增加。矿产资源的开发利用满足了经济发展需求，但对矿山生态环境造成了严重的破坏，尤其是土地被大量占用和损毁，如尾矿堆

---

① http://www.chinanews.com/gn/2018/08-29/8613454.shtml。

放、露天采坑占地、采矿区塌陷以及工矿用地和交通运输占地等。为使开采矿产资源造成的占用和损毁土地得以重新利用，加快矿山生态环境的恢复，推进绿色矿山治理，中国先后出台了《土地复垦条例》《土地复垦条例实施办法》等措施，工矿废弃地得到明显的治理和改善，土地复垦率得到普遍提升。

据统计，2011～2015年，中国土地复垦率提高了12.5%。全国23个省份开展了历史遗留工矿废弃地复垦利用试点工作，将废弃地复垦与新增建设用地相挂钩，已累计实施42.2万亩，投入资金约80亿元。此外，还从源头进行把控，开展绿色矿山建设，转变矿业发展模式，降低采矿对生态环境的破坏程度。

（三）土地制度改革取得重要突破

作为国家重要的基础性制度，土地制度关系农民权益保护、城乡融合及社会和谐稳定发展。中国土地实行社会主义公有制，经过三十多年的探索和实践，在农村承包地制度、集体经营性建设用地制度、农村宅基地制度、土地征收制度、耕地保护和建设用地管控制度等方面不断深化改革，取得了重要突破。

1. 农村土地改革稳妥有序开展

"三权分置"助推农村土地有序流转。改革开放以来，中国农村土地采用家庭联产承包责任制，有效地解决了人民公社时期土地制度公有化背景下劳动效率低的问题，极大地解放了生产力。随着工业化、城镇化、信息化和农业现代化的发展，大量农村劳动力转移到城市，使大量农村土地的承包权和经营权发生了分离。在此背景下，2016年10月，中央办公厅、国务院办公厅下发了《关于完善农村土地所有权承包权经营权分置办法的意见》，提出开展农村土地所有权、承包权、经营权"三权分置"改革。此项改革是继家庭联产承包责任制之后的重大突破和创新，为农村土地适度流转、推动农业规模经营、合理配置农业资源提供了有力的保障。

农村集体经营性建设用地入市探索。中国农村集体经营性建设用地于

1982 年首次在法律层面规定归集体所有。作为农业建设的保障性用地，在制度建立初期，严格禁止流转。随着经济的发展，城镇建设用地需求增加，农村集体经营性建设用地曾一度放开转让，由于此时的配套制度不完善，出现了大量违法占用农地现象，农村集体经营性建设用地制度再次收紧。近年来，农村土地制度与社会主义市场经济体制不相适应的问题日益显现。为了完善农村土地制度，推进城乡发展一体化，振兴乡村经济和产业，《中共中央关于全面深化改革若干重大问题的决定》提出，允许农村集体经营性建设用地在符合规划和用途管制的前提下与国有土地同等入市、同权同价。2014 年，农村土地制度改革进入试点阶段，选取了北京市大兴区等 33 个地区作为试点，在试点地区暂时调整实施集体经营性建设用地的有关规定，允许在符合规划和土地管控前提下的存量农村集体经营性建设用地入市。

中国农村集体经营性建设用地存量规模总体较大，据有关部门推算，全国农村集体经营性建设用地面积约占集体建设用地总量的 13.3%，入市潜力可观。目前农村集体经营性建设用地入市工作取得积极进展，入市地块共 970 宗、2 万余亩，总价款约 193 亿元，收取土地增值收益调节金 15 亿元[①]。农村集体经营性建设用地入市探索，是中国农村土地制度的重大创新，对推进农村土地流转、统一城乡土地市场、增加集体土地财产性收益具有重要的意义。

宅基地权益保障不断加强。宅基地是农村居民居住的生活保障用地。长期以来，中国严格禁止农村宅基地流转。随着城镇化的推进，大量农村人口向城镇迁移，许多村庄成为"空心村"，大面积的宅基地无人居住，浪费土地资源的同时也阻碍了乡村振兴发展。同时，由于产权不明晰，宅基地及地上建筑无法受到法律保障，农民利益受到侵害。开展宅基地所有权、资格权、使用权"三权分置"改革，探索宅基地自愿有偿退出机制，有利于提高宅基地的利用效率，促进土地资源的优化配置，保障村集体和个人的合法

---

① http：//www.cnr.cn/sxpd/shgl/20180820/t20180820_ 524336898. shtml。

权益，提高农民的土地经济收益，是农村土地三项改革的重要探索之一。据统计，目前中国各地共腾退零星、闲置宅基地 9.7 万户 7.2 万亩，办理农房抵押贷款 4.9 万宗 98 亿元[①]，群众获得感明显增强。

2. 征地补偿安置机制逐渐完善

中国现行的土地制度下土地市场具有城乡二元的特点，农村集体建设用地与城市建设用地同地不同权。征地转用是农用地转建设用地唯一的合法转用方式。然而在征地过程中，存在征地范围过大、征地程序不规范、征地补偿标准低等一系列问题，侵害了农民的合法权益。近年来，中国不断深化征地制度改革，逐步缩小征地范围，提高征地补偿标准，探索多元的保障制度，征地补偿安置机制在探索中日渐完善。

征地范围逐步缩小。征地范围的确定是征地制度改革的重点和难点。自 1986 年《土地管理法》公布以来，我国征地范围均以"为了公共利益的需要"为标准，但对于"公共利益"的范围，却一直没有做出明确的规定。2010 年国土资源部在 11 个城市开展征地制度改革试点，要求区分公益性和非公益性用地。2015 年，征地制度进一步深化改革，选取 33 个试点地区开展农村土地三项制度改革，在征地制度方面，探索"公共利益用地"的范围，进一步缩小征地范围。

征地程序日益规范。以往征地程序不规范，土地征收实行的"两公告一登记"程序是在征地批准后实施的，农民在事后才获知征地的补偿金额，导致农民无法获得应有的知情权、参与权和监督权，在征地过程中权益受到损害。为了保障农民的合法权益，在改革试点地区，逐渐探索事前公示制度，也就是先与农民就补偿标准等内容达成书面协议。征地补偿安置资金落实后再启动公告和登记程序，让农民全程参与征地过程。同时对于土地征收矛盾纠纷建立调处机制，保障被征地农民合法权益。

补偿标准更加公平合理，保障制度更加多元化。我国长期沿用"产值倍数法"作为征地补偿标准，不仅补偿金额低，而且存在同地不同价的现

---

① http://news.cctv.com/2018/08/18/ARTIfSxAcxlDsCUJM9m6ldbi180818.shtml。

象。2005 年国土资源部发布了《关于开展制订征地统一年产值标准和征地区片综合地价工作的通知》，要求制订征地统一年产值标准或区片综合地价，2010 年我国全面实行征地统一年产值标准和区片综合地价，进入了"同地同价"的征地补偿时期。

然而，单一的资金补偿方式无法保障农民长远的生计问题。为了确保被征地农民原有生活水平不降低，长远生计有保障，近年来各地还从实际出发探索征地安置和就业新途径，增加对被征农民的住房补偿和社会保障费用。此外，在征地改革试点地区探索土地征收专用增值收益核算方法，为合理提高个人在土地增值收益中的分配比例提供依据。

3. 土地供给更加多元化

在我国公有制土地制度下，政府是土地市场的唯一供应者。改革开放后，我国首先建立了城市土地有偿使用制度。为增强政府对土地一级市场的控制能力，1996 年建立了具有垄断特征的城市土地运行机制——土地储备制度，政府通过征购、回收、置换等方式，将增量土地和存量土地集中起来，由土地储备机构统一组织土地开发或再开发，将"生地"变成"熟地"，后续根据土地供应计划，分批入市。此项制度的建立奠定了我国由政府供地的基础。2007 年以后，我国通过土地储备制度垄断土地一级市场，经营性用地、住宅用地和工业用地通过招拍挂方式出让的制度基本确立，构成了如今的土地供给市场体系。

但是在这种机制下，政府既是土地的供给者和管理者，又是土地交易的参与者和交易者，如此双重身份必然产生土地财政问题，土地价格和房屋价格不断攀升。为了打破地方政府对土地的绝对垄断，加强市场的调节作用，合理分配土地溢价收益，推进土地供给侧结构性改革，近年来我国开始探索土地供应多元化改革，改变政府作为居住用地的唯一供应者的现状。

目前，我国已在北京、上海等全国 13 个城市开展了利用集体建设用地建设租赁住房试点工作。在试点城市，村镇集体经济组织可以自行开发运营，也可以通过联营、入股等方式建设运营集体租赁住房。以北京为例，首批集体建设用地租赁房已于 2017 年 10 月入住，未来还计划推出 1000 公顷

集体建设用地，用于建设租赁住房。

土地多元化供给、多渠道保障、租购并举的住房制度改革，对稳定住房价格、盘活土地资源、统筹城乡发展、提高土地利用效率具有重要的意义。

4. 产权保障制度逐步完善

长期以来，我国土地和地表附着物由不同部门进行登记，部门之间相互独立，常出现产权交叉、重复或遗漏登记、重复抵押等问题，国家和个人财产权无法得到保障。同时，模糊的产权边界导致权责不清，为国土管理工作带来困扰。随着产权管理体制的深化改革，2013 年国务院明确要求国土资源部指导监督全国土地、房屋、草原、林地、海域等不动产统一登记，全面形成不动产统一登记制度体系，实现信息共享、依法公开查询。不动产统一登记制度是中国国土管理工作的一个重大突破，解决了登记管理体制混乱、多头管理的问题，也从法律角度保障了个人和国家财产权益。截至 2018 年，全国 335 个地市 2853 个县区共设立了 3001 个不动产办事大厅 3.8 万个窗口，8 万多名一线工作人员提供服务①，不动产统一登记工作进展顺利。

办理流程更加规范。在不动产统一登记工作开展之前，办理登记需要往返多个办事机构和窗口，办理流程混乱，需要提交的证明材料也五花八门。开展不动产统一登记以来，通过建立办事大厅、设立一次性告知制度、编制材料目录清单等方式，不动产统一登记的办理流程和服务标准得以规范，群众办事更加有章可循、有法可依。

登记效率明显提高。在办事流程方面，通过设立综合办事大厅和综合受理窗口，实施"一窗受理"，精简办事环节，节约了一半以上的办理时间，极大地提高了办事效率。在信息化建设方面，建成国家级信息平台，所有市县全部实现接入，汇交存量等级数据 3.6 亿多条。部分市县启动了"外网申请、内网审核"的"互联网 + 不动产登记"模式，将申请系统、预审系统、登记系统和税务系统集成，极大地提高了工作效率。

---

① http://www.sohu.com/a/237328331_100002892。

5.区域资源协调机制日益健全

中国国土资源空间分布差异大，人地矛盾突出。为综合协调利用区域国土资源，我国建立了耕地占补平衡和城乡建设用地增减挂钩机制，取得了良好的成效。

落实严格的"耕地占补平衡"制度。中国耕地分布极不均衡，优质耕地集中分布在经济发达的东南沿海地区，经济发展与耕地保护矛盾十分突出。为保证耕地数量不减少，我国建立了耕地补偿制度，按照"占多少，补多少"的原则实施耕地占补平衡。近年来，为推动供给侧结构性改革，破解耕地保护和占补平衡难题，我国耕地保护制度再度升级。2017 年 1 月，中共中央、国务院印发《关于加强耕地保护和改进占补平衡的意见》，要求按照"以县域自行平衡为主、省域内调剂为辅、国家适度统筹为补充"的原则，改进并规范耕地占补平衡管理。通过控增量、挖存量、促集约来减少新增建设占用的耕地总量。既做到"少占"，还要通过完善占补平衡的责任落实机制，拓展补充耕地的渠道，确保"补足"，守住耕地数量红线。

在"最严格的耕地保护制度"下，中国耕地总量基本稳定。2017 年，耕地面积为 20.23 亿亩，通过土地整治、农业结构调整等方式增加耕地面积 25.95 万公顷，因建设占用、生态退耕等减少耕地 32.04 万公顷，年内净减少耕地面积 6.09 万公顷。按照目前的数据推算，中国可顺利完成"十三五"期间的 18.65 亿亩以上的耕地保护目标。

扩大"建设用地增减挂钩"范围。中国地域辽阔，区域之间资源禀赋差异大，经济发展极度不均衡。东部沿海地区资源条件好，经济水平高，建设用地需求大，人地矛盾问题突出；中西部地区经济发展水平低，生态环境脆弱，贫困人口比重高。为促进地区间国土资源要素流动，协调区域平衡发展，带动贫困地区脱贫致富，我国于 2004 年开始实施城乡建设用地增减挂钩政策。城乡建设用地增减挂钩是指通过建新拆旧和土地整治等措施，确保建设用地数量不增加、耕地面积不减少、质量不降低，促进城乡建设用地结构和布局进一步优化、土地利用率进一步提高。

近年来，为实现精准扶贫，打好扶贫攻坚战，我国先后两次拓展了城乡

建设用地增减挂钩政策实施范围，从允许特定贫困地区的节余指标在省内流转，拓展至允许深度贫困地区节余指标跨省调剂，扶贫政策力度不断加大，政策覆盖面也更大，从而带动贫困地区发展，促进城乡公共服务均等化和区域均衡发展。

三　面临的问题与挑战

随着中国经济发展进入新常态，国土管理也进入转型升级的新时期。近年来，中国先后开展了一系列国土治理和管理措施，取得了明显的成效，但同时也存在诸多问题与挑战。

（一）空间规划不衔接，国土资源低效利用

中国现存几十种与国土空间相关的规划，各规划体系之间相互独立，各自为政。由此导致地类之间、城乡之间、区域之间规划脱节，国土资源无法统筹利用，土地利用效率难以提升。

管控空间相互重叠。长期以来中国的空间规划体系遵循"纵向到底、横向并列"的网络结构，纵向上各类规划在各个行政层级上下衔接，部门实行"自上而下"的垂直管理，横向上则是"多规并行"，各类规划在横向和纵向上相互交织，构成复杂的规划体系。尽管目前国家正在推进"多规合一"工作，但在执行过程中，由于名词定义差异、规划空间尺度差异、用地分类差异等原因，仍存在规划之间衔接和协调不足、管控内容打架、管控空间重叠等问题，在一定程度上造成用地管理混乱，导致国土空间利用效率降低、土地资源浪费以及生态环境破坏等。

规划之间存在"空隙"。空间规划不统一，除了产生规划重叠问题之外，还存在规划空白地带。如城郊地区就是国土空间规划中典型的"三不管"地带，无论是侧重中心城区规划的城市总体利用规划，或是侧重耕地保护的土地利用总体规划，都没有涵盖城郊地区，导致该区域成为违法用地和低效用地的重灾区，带来严重的土地资源浪费问题。

（二）农村土地制度不完善，城乡土地市场割裂

改革开放 40 年来，中国政府一直在稳步推进城乡土地改革，对土地财产权的保护不断加强，土地市场化程度也明显提高。但总体来看，农村土地制度改革仍处于试点探索阶段，如土地征收制度不完善，相关法律法规政策不明确，农村集体土地权益保障不到位，宅基地获得、使用及退出制度不健全，土地增值收益分配机制不合理等，构建城乡统一的土地市场依然任重而道远。

农村土地制度尚不完善。完善的农村土地管理制度，健全的土地市场体系，是优化农村土地资源配置、促进农村经济健康发展的重要条件。目前，中国已开展农村土地承包权"三权分置"改革、农村集体建设用地入市、宅基地"三权分置"改革和土地征用制度改革。但这些改革大部分处于试点探索阶段，全国大部分农村地区还没有享受到改革红利。同时，我国的农村土地制度改革是自上而下的制度改革，在实际操作层面的配套法律法规和实施细则非常不健全，对利益双方的权利、义务和责任也没有明确的规定，相关部门很难对集体土地进行全面有效的管理。

城乡土地市场不统一。长期以来，中国城乡二元制度割裂了城市和农村。相对于允许土地使用权流通、转让和买卖的城市土地市场，农村土地市场尚处在探索试点阶段，土地市场化水平低，交易市场不健全，拥有土地的农民和需要农村土地的企业信息不对称，形成土地"想转转不出，想求求不到"的现象。此外，农村土地市场缺乏有效的风险保障机制，供需双方难以互相信任。供地方担心无法按时获得土地收益报酬，需求方担心土地使用期限和权限无法得到保障，土地的产出无法达到预期目标。由于缺少合理的风险保障体系，直接影响了土地供给方与需求方落实土地流转的积极性，造成农村土地流转和城乡市场统一困难。

（三）国土环境状况不容乐观，污染问题依旧严峻

中国对国土环境问题高度重视，积极开展农地污染治理，加大了防治荒漠化、石漠化、土地沙化的行动力度，实施了京津风沙源治理、退耕还林还

草、草原生态保护补助奖励等一系列行动计划和政策措施，取得了显著的成效。但是，由于长期以来粗放的经济发展方式，国土污染和生态退化问题依然非常严峻。土壤环境状况不容乐观。根据《全国土壤污染状况调查公报》，我国工矿业废弃地和农田土壤环境问题突出，部分土壤污染严重。全国土壤点位超标率达到16.1%，其中耕地土壤污染面积达到1.5万亩、中重度污染面积达到5000万亩，点位超标率高达19.4%。总体来看，长三角、珠三角、东北老工业基地等地区的土壤污染较为严重，中南、西南地区土壤重金属超标问题突出，主要重金属污染物包括铅、砷、镉、汞等，土壤环境状况不容乐观。

生态系统功能不断退化。部分地区水土流失、草原退化、土地沙化和石漠化问题突出，全国水土流失面积达到295万平方公里，沙化面积达到173万平方公里，石漠化面积达到12万平方公里，中度以上草原退化面积占1/3以上，生物多样性下降，生态系统功能退化，各种生态灾害频发。

（四）土地财政问题突出，收益分配机制不健全

土地财政问题突出。过去十多年来，中国的快速城镇化和城镇发展呈现高度依赖土地的特征，在土地招拍挂以及分税制等制度背景下，地方政府的主要财政收入来自土地有偿出让。在经济快速发展时期，各个城市利用土地财政获取的资金，完善了城市基础建设，促进了城市经济发展，提高了居民生活水平。但由于制度监管和约束不到位，地方政府和企业逐渐陷入了卖地圈地的"怪圈"，造成了土地低效利用、生态环境破坏、征地失地矛盾等一系列问题，同时还助推了城市的高地价和高房价，不仅直接抬高了社会经济发展成本，还使大量社会资金沉淀在钢筋水泥之中，严重抑制了社会投资行为，阻碍了城市经济健康发展。近年来，尽管国家采取了一系列严格的房地产调控政策，但土地财政问题依然没有得到根本性改善。以表2为例，2015～2017年，在统计的35个城市中有21个城市的土地财政依赖度[①]还在继续上升，有些甚至大幅上升。

---

① 土地财政依赖度=城市土地出让金/市级一般公共预算收入×100%，百分比越大，表示对土地财政依赖度越高。

表2　中国35个城市土地财政依赖度

单位：%

排名	城市	2015 年	2016 年	2017 年	平均
1	南京	86	155	136	126
2	合肥	82	142	87	104
3	杭州	52	115	140	102
4	佛山	61	100	141	101
5	济南	60	106	129	98
6	珠海	74	82	136	97
7	南宁	71	90	93	85
8	武汉	52	84	111	82
9	广州	71	52	80	68
10	三亚	56	49	91	65
11	南昌	41	73	75	63
12	海口	54	79	55	63
13	厦门	50	76	61	62
14	郑州	38	69	78	62
15	苏州	41	85	49	58
16	成都	37	34	99	57
17	福州	63	42	62	56
18	石家庄	50	75	39	55
19	昆明	21	36	80	46
20	宁波*	21	62	41	42
21	重庆*	31	35	56	41
22	西安	30	38	53	40
23	兰州	43	41	30	38
24	天津	22	48	43	38
25	贵阳*	10	28	75	38
26	东莞	35	41	36	37
27	乌鲁木齐*	25	14	73	37
28	北京	43	17	51	37
29	沈阳*	19	28	39	29
30	无锡	7	33	46	29
31	上海	30	26	22	26
32	青岛	24	20	30	25
33	深圳	16	32	24	22
34	长沙	16	24	24	22
35	大连*	6	20	—	13

＊表示城市不限购。

资料来源：https：//baijiahao. baidu. com/s？id＝1592105062450021047&wfr＝spider&for＝pc。

土地增值收益分配机制不健全。土地增值收益是指通过土地价格提升而获取的收益,是土地权利资本化的体现。土地增值收益应该归土地所有者所有。在中国,城市土地归国家所有,由政府行使实际权利。也就是说,土地增值收益主要分配给各级地方政府。对于被征地的城乡居民,可以通过征地补偿获取土地增值收益。但由于目前的法律制度和模糊的产权边界,政府在土地增值收益中一直占有较高比例,而城乡居民在这一过程中往往成为弱势群体,无法充分获得应有的权利资本化收益,集体经济组织的权力资本化收益也常常得不到充分保障。这种不公平、不合理的土地增值收益分配机制容易激化农民、集体与政府间的矛盾,影响社会安定及和谐发展。

(五)安置补偿差异大,社会保障程度低

中国长期以来实行征地货币补偿制度,尽管补偿标准不断提高,但区域之间的差异大,一次性买断的补偿方式无法保障失地农民的长期生活,亟待出台多元化的征地安置补偿方式,提升失地农民的社会保障力度。

征地补偿低、差异大。目前征地补偿费用包括土地补偿费、安置补助费、青苗补偿费和房屋及地面附着物补偿费,其中安置补助费、青苗补偿费和房屋及地面附着物补偿费是直接支付给被征地人的,土地补偿费支付给村集体,由村集体分配给个人。尽管征地制度要求征地补偿标准实行动态调整机制,根据实际情况2~3年调整一次,但一些地方的补偿标准长期不变,造成部分地区补偿价格低,地区之间价格差异极大。

以广州为例,根据2017年出台的《广州市农民集体所有土地征收补偿试行办法》,越秀区和天河区的部分街道补偿标准可高达40万元/亩,而位置相对偏远的地区最低标准仅为8.50万元/亩,二者之间相差近5倍。形成村庄区位优越的村民一夜暴富、偏远村庄村民生活无法保障的极端社会现象。

社会保障程度低。按照目前的征地补偿制度,对于征用的宅基地,农民可以选择货币补偿或置换补偿;对于征用的农地,采用货币补偿。无论是货币补偿还是置换补偿,对于面朝黄土背朝天的农民来说,失去了土地就意味着失去了长期的经济来源。失地农民不得不再次选择就业方式,而对于文化

水平较低、年龄偏大、女性偏多的失地农民群体而言，再就业非常困难，未来生活缺乏长期稳定的保障。

四 国土空间规划与治理的国际经验及启示

加强国土空间规划与治理是世界各国在发展过程中普遍面临的问题，欧美等发达国家由于工业化、城镇化进程开始较早，在国土规划、开发和治理方面积累了大量的实践与经验。梳理总结这些发达国家的经验，对推动我国优化国土开发、加强国土治理具有积极的借鉴意义。

（一）规划体系：构建层级清晰、分工明确的规划体系

国土空间规划一直被视为加强国土空间管控、优化国土开发治理的首要手段，旨在形成土地利用布局合理、社会和经济发展目标协调的地域组织关系。在发达国家的实践中，国家制度对空间规划起基础性作用，政府与市场、国家与地方的关系影响空间规划的层级体系。目前，基于各自行政等级体系，众多发达国家建立了规划层次合理清晰、衔接良好、分工明确的空间规划等级体系。欧盟自 20 世纪 80 年代开始启动了多项空间研究计划，欧盟层面的规划以跨区域国土规划为主，英国空间规划层级包括规划政策声明、区域空间战略和地方发展框架，联邦德国采取国家、州、地方三级规划体系，日本 2005 年之前实行垂直型四级空间规划体系，2005 年大部制改革之后实行国家和区域两级规划体系。总体来看，国家层面的规划重点在于原则性指引，区域性层面的规划偏重战略指引和跨区域协调，地方层面规划的操作性、实施性和管制性更强。

英国的英格兰和苏格兰、威尔士、北爱尔兰四个地区都有制定自己法律的权力，其内部空间规划体系存在较大差异。英格兰地区的空间规划分为三个层级，中央政府制定《规划政策声明》，重点在于阐明国家针对所有区域的空间发展政策，以议题的形式确定英国空间规划的发展原则和发展目标；区域层面制定的《区域空间战略》则在环境、交通、就业、住房、贸易投

资等各个方面制定策略及实施方案；地方政府层面制定《地方开发框架》，其包含各专项政策文件，用以指导地方规划部门审批并发放规划许可。2011年11月，联合政府制定了《地方主义法案》，英格兰地区的空间规划体系发生了重大转变，新的规划体系取消了区域层面的规划，新增基层规划，中央层面和地方层面规划的重点与改革之前相同，基层规划则包括邻里规划和邻里发展决议。

联邦德国是地方高度自治的联邦制国家，行政体系分为联邦、联邦州和州辖管理的行政区，其空间规划体系与联邦体制的行政体系和权力设置相对应，形成了层级式的规划体系。联邦政府位于规划体系的最高层，但不能直接制定规划，其出台《空间规划政策指导纲要》对空间利用和发展方向、土地布局、交通和环境等方面进行了阐述，该纲要仅是指导性的文件。州政府在其辖域内具有制定州发展规划和区域规划的权力，州发展规划旨在确定本州空间协调发展的原则与目标、居住区和开放空间的布局、基础设施建设等。地方层面（市、县）可制定具有法律效应的空间规划，一是预备性土地利用规划，即在区域规划的基础上，根据城市发展目标和土地需求，制定整个城市的土地空间布局，包括居住区、商务区及开放空间等；二是约束性土地利用规划，与我国城市规划中的控制性详细规划极为相似，即主要是对一些建设指标加以规范，如使用建筑的性质、种类、高度、容积率等[1]。

荷兰行政体系分为国家、省、地方市三个等级，其空间规划体系与三级的行政建制一致，并大致经历了三个阶段的演变，即空间规划体系雏形阶段、集权主导的垂直型等级体系和分权主导的平行型层级体系。1965年出台的《空间规划法案》是荷兰规划体系的制度基础，确立了国家、省、地方市三级空间规划体系，这期间的规划是中央政府集权的垂直型规划体系。2008年修订的《空间规划法案》进一步简化规划程序、明确各级各部门职责，并确立了分权主导的平行型规划体系，国家、省、地方市编制空间远景规划，其中国家和省层面的规划不具有法律效力，仅仅是战略性远景规划，

---

① 谢敏：《德国空间规划体系概述及其对我国国土规划的借鉴》，《国土资源情报》2009年第11期。

市政府编制结构远景规划（不具有法律效力）和土地利用规划（具有法律效力）。国家不具有市土地利用规划的审批权，各级规划的审批相对独立①。

日本是世界上开展国土规划较早、规划制定自成体系的亚洲国家，其国土空间规划体系与其行政体系也高度吻合。日本早期的规划体系分为国家、区域、都道府县、市町村4个层级②，2005年日本实行了大部制改革，空间规划层级体系也相应简化为国家和区域两个层级。中央制定全国空间发展规划的方针、原则和目标，以及全国性政策措施，区域制定覆盖两个及以上的都道府县规划，重点在于制定区域空间发展的方针和目标、区域层面的土地政策和管制措施。随着日本经济社会的发展和时代背景的变化，国土交通省至今为止已经制定了七次全国层面的国土规划，历次国土规划的制定实效基本在7~10年，对各时期日本国土空间的开发利用和保护、经济社会目标的达成起到了关键作用（如表3所示）。

表3　日本历次国土空间开发规划基本情况

国土空间规划	规划时间	规划背景	规划目标	开发方式
第一次全国综合开发规划（一全综）	1962年	经济高速增长；城市过度膨胀；贫富差距扩大；出台所得倍增计划	实现地区均衡发展，消除地区间生产力差距	据点式开发模式
第二次全国综合开发规划（二全综）	1969年	经济高速增长；人口和产业向大城市聚集；信息化、技术革新快速发展	创造富裕和谐的生活环境，建设高福利社会	大规模开发模式
第三次全国综合开发规划（三全综）	1977年	经济稳定增长；人口和产业向地方分散；资源和环境承载力问题凸显	改善人居环境，提升国土资源利用潜力	定居构想开发模式
第四次全国综合开发规划（四全综）	1987年	人口和产业大量向东京聚集；产业结构快速变化；国际化趋势明显	培育多核心城市群，构建多极分散型空间结构	交流网络构想开发模式

---

① 蔡玉梅、高延利、张丽佳：《荷兰空间规划体系的演变及启示》，《中国土地》2017年第8期。
② 2005年之前日本的空间规划体系依据1950年颁布的《国土综合开发法》划分为4个层级，2005年新颁布的《国家空间规划法》将4个层级简化为全国和区域两个层级。

续表

国土空间规划	规划时间	规划背景	规划目标	开发方式
21世纪的宏伟蓝图（五全综）	1998年	全球化快速发展，人口减少和老龄化问题显现；高度信息化	形成多极国土空间结构，提升区域竞争力，促进区域可持续发展	参与合作开发模式
国土形成规划（六全综）	2008年	全球化时代，人口减少和老龄化问题严重；国民意识和价值观的转变	形成与世界同步发展的东亚一体化，提升抗灾能力，以新型公共部门推进地区建设	以"广域地区自立协作发展"为经济增长引擎
对流促进型国土形成规划（七全综）	2015年	人口剧减、出生率降低、老龄化问题严重，医疗卫生资源不足；全球竞争激烈，基础设施老化且灾害频发；信息革命	建设安全富饶、具有经济增长活力的国家，在国际社会拥有话语权	紧凑型＋网络互联型开发模式

资料来源：姜雅等：《日本最新国土规划（"七全综"）分析》，《中国矿业》2017年第12期；黄宏源、袁涛、周伟：《日本空间规划法的变化与借鉴》，《中国土地》2017年第8期。

美国是一个高度分权的国家，地方政府享有高度自治权。虽然在联邦政府层面没有统一的规划战略或规划步骤，但是绝大多数的市都制定有分区规划、土地利用规划和综合规划。

（二）法规保障：制定完备的规划法律法规体系

尽管各国国土空间规划治理的行政体系和运行体系存在差异，但法律法规的完备是其共同特点。与国内的空间规划注重物质形态、法律法规注重宏观管理的政策设计出发点不同，国外的各种空间规划和治理法规实质上都是针对具有综合性、层次性和地域性的国土空间问题的政策工具，因此，各类配套法规的完备是国土空间规划和治理体系得以顺利实施的重要保障。

在国土空间规划法方面，以日本和英国为例。日本是较早制定国土空间规划法的国家之一，历次规划法对国土空间规划目的、编制内容和实施管理等均做出明确规定。日本早在1940年就颁布了《国土规划纲要编制》，1946年提出《复兴国土规划纲要》，并于1950年正式颁布了《国土综合开发法》。《国土综合开发法》在 1950~2005 年对日本的国土空间的综合利用、开发保护起到了决定性作用，是中央和地方实施的综合性、基础性规划。进入 21 世纪，日本进行了大部制改革，实施了整整五十年的《国土综合开发法》被 2005 年颁发的《国家空间规划法》取代，新的规划法更加重视地方自主权和发展活力，加强地方参与国土空间规划的广度和深度。英国空间规划法的发展演进已经经历了一个世纪，1909 年英国即颁布了《住房和城市规划法》，1947 年颁布的《城镇规划法案》奠定了英国现代城市规划体系的基础。至今英国已经颁布了几十部城市规划方面的法规，形成了完整的国土空间规划法规体系。

在土地利用和保护法方面，以美国和德国为例。20 世纪 30 年代，美国出台了《水土保持和国土资源配给法》，对优质耕地予以严格保护。1966 年，美国又制定了《优质耕地牧地及林地保护法》，要求在城市扩展过程中，必须对城市建设用地规模加以严格控制，不得随意占用耕地，以确保优质耕地、林地、牧地拥有必要的数量和储备。20 世纪 80 年代，美国政府出台了《耕地保护政策法》，为纳入耕地保护计划的所有者提供补贴。在此基础上，许多州政府和地方政府的土地保护条例更加细致具体，如一些州出台的农用土地精细安排法、耕地使用价值税法等。又如，德国政府为加强土壤治理与保护，制定出台了《联邦土壤保护法》《联邦土壤保护条例》《联邦土壤保护和污染场地条例》等一系列法律法规。

这些内容细致具体、针对性强的法律法规，为发达国家国土空间的有序开发、合理利用和高效治理提供了强有力的保障。

（三）用途管制：重视自然保护地的建设和用途管制

与我国生态保护红线的划定类似，国外非常重视自然保护地系统的划分与保护，即根据各区域板块在资源环境承载能力、现有开发强度和未来发展潜力等方面的差异，进行系统性规划、开发利用和保护，并有针对性地实施差异化发展战略和政策。

目前，已有众多国家和地区参照世界自然保护联盟（IUCN）对于自然保护地的分类体系①，划定了本地区的自然生态保护地范围、管制措施，以及相应的立法保障，形成了各具特色的自然保护地体系②。美国是世界上最早建立自然保护区的国家，于1872年建立了世界第一个现代意义的保护区——黄石国家公园，目前已经构建起以国家公园体系、国家荒野保护地、国家森林体系、国家野生生物避难所体系、国家海洋避难地和江河口研究保护地、国家自然与风景河流六类保护地为核心，以土地利用等管理为辅助的自然保护地分类体系③，在此分类基础上实行保护优先、分级管理、适度开发的原则。

欧洲国家同样遵循IUCN自然保护地的分类体系，将自然保护地划分为七大类，其中，国家公园作为Ⅱ类保护地具有重要的生态价值，内部设置相应的区域划分，包括核心区、发展区、荒野保育区、生态缓冲区等，其中核心保护区、荒野保育区等核心区域在国家公园面积的占比最高。目前，欧洲已经建立起完善的国家公园体系（如表4所示），41个欧洲国家拥有473个国家公园，总面积达到511万平方公里。其中，冰岛的国家公园面积占国土面积的比重最高，达到12.1%，英国境内也有15个国家公园，总面积达到19989平方公里，占国土面积的8.2%。当前，欧洲国家公园功能也由初期的单一保护功能发展到综合完善的社会服务功能，由此构筑了欧洲国家健全的生态格局保障与社会服务功能体系。

表4　欧洲国家公园体系建设情况

国家	最早建立时间	公园数量(个)	占国土面积比重(%)
俄罗斯	1983 年	40	0.40
土耳其	1958 年	40	1.00
芬兰	1956 年	39	2.90
挪威	1962 年	36	6.30
瑞典	1909 年	29	1.60

---

① 世界自然保护联盟（IUCN）按照管理严格程度的不同将自然保护地划分为三类七级，即严格保护类（Ⅰa、Ⅰb、Ⅱ）、一般保护类（Ⅲ、Ⅳ）和可持续利用类（Ⅴ、Ⅵ）。
② 刘云中：《国外实施主体功能区的启示》，《中国工商时报》2011年7月13日。
③ 刘映杉：《国外主要国家保护区分类体系与管理措施》，《现代农业科技》2012年第7期，第224~225、228页。

续表

国家	最早建立时间	公园数量（个）	占国土面积比重（%）
意大利	1922 年	24	5.00
波兰	1932 年	23	1.00
荷兰	1930 年	20	3.00
乌克兰	1980 年	17	1.20
德国	1970 年	15	2.70
西班牙	1918 年	15	0.80
英国	1951 年	15	8.20
阿尔巴尼亚	1966 年	14	4.10
罗马尼亚	1935 年	12	1.30
法国	1963 年	10	9.50
希腊	1938 年	10	3.60
匈牙利	1972 年	10	5.20
哈萨克斯坦	1985 年	10	0.70
格鲁吉亚	1946 年	9	7.00
斯洛伐克	1949 年	9	7.50
克罗地亚	1949 年	8	1.80
奥地利	1981 年	7	3.00
爱尔兰	1932 年	6	0.90
丹麦	2008 年	5	5.40
爱沙尼亚	1971 年	5	4.30
立陶宛	1974 年	5	2.40
黑山共和国	1952 年	5	7.90
塞尔维亚	1960 年	5	2.30
白俄罗斯	1939 年	4	1.00
捷克共和国	1963 年	4	1.50
拉脱维亚	1973 年	4	3.20
波斯尼亚和黑塞哥维那	1965 年	3	0.80
保加利亚	1963 年	3	1.80
冰岛	1928 年	3	12.10
马其顿	1948 年	3	3.80
科索沃	1986 年	2	9.30
比利时	2006 年	1	0.20
马耳他	2007 年	1	0.69
葡萄牙	1971 年	1	0.80
斯洛文尼亚	1961 年	1	4.10
瑞士	1914 年	1	0.40

注：丹麦的统计范围仅包括丹麦大陆地区，未包括法罗群岛和格陵兰两个自治领地。

资料来源：Wikipedia. List of national parks, https：//en. wikipedia. org/wiki/List_ of_ national_ parks。

随着经济社会的发展，国土空间开发与资源环境承载力不匹配的问题也逐渐成为发达国家空间规划和政策的关注重点。荷兰是一个沿海低地国家，26%的领土位于海平面以下，且人口密度非常高，4万多平方公里的国土面积分布着1700万人口，荷兰空间规划的最大特点是注重可持续发展与环境保护，在人口密集的三角洲地区尤为重视生态空间因素。例如，通过建设生态走廊将自然资源联系起来，在已有的基础设施上给生态多样性保护提供更广阔的空间。

德国的空间规划和土地利用尤为重视自然保护地的建设和保护，德国规划法明确要求土地规划必须按照规定比例预留各类自然保护地，其中，柏林的土地规划要求景观保护区面积占比不能低于柏林市总面积的20%，自然保护区的面积占比不能低于总面积的3%，以此达到维持生态平衡的目的[1]。巴西全国共包括26个州和1个联邦地区，与我国的主体功能区类似，巴西将全国划分为疏散发展区、控制膨胀地区、积极发展地区、待开发（移民）区和生态保护区等5个类型区，同时制定相应的分区发展措施，对于生态保护区用途管制也极为严格，要求必须在保护自然资源和控制生态平衡的前提下进行适度开发利用[2]。

（四）协调机制：设立权威的政策实施地区协调机构

对于国土面积较大的国家，在国土空间开发和治理过程中，多数国家对广域国土开发进行地域划分。例如，法国将全国划分成22个行动区域，美国将全国划分为11个跨州经济区，日本最新的综合规划将国土划分为8大广域板块，这些国家都成立了专门负责国土空间开发治理政策制定和实施的部门与地区间协调机构，以加强地方行政单位的合作。

总体而言，各国协调跨区域规划、实施区域政策的方式主要有以下几

① 刘琪、罗会逸、王蓓：《国外成功经验对我国空间治理体系构建的启示》，《中国国土资源经济》2018年第4期。
② 袁朱：《国外有关主体功能区划分及其分类政策的研究与启示》，《中国发展观察》2007年第2期。

种。一是整合或重构部门机构，以达到协调不同层次、不同部门空间规划和政策的目的。例如，法国成立环境部以协调各个部门之间的环境政策。二是建立部门间的非正式对话或协商机制，例如，20 世纪 90 年代，荷兰为了不同部门、不同层级的政府可以越过既有法律束缚开展密切的协作，在一些重要的国家和区域战略性工程规划中引入了非正式的对话协作机制，这种对话协作机制后来也应用到公共部门和私人部门之间的合作。三是基于特定问题制定专项政策、特定行动计划，或建立有针对性的开发项目，如针对土地利用、交通运行和环境治理等特定问题的协调计划和项目，这种协作往往是跨行政区域的。例如，欧盟为推进成员国家的棕地治理，在欧盟层面成立了一系列协调组织，包括欧洲污染场地风险评估协作行动组织（CARACAS）、欧洲工业污染场地网络组织（NICOLE）、欧洲污染场地恢复环境技术网络组织（CLARINET），以及污染场地与地下水示范处理技术与紧急技术评估组织（NATO/CCMS），以协同推进欧盟国家共同参与棕地治理。

此外，由于不同层级国土空间开发治理的框架体系、发展目标、实施手段和策略工具存在较大差异，如何协调、整合不同层级的国土开发治理行动也是各国面临的普遍性问题，为此，一些国家通过设立国家层面的协调机构以进行更高层次的协调和干预。例如，法国设立了由总理直接领导的国土规划与地区发展委员会，德国成立了联邦建设和空间规划办公室，韩国成立了由总理担任委员长、相关政府部门领导担任委员的国家国土政策委员会。

（五）公众参与：完善国土治理体系的公共参与机制

国外非常重视普通公民、基层自治组织、商业公司以及非政府组织等多元社会主体的工作与智慧，不断完善国土开发治理体系的公共参与机制，这也使得其规划制定和实施的过程具有较高的开放性和透明性。欧洲是公众参与的重要策源地之一，认为公众对决策的参与有助于提高决策的质量和执行，自 20 世纪 60 年代中期开始，公众参与就开始进入欧洲城市规划和土地治理等项目中来，其中，立法是保障公众参与实施的最为有效的手段，美国、英国、德国、荷兰、日本等国允许利益相关方参与规划制定实施的各个

阶段。美国、德国、英国等国家要求土地治理或开发项目必须征求当地社区居民的意见。如德国在20世纪90年代末出台了《联邦土壤保护法》，之后以此为基础又制定了一系列的专项法律法规，要求鼓励引导社会公众参与国土保护与治理，并借助宣传教育、信息公开等方式，培养和增强国民的土壤保护和环境意识，以引导全社会形成自律与他律相结合的土壤生态环境保护氛围。

在英国，公众参与城市规划的各个环节已成为一项法定制度。从1968年的《城市规划法》到1982年的《城乡规划条例》、1984年的第22号通告，都将公众参与作为规划的法定程序，即规划在作为法律性文件颁布之前，必须按照立法要求完成公众参与这一法定程序。荷兰的空间规划体系是城市规划作为公共政策工具的典型代表，要求所有空间利益相关者参与到规划过程中，使利益相关者在国土空间规划和治理中尽可能地发挥重要作用，并设立了严格的事前和事后规划评估及反馈机制。日本也允许利益相关方参与区域规划制定的各个阶段，在其第六次国土规划（2006～2020年）中，日本政府就特别提出要向新公共领域拓展，使社会公众更大限度地参与国土空间规划[1]。

当前，公众参与已经成为国外国土空间开发与治理的重要内容，也是推动国土空间规划和开发治理、项目落地实施、规律制定推行的重要力量。

五 推动国土资源优化利用的对策建议

当前，生态文明建设和供给侧结构性改革加快推进，国土空间开发治理也日益呈现一些新的发展趋势：一是规划重点从侧重土地用途管制转向统筹用好国土空间资源；二是国土开发模式从点轴带动转向集聚开发；三是国土治理从分类型解决问题转向分区域综合整治。在此背景下，本文立足当前我

---

① 朱金鹤、崔登峰：《发达国家国土空间规划对中国主体功能区规划的借鉴与启示》，《世界农业》2012年第8期。

国国土开发利用和土地治理管理中存在的问题，结合国际经验，以促进土地利用整体效能提升和维护国土生态安全为目标，提出如下建议。

（一）全面推动"多规合一"，充分发挥规划引导管控作用

中国现有几十种规划，各规划之间相互脱节，各自为政，导致国土资源无法统筹利用，土地利用效率难以提升。因此，必须推进以国土空间规划为基础的"多规合一"，构建"1 + X"空间规划体系，"1"即国土空间规划，"X"即经济社会发展规划、城乡总体规划、产业发展规划、环境保护规划、综合交通规划等各类相关规划。这些规划应与国土空间规划有效衔接，确保同一尺度空间的规划方向、城市规模、开发边界、产业布局、生态空间等主要内容和重要参数保持一致，加快实现统一的空间方案和用途管制，大幅提高土地资源配置效率，提升国土空间管控和治理水平。

一是合理控制国土开发强度。在主体功能区规划指导下，根据各地的资源环境承载能力、现有开发强度、开发适宜性、发展潜力等，统筹谋划地区经济社会发展，合理配置建设用地指标，有序安排用地规模、结构、布局、时序等，实现对国土开发强度的差别化调控和国土开发秩序的规范化管理，进一步增强国土资源的有效供给，优化用地结构，提高利用质量和效益。

二是实施分类分区指引。以促进区域协调发展为目标，综合考虑区域资源禀赋、比较优势、社会经济发展基础等条件因素，明确各区域发展重点、开发强度和整治任务，实行差别化的空间管控和分类分区指引。对于重点开发区域，要稳定建设用地供给，适当加大开发强度，保障和促进其社会经济发展。对于优化开发区域，要严格控制新增建设用地，鼓励盘活存量建设用地、提升土地利用效率。对于以生态功能为主的限制开发区域要限制开发强度，鼓励其治理修复生态空间。

三是严格"三生"空间和"三线"管控。合理划定城乡生产、生活、生态空间，科学设置"生存线"、"保障线"和"生态线"，根据不同区域的功能要求，确定相应的开发强度，严格落实用途管制。首先，科学设置"生存线"，以满足人民生活和经济社会发展的需求为目标，确定合理的耕

地保护面积以及水资源开发规模，确保粮食安全、水资源安全和人民生存安全；其次，合理设置"保障线"，保障地区经济社会发展和资源能源运输所必需的建设用地，确保经济安全；最后，严格设置"生态线"，划定江河、湖泊、湿地、草原、森林等生态要素的保护范围和保有面积，确保生态安全。

（二）推进集聚开发和人地挂钩，促进城乡区域高质量发展

中国各地区自然禀赋差异大，水土资源空间匹配性弱，区域资源分布不均衡，生态脆弱地区占比较大。因此，应坚持集聚开发与重点保护相结合，对于水土资源相对充沛、资源环境承载力较强的地区实行集聚开发、集中布局和人地挂钩政策，以充分发挥优势地区的集聚—辐射作用，促进城乡和区域高质量发展，同时腾出更多空间、在更大范围内实现生态脆弱地区的国土保护。

一是推进国土空间集聚开发。根据国家主体功能区划要求，在京津冀、长三角、珠三角、哈长地区、辽中南地区、呼包鄂榆地区、山东半岛地区、冀中南地区、东陇海地区、中原地区、江淮地区、海峡西岸地区、成渝地区、滇中地区、黔中地区、北部湾地区、关中—天水地区、宁夏沿黄地区、天山北坡地区、兰州—西宁地区等优化开发区域和重点开发区域，以城市群为主要模式，推动国土空间集聚开发、集约用地、紧凑发展，提高国土空间开发效率，提升人口产业集聚能力，使之成为带动区域发展的主要载体和核心增长极，促进区域协同和高质量发展。

二是实施差别化"人地挂钩"政策。当前，我国城镇化水平总体不高，"不完全城镇化"现象突出，农业转移人口市民化进程滞后，土地城镇化明显快于人口城镇化。要改变这种状况，必须建立"人地挂钩"机制，实行"地随人走"政策，促进城乡土地要素流动，让城市发展与人口增长相匹配、相适应。具体而言，就是在严格执行土地利用规划的基础上，积极探索推行地区之间和城乡之间的"人地挂钩"政策，将城镇建设用地供给与进城落户人口数量相挂钩。综合考虑城镇资源环境综合承载力、容纳空间、发

展条件等因素，根据人口增长（特别是农业转移人口和其他进城落户人口的规模及流向）、现状人均地耗水平等参数，制定差别化的"人地挂钩"政策，合理安排城镇新增建设用地规模，为推动农业转移人口市民化和其他迁移人口落户城镇化提供用地保障。

（三）严格落实节约集约用地，进一步提高土地利用效益

当前，中国土地资源面临着双重困难：一方面，人均土地资源远远低于世界人均水平，后备资源相对不足且开发利用难度很大；另一方面，中国仍处于快速城镇化时期，对建设用地的需求长期居高不下。因此，必须继续推进节约集约用地，进一步提高土地利用效益。

一是严格控制新增建设用地。严格实施项目建设用地准入标准，对建设用地实行总量和强度双控，有效管控城市建设的无序扩张和蔓延。加强农村土地利用的规划控制，对农村集体建设用地规模和宅基地占地面积、建设面积等进行严格管控，实行城乡建设用地增减挂钩。探索建立农村土地国家收储制度，努力盘活农村地区大量存在的闲置建设用地资源。加强土地利用评价和监管，实行单位 GDP 建设用地目标考核，逐步降低经济增长的地耗水平。

二是提高存量土地利用水平。结合城市产业转型升级，有序推进空置楼宇、废弃厂房等存量资源的再开发、再利用，以城中村和棚户区改造为重点积极推进低效用地的再开发、再利用，加强工矿废弃地的生态修复和功能置换，加快工业用地的升级改造和集约高效利用。在城镇地区，要科学规划和合理开发利用低丘缓坡地以及城镇地下空间，推动地上地下立体化综合开发和建设地块多功能利用；在农村地区，要加快推进"空心村"整治，调整优化农村居民点的用地布局；通过系统性改进措施，最大限度地提升城乡存量土地的利用水平和利用效益。

三是加强城乡建设用地全过程节约管理。由政府出台相关政策，鼓励各类开发主体大胆探索和创新，推广应用土地资源集约节约利用技术和利用模式，引导企业积极开展建设用地减量化、双提升、零地技改、

地均效益倍增等集约节约用地活动，逐步形成集约节约利用土地的政策激励机制。不断提高土地资源的市场化配置程度，加强建设项目用地的市场准入和标准管控，逐步完善集约节约用地的市场调节机制。定期开展城乡建设用地集约节约利用评价，完善相应的考核监督奖惩机制，并将其作为城乡建设中土地资源配置的重要依据。通过以上举措，建立城乡建设用地全过程节约管理，完善市场调节、政策引导、标准管控、考核监督的土地集约节约利用机制，逐步形成集约节约用地的城乡发展模式和空间格局。

（四）深化城乡土地制度改革，构建城乡统一的土地市场

改革开放以来，随着城镇化的发展以及农村劳动力向城镇的大规模转移，大量农村土地的承包权和经营权发生了分离。但农村土地市场化改革推进缓慢，使得土地撂荒、房屋空置现象普遍，大量土地资源被闲置浪费，农民资产难以变现，农业生产力难以释放。为此必须以放活经营权为核心，继续深化城乡土地制度改革，构建城乡统一的土地市场。

一是明确主体完善土地流转交易制度。首先，落实不动产统一登记制度，为农村集体土地进行颁证确权，明确所有权权主和土地权能的内涵，为明确土地入市主体提供前提条件和基础。在土地确权的基础上，对于集体所有建设用地，建立新型集体经济组织，行使集体经营性建设用地的所有权和使用权，村民以入股或其他形式获得集体土地收益，从而保障村集体和村民的土地权益。其次，完善土地流转交易制度。建议在《土地管理法》中明确允许农村集体经营性建设用地在符合用途管制的前提下进行适当流转，在基础法律层面上给予支持和肯定。在此基础上，进一步完善土地流转交易制度，建立健全农村集体经营性建设用地交易市场，规范土地入市条件、方式和入市程序，加强政府对农村土地市场的监管能力，维护农村土地市场秩序。

二是明确范围建立多元征地补偿保障机制。首先，明确征地过程中"公共利益"的边界和范围。在全国层面上制定统一的政策法规，明确"公

共利益"的内涵和范围，确定"公共利益"清单，尽量缩小"公共利益"的涵盖范畴，减小土地征收范围，完善征地制度，规范征地程序，保障人民的财产权益。其次，建立多元的征地补偿保障机制。在货币补偿方面，提高货币补偿标准，引入合理的市场化补偿机制，扩大补偿范围，将边角未利用地块纳入征地范围。缩小同地区之间的巨大补偿差异，倡导征地补偿的公平性。逐步引导征地补偿从货币补偿向多元化社会保障安置转变。从就业保障、医疗保障、养老保障、住房保障等多方面对征地农民进行补偿，确保征地农民原有生活水平不降低，长远生计有保障。加强对征地安置补偿落实的监管力度，提高征地工作的透明度和征地农民的参与度，确保补偿安置落实到位。

三是夯实基础推进宅基地"三权分置"改革。首先，推进宅基地确权颁证。以建立不动产统一登记制度为契机，做好与农房登记工作的衔接，对宅基地和地上房屋实行统一登记。完善与宅基地"三权分置"相关的不动产登记制度，明确资格权的确权办法。其次，明确宅基地与集体经营性建设用地之间相互转换的条件和程序，逐步实现集体建设用地的精细化管理。最后，深化农村宅基地改革，建立健全流转市场。搭建宅基地流转服务平台，健全宅基地使用权交易服务体系。加强与农村集体产权、农房抵押、乡村治理、户籍、财税、社保、金融等相关领域改革的融合，实现改革政策的叠加效应。

（五）加大污染防治和修复力度，全方位维护国土生态安全

粗放的经济发展方式和环境监管不到位是导致国土生态环境恶化的主要原因，为此，必须改变传统的、治标不治本的国土污染末端治理模式，从源头入手，通过提升经济发展质量来降低总体的生态环境负荷，从而为土地休养生息和国土生态化恢复创造条件。

一是引导绿色发展。以习近平生态文明思想为指引，在尊重和保护自然的前提下，推动人与自然和谐发展，建立可持续的生产方式和消费方式，不断提高经济发展水平和质量。继续推进新型城镇化，促进人口和经济持续向

城镇集中。实施重点开发战略，将国土开发建设特别是中西部地区的国土开发建设逐步向自然条件相对优越、资源环境综合承载力较高的局部地段或少数地区集中。通过提升经济发展质量、减少资源能源消耗、降低面上开发强度，最大限度地减少生态环境破坏、维护国土生态安全。

二是加强分类管理。在全面分析不同区域的自然禀赋、生态系统特征、敏感性和资源环境综合承载能力的基础上，根据不同区域的功能定位和国土开发强度控制要求等，对国土资源实行分类分级管理，综合运用管控性、建设性、激励性、处罚性政策措施，有针对性地开展国土保护、治理和修复工作，分类分级分区域有序推进国土全域保护。

三是强化综合防治。建立以防为主、防治结合、综合治理的国土生态治理模式。在农用地土壤污染治理方面，目前我国正在进行全国土壤污染状况详细调查，要根据不同地区的土壤环境状况，因地制宜开展综合防治。对于已污染土地，要根据污染类型、污染程度等，积极开展土壤污染治理与生态修复。在国家层面设立专项资金支持耕地污染较为集中的地区（如中南和西南地区等）开展治理与修复。对于未污染土壤，要强化污染源监管，实施有效管理和保护措施，严格控制新增土壤污染。在棕地治理方面，要根据国家已出台的《土壤污染防治法》和《污染地块管理办法》，结合各地实际情况，尽快研究出台相关实施细则，建立土壤污染风险管控标准和管控目录，在严格建设用地准入基础上，具体指导各地开展棕地治理和再开发利用实践。在荒漠化、石漠化和沙化治理方面，要积极开展草原、湿地、森林等生态系统建设，推进退耕还林、退耕还湿、退耕还林还草，强化水源涵养功能，提高水土保持和防风固沙能力，积极开展包括荒漠化治理、石漠化治理、沙化治理等在内的小流域环境综合整治，最大限度地控制水土流失，遏制和改善国土生态环境恶化趋势。

（六）完善相关法律法规保障，鼓励公众积极广泛参与

制定出台完善细致的法律法规，鼓励社会公众和企业等积极参与，是发达国家推进国土空间治理的重要手段，也是实施保障，我国同样需加强这方

面的建设。

一是完善相关法律法规及实施细则。从国际经验可以看出，建立完善和具有可操作性的法律法规，是很多发达国家保障国土空间整治顺利开展的重要经验。我国虽然也陆续颁布了《中华人民共和国土地管理法》《中华人民共和国土地管理法实施条例》《中华人民共和国土壤污染防治法》等一些相关法律法规，但很多法律条款过于笼统和强调方向性，缺乏具体的、可操作的实施细则。如法律条文中大量存在"定期监测""定期评估""定期报告""适时更新""适时修订"等词语，但什么是"适时"、如何"定期"都没有明确规定，给法律执行增加了很多困难和不确定性。建议进一步完善国土空间治理的相关法律法规，特别是要加强实施细则和国家标准的制定，并根据实际情况及时予以修订，确保相关标准和目标要求与时俱进、切合实际，保障国土空间治理的顺利开展。

二是加强公众参与和社会监督。政府部门在制定国土空间规划、土地利用规划以及开展各项国土环境整治时，都应公开征求和认真听取当地居民、社会公众以及企事业单位的意见，引导社会公众积极参与国土规划和治理过程。同时建立国土资源和土壤环境数据库及相关信息平台，借助互联网、大数据云计算等技术，实现数据动态更新和信息共享。对于国土资源、土壤环境、风险状况、管控标准、相关政策、资金专项、治理情况等做到信息公开，能够让社会公众和企业免费查阅和随时下载，以便社会公众随时了解情况，更好地参与治理和发挥社会监督作用。

参考文献

蔡玉梅、高延利、张建平、何挺：《美国空间规划体系的构建及启示》，《规划师》2017 年第 2 期。

Healey, P. Collaborative planning: Shaping places in fragmented societies: UBC Press, 1997.

刘守英：《中国土地制度改革——上半程及下半程》，《国际经济评论》2017 年第 5 期。

李奇霖：《70 年土地制度改革之路》，2018 年 2 月 9 日，https：//wallstreetcn.com/articles/351219。

叶兴庆：《农村集体经营性建设用地的产权重构》，《中国经济时报》2015 年 5 月 27 日。

徐万刚：《城乡统一建设用地市场论》，西南财经大学出版社，2016。

林坚：《城镇低效用地再开发的若干思考》，2017 年 8 月 30 日，http：//www.sohu.com/a/168482057_ 751891。

刘黎明：《土地资源学》，中国农业大学出版社，2010。

王万茂：《中国土地管理制度：现状、问题及改革》，《南京农业大学学报》（社会科学版）2013 年第 4 期。

余陈阳子、包存宽：《论空间规划的三个空间与两个边界》，《环境保护科学》2016年第 3 期。

综合篇

Comprehensive Chapter

B.2
2017年中国城市健康发展评价

武占云 单菁菁 付 瑾*

摘 要： 在中国经济进入高质量发展阶段的现实背景下，作为最具经
济活力的空间单元，城市的健康发展显得尤为重要。2017年
中国健康城市评价结果显示，东部地区城市健康发展总体占
优，中部地区城市健康水平提升显著，西部地区城市处于平
稳改善状态，东北地区与其他三大区域的差距显著扩大；超
大城市和特大城市在经济发展效益、公共服务水平方面具有
比较优势，中等规模及以下城市在环境状况、城市运行和管
理方面则优于较大规模城市；不同行政级别城市健康水平呈

---

* 武占云，中国社会科学院城市发展与环境研究所副研究员，博士，研究方向：城市规划、城
市与区域经济等；单菁菁，中国社会科学院城市发展与环境研究所规划室主任，研究员，博
士，研究方向：城市与区域发展战略、城市与区域规划、城市与区域管理等；付瑾，中国社
会科学院城市发展与环境系硕士研究生，研究方向：城市经济。

城市蓝皮书

梯度差异，等级化的行政管理体制造成了城市发展非公平的
竞争环境。鉴于当前我国城市发展存在的健康发展理念偏颇、
区域发展差距过大和行政等级偏向明显等问题，本文建议应
通过加强动态评估、强化分类指导、因区施策等途径，全面
改善影响健康不公平的各种经济社会环境因素，构建促进城
市健康、可持续发展的长效机制。

关键词： 健康发展指数　规模分布　区域差距　行政等级　中国　城市

　　当前，我国经济发展正从高耗能、高增长向低排放、高质量发展转型，
然而传统的经济增长方式已然造成了各类污染问题，并且形成了经济增长路
径依赖，经济的高质量发展和城市的健康发展亟须寻找新路径。从社会经济
层面来看，高质量发展包含促进增长转型和促进分配公平两大要义，城市发
展因此面临着环境经济发展质量亟须提升和公共服务亟须改善两大挑战，这
也正是健康城市建设的要义所在。因此，聚焦城市健康发展弱项短板，提升
城市发展质量，既是新时期经济高质量发展阶段对城市发展的要求，亦是城
市自身突破路径依赖的关键所在。本文在 2017 年中国城市健康发展评价的
基础上，分析当前我国城市健康发展存在的问题和瓶颈，继而提出相关对策
建议，以期提升中国城市的健康发展水平，夯实中国经济高质量发展的
基础。

一　2017年中国城市健康发展评价

　　2017 年，我国大陆地区共有 344 个地级行政区，包括 30 个自治州、8
个地区、3 个盟和 293 个地级市。其中，拉萨、昌都、山南、日喀则、林
芝、吐鲁番、哈密、三沙和儋州等 9 个地级市由于缺少城市健康发展评价的
系统数据，暂未纳入本次评价范围。因此，本文的评价对象共计 288 座地级

及以上建制市①（包括北京、上海、天津和重庆 4 座直辖市）。根据城市健康发展评价指标体系〔详见《中国城市发展报告（No.7)》〕，我们采用主观赋权和客观赋权相结合的方法，对上述 288 座城市的健康发展情况进行了综合评价，按照我国城市规模最新划分标准，将上述城市分为超大城市、特大城市、大城市、中等城市和小城市五组进行评价；同时按照我国城市行政级别，将上述城市分为直辖市、副省级城市、一般省会城市和一般地级市进行评价，具体评价结果如下（详见附表）。

（一）总体评价：北京位居第一，中部地区城市首次进入前十

根据评价结果，2017 年，北京、珠海、上海、深圳、长沙、宁波、广州、杭州、南京和泉州等十座城市位居城市健康发展指数综合排名前 10 位。其中，来自珠三角、长三角和京津冀城市群的城市分别为 4 座、4 座和 1 座，中部地区的长沙市在城市健康发展方面表现尤为突出，首次进入全国前十位（如图 1 所示）。

在 9 座国家中心城市中，仅有北京、上海和广州进入前十位，武汉市位居第 20 位，天津、成都、重庆、郑州和西安排名相对靠后。其中，武汉市的资源利用效率、环境质量状况和民生水平改善明显，健康环境指数和健康社会指数均位居 9 座中心城市的第 3 位（如图 2 所示）。武汉市近年来通过建设"公交都市"，实施拥抱蓝天行动计划、绿满江城行动计划，加快海绵城市和地下综合管廊建设，显著改善了人居环境，城市健康发展水平有了明显提升。

专栏 1　中部地区长沙市健康发展指数首次进入全国前十位

长沙市地处中部腹地，是支撑中部地区崛起的重要增长极，近年来在城市健康发展方面取得了显著成绩。在经济发展方面，2017 年，长沙人均 GDP 突破 10 万元，居中部省会城市第 1 位，城市万人有效发明专利拥有量

---

① 本文研究范围仅限于中国大陆地区，不包括港澳台地区的城市。

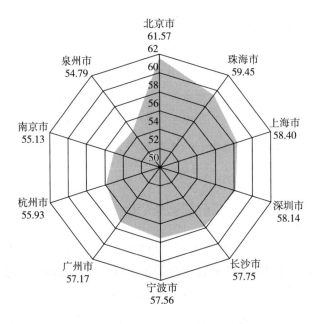

图1　2017年全国健康发展指数前10位城市

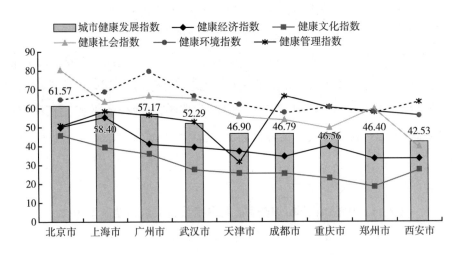

图2　2017年9座国家中心城市健康发展指数比较

居全国省会城市第4位、中部省会城市第1位。近年来，通过"放管服"改革、"工业30条"、"人才新政22条"、"一次性审批"、"43证合一"等系列政策措施，长沙营商环境得到极大改善，实体经济活力显著增强。在民生和社会建设方面，2017年，长沙市城乡基本养老保险、医疗保险参保人数分别达到487.44万人、708.87万人，社会保障由制度全覆盖向人员全覆盖进一步迈进；在教育公平方面，投入免补资金和资助资金12.56亿元，惠及学生95.5万人，免除10万余名普高建档立卡家庭、城乡低保家庭、农村特困救助供养学生和残疾人家庭学生学杂费。同时，长沙市出台了《推进"健康长沙"建设的实施方案》和《健康民生项目实施方案》，全市共建立全科医生服务团队1290个，家庭医生签约服务覆盖率达到36.95%，贫困村建档立卡贫困人口家庭医生签约服务率达到100%。作为国家水生态文明建设试点城市、城市设计试点城市和生态修复城市修补试点城市，长沙着力推进"品质长沙"建设，空气质量优良率从2013年的54.0%提高到2017年的71.8%，集中式饮用水水源地水质达标率、湘江长沙段水质优良率、出境断面水质达标率均达100%。

（二）区域特征：中部地区提升显著，东北地区居末位

2017年，中国城市健康发展的空间格局总体呈现以下特征：东部地区的城市健康发展总体占优，健康发展指数为47.96；其次是中部地区和西部地区，健康发展指数分别为44.28和42.82，而东北地区居于末位，健康发展指数为41.29（如图3所示），西部地区的健康发展指数首次超过东北地区。

从发展差距来看，与2016年相比，无论是健康发展指数还是分项指数，东北地区与其他三大区域的差距都显著扩大（如图4所示）。与东部地区相比，2017年，东北地区与东部地区的健康发展指数差距由上一年的5.04扩大到6.67，健康社会指数的差距更是扩大到12.12。与西部地区相比，2016年，东北地区的健康发展指数高于西部地区，而2017年则低于西部地区1.53，健康经济、健康文化、健康社会、健康环境和健康管理指数分别低于西部地区0.16、1.77、2.28、1.71和2.02，经济效益、公共文化、社会保障等亟须提升改善，健康发展状况堪忧。

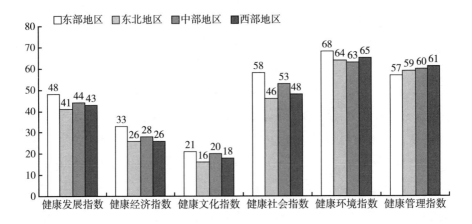

图3　2017年四大区域城市健康发展水平

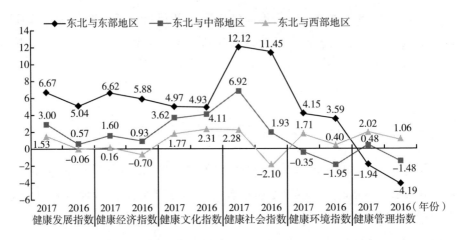

图4　2016年和2017年东北地区与其他三大区域的健康水平差距

从省域角度来看，中部地区省份健康发展指数上升幅度明显，湖南省由2016年的第12位上升至2017年的第7位，安徽、江西和湖北分别上升6位、9位和3位，分别位列全国第14、15和16位（如图5所示）。从分指数来看，中部省份的健康社会指数增长明显，民生建设和社会保障水平总体上处于平稳改善状态。东北地区的黑龙江、吉林和辽宁三省的城市健康发展水平未取得显著提升，辽宁省和黑龙江省分别下降7位和3位，尤其是在民生和社会保障方面，三省份排名尤为靠后。根据人社部社保管理中心发布的

《中国社会保险发展年度报告（2016）》，2016 年养老金当期收不抵支的省份包括黑龙江、辽宁、河北、吉林、内蒙古、湖北、青海等省份，其中，黑龙江和辽宁收不抵支分别排在全国第一、第二名，养老金结余分别为 −320 亿元和 −254 亿元。此外，东北三省的养老保险抚养比也降到全国最低水平，面临的社会保障问题和挑战更为严峻。

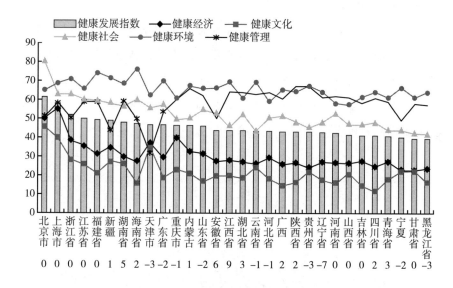

图 5　2017 年省域城市健康发展指数比较

说明：图示下方数字为健康指数排名变化情况。

从城市群角度来看，中国目前形成了长江三角洲城市群、珠江三角洲城市群、京津冀城市群、中原城市群、长江中游城市群、成渝城市群、哈长城市群、辽中南城市群、山东半岛城市群、海峡西岸城市群、北部湾城市群、关中平原城市群、呼包鄂城市群等国家级城市群，评价结果显示，长三角、珠三角和海峡西岸城市群的健康发展指数居全国前 3 位，紧随其后的是长江中游和京津冀城市群（如图 6 所示）。其中，海峡西岸城市群由福州、泉州、厦门、温州、汕头等五大中心城市及周边 16 个城市组成，城市规模均较小，健康环境指数居各城市群首位，在经济效益、公共文化、社会民生和城市管理等方面表现较为均衡，健康发展指数居第 3 位。京津冀城市群的健

康经济指数虽然居全国第 3 位，但健康环境指数居倒数第 2 位，综合发展指数排名靠后。近年来，京津冀地区在生态环境建设、大气污染联防联控联治等方面不断加大合作力度，但与长三角和珠三角等城市群仍然有较大差距，环境形势仍不容乐观，持续提升环境质量、深入推进污染减排、防范环境风险，以及强化城市群集约紧凑发展和提升空间经济效应是京津冀城市群实现高质量发展和健康发展的重点所在。

我国城市群发展战略的目的在于加强城市间的分工协作，提升经济发展效益、促进资源节约和环境保护。随着我国经济转向高质量发展阶段，城市群建设的重点必将从过去的规模扩张向效率提升转型，因此，未来应打破城市群发展的行政壁垒、建立城市群治理机制、完善城市群监测和评估机制，推进城市群高质量发展。

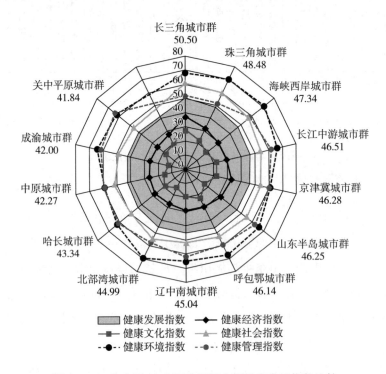

图 6　2017 年中国 13 个国家级城市群健康发展指数比较

（三）规模分布：不同规模城市各具优势与特色

根据《关于调整城市规模划分标准的通知》，2017年城区常住人口1000万以上的超大城市有7个——上海、北京、重庆、深圳、广州、天津和武汉；特大城市有6个，包括东莞、郑州、沈阳、南京、成都和杭州。基于城市规模的评价结果显示，2017年，我国超大城市组的健康发展指数为54.43，特大城市组为51.21，大城市组为47.47，中等城市组为44.14，小城市组为42.51，城市规模与健康发展指数基本存在着同向变化关系（如表1所示）。

表1　2017年不同规模城市组的健康发展指数比较

城市类型	健康发展指数	健康经济指数	健康文化指数	健康社会指数	健康环境指数	健康管理指数
超大城市	54.43	45.50	34.39	64.69	65.94	50.91
特大城市	51.21	37.36	31.35	62.14	63.66	57.94
大 城 市	47.47	31.87	22.24	56.78	66.05	59.25
中等城市	44.14	28.08	18.19	51.75	63.85	60.97
小 城 市	42.51	25.52	17.55	48.05	66.09	58.70

北京、杭州、珠海、中山和丽水的健康发展指数分别居超大城市组、特大城市组、大城市组、中等城市组和小城市组首位（如图7所示）。健康指数排名前50位的城市中，超大城市5座、特大城市4座、大城市21座、中等城市14座、小城市6座，总体而言，小城市的健康发展水平还亟须提升，在未来发展中，应更多地从提升经济产出效益、完善公共文化服务、提升社会保障水平等方面，着力提升小城市的竞争力和可持续发展能力。

从分项指数来看，超大城市和特大城市在经济发展效益、公共服务水平方面具有比较优势，中等规模及以下城市在环境质量、城市运行和管理等方面优于较大规模城市。在7座超大城市中，北京市的健康发展指数最高，尤其是在公共文化、民生和社会保障方面远优于其他城市；上海的健康经济指

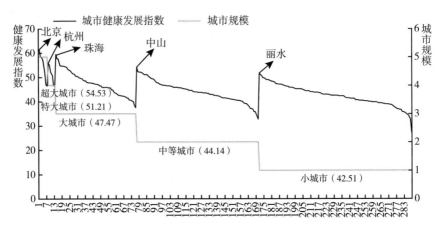

图7　2017年不同规模城市健康发展指数比较

注：城市规模中的5、4、3、2、1分别对应超大城市、特大城市、大城市、中等城市和小城市。

数最高，广州市的健康环境指数最高，重庆的健康管理指数最高，这3座特大城市分别在经济效益、环境质量和城市管理等方面具有比较优势（如图8所示）。城市环境承载容量是有限的，通过高污染高排放来推动经济增长注定是不可持续的，中国城市尤其是超大和特大城市亟须破解环境质量恶化与经济发展质量提升的困境。

（四）等级特征：不同行政级别城市健康水平呈梯度差异

有别于国外城市的行政等级趋同，我国城市历史上实行严格的层级化管理体制，行政级别较高的城市具有较强的资源集聚能力和城市公共品供给能力。按照行政级别、政府驻地以及本研究的样本实际情况，本文将城市的行政级别划分为直辖市（包括直辖市的区）、副省级市、一般省会城市和一般地级市等4个等级①。评价结果表明，2017年，我国城市的健康发展水平存

---

① 按照行政级别和政府驻地，中国城市大体可分为直辖市、副省级城市、一般省会城市、一般地级市、县级市、县城和一般建制镇等7级。本评价对象共计288座地级及以上建制市，不包括县级市、县城和一般建制镇等等级。

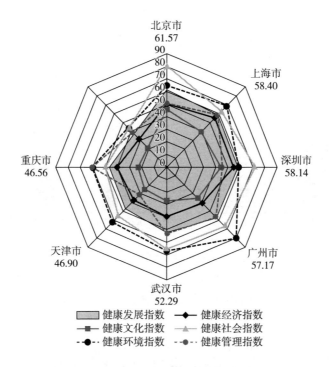

图8 2017年超大城市组的健康发展指数比较

在明显的城市行政级别差异特征，行政等级较高的城市在经济效率、社会保障、公共文化、教育水平、住房条件和城市安全等方面的表现明显优于行政等级相对较低的城市。如图9所示，直辖市组的健康发展指数为53.56，副省级市组为51.57，一般省会城市组为48.86，一般地级市组为43.78，不同行政级别城市的健康发展水平呈现梯度性差异。副省级城市中，深圳、宁波、广州、杭州和南京居前5位；一般省会城市中，长沙、福州、昆明、呼和浩特和合肥居前5位；一般地级市中，珠海、泉州、无锡、苏州和佛山居前5位（如图10所示）。

从分指数来看，直辖市的健康经济、健康文化和健康社会指数要明显优于其他等级城市，说明直辖市的总体经济效益、经济投入产出比远高于其他级别城市，且由于拥有较高的获取资源分配的权限，在公共文化服务和社会保障水平方面也具有绝对优势。直辖市的健康环境和健康管理指数则处于末

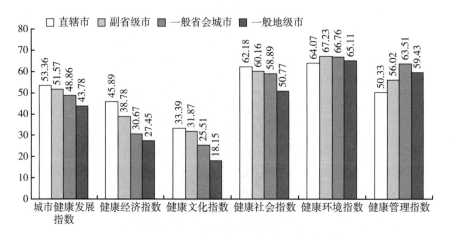

图 9　2017 年城市行政等级与健康发展水平

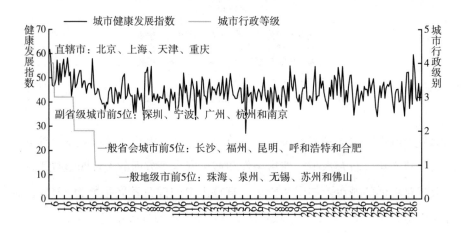

图 10　2017 年不同行政等级城市健康发展指数比较

　　注：城市行政级别中的 4、3、2、1 分别对应直辖市、副省级城市、一般省会城市和一般地级市；横坐标为 288 个地级及以上城市。

位，而一般地级市在环境状况和城市运行管理方面优势明显，也即过多的要素集聚使得直辖市、副省会城市的资源环境压力剧增，产生了环境质量下降、城市安全隐患增加等一系列不健康问题。等级化的行政管理体制使得我国各个等级的城市拥有不同的资源配置权限，造成了城市发展不公平的竞争环境，对城市健康发展产生了巨大影响。

二 中国城市健康发展存在的问题

当前，我国城市健康发展取得了长足进步，各地丰富多样的健康城市建设为实现全面建设小康社会的目标奠定了坚实基础。然而，中国城市的健康发展，尤其是健康城市的建设仍存在着健康发展理念偏颇、行政中心偏向明显、区域发展差距显著以及配套政策体系有待完善等问题，全面促进健康公平依然任重道远。

（一）健康发展理念存在偏颇

我国的健康城市是建立在卫生城市基础上的，卫生城市的创建有效提升了居民健康水平，保障了社会稳定，但由于健康城市试点工作开展时间较短，公众对健康理念的知晓率和参与度并不理想，尤其是不少中西部地区的健康城市工作仍局限于公共卫生领域，卫生部门与发改部门、环保部门等多部门联动合作的机制尚未建立。由于公共卫生思维的局限性，人民群众对各类健康问题的认识水平不均衡，健康生活方式与行为素养提升较慢。因此，健康城市的建设应突破传统公共卫生和医疗服务的局限，秉持"把健康融入所有政策"的理念，加强公共卫生、城市经济学、政策科学等多学科的融合发展，建立跨部门的协调机制。

（二）区域发展差距依然存在

长期以来，资源禀赋的空间差异给中国的区域均衡发展带来了不小的挑战和困境，中国城市的健康发展同样存在着区域差距显著的困境，东强西弱的格局长期存在。近年来，西部城市的健康发展水平有了显著提升，而东北地区的城市在社会和民生建设、公共文化服务等方面的短板日益凸显，尤其是与东部地区的社会保障水平方面存在较大差距。国家卫生计生委发布的历次全国城乡居民健康素养监测结果均显示，虽然全国各地的健康素养水平均有所提升，但仍存在着城乡、地区和人群间发展不均衡问题。以《第三次

全国城乡居民健康素养监测结果》为例，2012 年，东、中、西部地区居民健康素养水平分别为 10.31%、8.59% 和 6.86%，与 2008 年相比，分别提高了 3.28、0.92 和 1.63 个百分点。

（三）行政等级偏向问题明显

中国的城市具有鲜明的行政等级特征，城市的健康发展水平与其行政等级的高低密切相关，不同行政等级城市在权限设置、资源配置、制度安排等方面的差异，是造成健康城市建设成效不一的重要影响因素。现行的按照行政等级设置的权力和制度架构造成了资源配置的行政中心偏向，即行政等级较高的城市配置公共服务资源的权力越大，越能集中公共服务资源，从而在居民的健康保障、环境改善、医疗体系、公共文化、基础教育等方面的投入更多。未来，应积极推动公共服务资源向低行政等级的城市配置，逐步缩小不同级别城市之间的公共服务差距，推动城际发展机会平等、权益公平，全面促进健康公平。

三　中国城市健康发展的对策建议

在中国经济进入高质量发展阶段的现实背景下，作为最具经济活力的空间单元，城市的健康发展显得尤为重要。针对当前我国城市健康发展存在的健康发展理念偏颇、区域发展差距过大和行政等级偏向明显等问题，本报告建议应从以下几方面着手，全面改善影响健康不公平的各种经济社会环境因素，构建促进城市健康、公平、可持续发展的长效机制。

（一）加强动态评估，科学提升健康发展水平

当前，由国家相关主管部门牵头，在全国范围积极创建环保模范城市、"资源节约型和环境友好型社会"建设综合配套改革试验区，开展生态示范城市、低碳试点城市建设，推进海绵城市、气候适应型城市、健康城市、智慧城市、资源枯竭型城市建设，这些试点建设虽然不是提升城市健康发展水

平的系统性措施和政策，但分别从提升城市经济效益、推进节能减排、提高城市应灾能力等方面施策，以促进城市健康发展。城市各部门在实施政策和完成项目的每一个阶段都要充分考虑和评估所实施的政策、项目对城市健康发展的影响，评价其完成情况和优劣程度，建立长效评价机制、退出和准入机制，提高城市健康发展的科学决策水平。

（二）强化分类分区施策，全面促进健康公平

为缩小我国城市健康发展存在的区域差距，应针对不同区域城市健康发展存在的短板问题，强化分类指导和因区施策。针对西部地区优质医疗卫生资源欠缺等问题，在中央政府层面加大财政转移支付力度的同时，应积极发挥对口支援等跨界合作治理机制，加大对西部地区医疗卫生领域的资金、技术和人才支援。对于东北地区养老保险收不抵支等社会保障问题，在完善区域社会保障政策顶层设计的同时，应以区域经济的增长与发展作为东北地区社会保障体系建设与完善的重要基础。对于东部地区高密度经济和人口活动带来的环境负荷压力，应通过产业转型、循环经济等方式降低能源消耗水平，提升经济发展质量和效益。任何城市无论规模大小、行政等级高低，都应该拥有平等的发展权，城市机会均等发展是健康城市建设的目标之一，应积极改善影响健康不公平的各种经济社会环境因素，构建促进城市健康、公平、可持续发展的长效机制。

参考文献

唐宇文：《长沙建设国家中心城市应从何处发力？》，中国社会科学网，http：//ex. cssn. cn/gd/gd_ rwhn/gd_ ktsb/dbjhnshkxjxsnhzk/201803/t20180321_ 3883036. shtml。

魏后凯：《中国城市行政等级与规模增长》，《城市与环境研究》2014 年第 1 期，第 4 ~ 17 页。

武占云、单菁菁：《健康城市的国际实践及发展趋势》，《城市观察》2017 年第 6 期，第 138 ~ 148 页。

附录1：评价方法与评价模型

城市健康发展评价指标体系包括健康经济、社会、环境、文化和管理5个方面，为保证数据的可加性和可比性，本文先对所有数据进行无量纲化处理和同趋化处理，然后通过德尔菲法确定各指标的权重，再利用因子分析法进行检验和校正，因子分析模型检验校正过程如下：

$$\begin{cases} x_2 = a_{21}F_1 + a_{22}F_2 + \ldots + a_{2m}F_m + a_2\varepsilon_2 \\ x_2 = a_{21}F_1 + a_{22}F_2 + \ldots + a_{2m}F_m + a_2\varepsilon_2 \\ \ldots \\ x_n = a_{n1}F_1 + a_{n2}F_2 + \ldots + a_{nm}F_m + a_n\varepsilon_n \end{cases} \quad (1)$$

其中 x_1、$x_2 \cdots$、x_n 为 n 个原变量，F_1、$F_2 \cdots$、F_m 为 m 个因子变量。通过矩阵转换，求解公因子。

$$X_i = HE_j + \varepsilon_i = \sum_{j=1}^{n} h_{ij}e_j + \varepsilon_i$$
$$(1 \leq i \leq p \text{ 、} 1 \leq j \leq m) \quad (2)$$

其中：H 为因子载荷阵，E_j 为公因子，h_{ij} 为因子载荷，ε_i 为残差。

在 SPSS 中采用最大方差正交旋转法求解公因子，计算各因子的变量得分和综合得分，再根据指标因子及其权重分布，分别计算各项分指数，进而综合计算健康城市指数。

$$I_h = \sum_{j=m}^{i=n} \lambda_i \lambda_{ij} Z_{ij} \quad (3)$$

$$UHDI = \sum_{h=1}^{5} A_h I_h \quad (4)$$

其中：I_h 为各项分指数，A_h 为各分项指数的权重，UHDI 为健康城市指数，λ_i 为 i 项指标的权重，λ_{ij} 为 i 项指标下的第 j 因子变量的权重，Z_{ij} 为 i 项指标下的第 j 因子变量的标准化值，m 为各指标所包含的因子数量，n 为各指数所包含的指标数量。

附表1　2017年中国城市健康发展评价

城　　市	城市健康发展指数	排名	健康经济	健康文化	健康社会	健康环境	健康管理
北　京　市	61.57	1	50.19	45.69	80.49	64.78	50.64
珠　海　市	59.45	2	38.46	35.93	68.75	86.99	64.17
上　海　市	58.40	3	55.62	39.54	63.07	68.84	58.71
深　圳　市	58.14	4	54.45	44.25	72.00	58.70	45.48
长　沙　市	57.75	5	42.05	40.25	70.18	69.76	61.90
宁　波　市	57.56	6	45.83	53.60	66.15	71.10	40.00
广　州　市	57.17	7	40.94	35.68	66.67	79.73	56.34
杭　州　市	55.93	8	45.11	36.15	70.80	67.05	45.75
南　京　市	55.13	9	41.22	46.34	64.87	60.55	62.99
泉　州　市	54.79	10	31.76	23.71	73.51	77.13	58.14
无　锡　市	54.64	11	41.17	33.26	65.68	66.64	63.25
苏　州　市	54.63	12	45.36	34.90	66.53	66.90	47.10
佛　山　市	54.58	13	49.61	32.82	63.46	62.38	57.43
厦　门　市	54.53	14	41.29	29.52	58.41	80.80	60.97
温　州　市	54.32	15	36.96	29.83	68.46	70.68	59.36
鄂尔多斯市	54.24	16	44.95	27.89	59.88	75.59	57.34
福　州　市	53.48	17	34.01	24.80	66.84	77.36	57.31
昆　明　市	52.98	18	33.79	30.38	62.28	68.77	75.39
呼和浩特市	52.88	19	35.52	25.16	63.49	64.74	82.31
武　汉　市	52.29	20	39.54	27.20	65.41	66.88	53.24
中　山　市	52.28	21	38.56	23.15	63.32	73.64	54.43
株　洲　市	52.23	22	33.98	29.69	64.65	70.60	57.64
东　营　市	52.22	23	41.82	25.18	57.15	71.03	66.36
东　莞　市	52.21	24	36.08	31.98	64.55	74.12	42.02
镇　江　市	52.09	25	38.59	25.79	63.18	66.26	63.72
湖　州　市	51.99	26	37.40	38.28	59.05	67.69	56.41
丽　水　市	51.84	27	35.46	19.36	64.38	76.21	55.18
绍　兴　市	51.60	28	40.39	18.00	62.52	71.34	57.77
常　州　市	51.57	29	42.49	22.74	63.63	66.70	51.13
台　州　市	51.29	30	36.03	20.75	64.00	74.65	50.42
三　明　市	51.20	31	29.84	39.32	57.34	76.60	53.24
湘　潭　市	51.19	32	33.43	31.51	59.73	70.42	61.05
咸　阳　市	51.04	33	30.66	19.98	60.59	65.39	91.23

续表

城　　　市	城市健康发展指数	排名	健康经济	健康文化	健康社会	健康环境	健康管理
威　海　市	51.03	34	32.56	17.40	60.20	77.29	67.68
沈　阳　市	50.83	35	33.91	29.75	58.91	65.21	71.73
克拉玛依市	50.65	36	36.70	37.04	55.68	78.93	34.31
青　岛　市	50.47	37	37.96	20.49	59.13	73.52	54.64
合　肥　市	50.43	38	32.10	32.34	65.91	64.59	48.63
嘉　兴　市	50.43	39	35.92	26.74	61.23	68.81	53.03
南　通　市	50.30	40	35.31	24.40	60.75	66.88	62.06
常　德　市	50.13	41	35.74	26.37	56.21	70.09	63.57
龙　岩　市	49.90	42	31.62	21.38	58.72	75.09	61.52
烟　台　市	49.81	43	34.65	16.35	57.60	73.22	67.73
廊　坊　市	49.76	44	34.13	19.29	59.51	61.23	82.33
黄　山　市	49.70	45	26.03	48.83	53.15	83.15	32.91
扬　州　市	49.63	46	37.07	19.14	59.22	66.58	64.10
金　华　市	49.46	47	37.42	23.58	59.32	70.95	45.82
大　连　市	49.36	48	33.88	24.30	57.03	73.10	55.19
乌　海　市	49.28	49	39.09	27.72	54.32	65.61	59.36
舟　山　市	49.19	50	33.92	22.87	60.60	73.85	43.25
嘉峪关市	49.08	51	26.40	40.95	55.74	69.80	56.54
铜　陵　市	49.04	52	29.99	32.08	53.96	72.37	60.63
玉　溪　市	48.89	53	36.63	34.90	39.75	84.24	57.23
潍　坊　市	48.78	54	32.93	22.26	57.57	68.90	61.57
泰　州　市	48.66	55	36.67	21.95	60.35	61.93	57.07
南　宁　市	48.64	56	27.22	30.29	55.27	69.49	68.17
南　昌　市	48.60	57	31.04	13.86	57.12	74.55	67.18
漳　州　市	48.44	58	27.85	16.21	64.24	64.10	69.60
吉　安　市	48.40	59	26.15	24.43	55.81	74.30	65.89
鹰　潭　市	48.19	60	29.99	22.61	55.26	73.52	60.18
衢　州　市	48.09	61	35.80	23.79	57.06	69.49	45.53
九　江　市	48.09	62	31.45	21.15	58.93	65.88	62.00
济　南　市	47.99	63	39.14	24.87	61.29	58.51	43.87
长　春　市	47.73	64	31.73	23.99	54.14	68.01	63.57
淄　博　市	47.73	65	36.67	17.09	58.30	62.22	60.64
连云港市	47.72	66	28.46	26.61	57.69	68.24	56.59
西　宁　市	47.71	67	28.50	18.50	60.86	63.60	68.33

续表

城　市	城市健康发展指数	排名	健康经济	健康文化	健康社会	健康环境	健康管理
海　口　市	47.57	68	26.22	15.77	62.64	76.43	45.75
衡　阳　市	47.57	69	28.00	28.97	60.42	63.07	54.81
郴　州　市	47.49	70	30.78	17.64	57.96	69.39	58.86
三　亚　市	47.47	71	27.59	15.75	58.02	77.44	53.15
乌鲁木齐市	47.46	72	34.10	18.35	60.12	64.40	52.68
榆　林　市	47.31	73	28.81	14.90	55.93	67.97	74.95
芜　湖　市	47.26	74	29.82	20.63	61.49	70.59	41.47
萍　乡　市	47.24	75	27.95	33.79	50.98	69.04	60.82
新　余　市	47.17	76	31.31	13.84	50.89	75.98	68.07
哈尔滨市	47.16	77	28.80	29.41	54.47	64.37	63.39
黄　石　市	47.10	78	27.57	20.59	56.00	69.29	64.59
丽　江　市	47.09	79	24.94	27.71	52.11	73.81	63.00
娄　底　市	47.02	80	25.80	23.85	53.22	71.85	66.56
淮　安　市	46.95	81	31.24	28.72	54.53	63.67	57.40
天　津　市	46.90	82	37.42	25.38	55.60	62.04	31.49
盐　城　市	46.87	83	33.47	14.36	57.71	66.60	57.20
成　都　市	46.79	84	34.57	25.52	53.82	57.50	66.72
桂　林　市	46.72	85	26.17	26.01	54.29	69.18	61.50
宜　昌　市	46.69	86	30.43	18.86	61.99	56.92	62.69
防城港市	46.68	87	41.94	14.85	55.40	63.95	45.55
秦皇岛市	46.66	88	29.26	21.70	53.82	68.67	62.05
太　原　市	46.57	89	26.90	30.44	46.99	59.13	93.61
徐　州　市	46.57	90	30.54	10.68	57.90	65.84	67.92
重　庆　市	46.56	91	40.31	22.96	49.55	60.61	60.47
日　照　市	46.48	92	29.93	13.32	53.33	72.29	65.46
玉　林　市	46.46	93	23.54	20.98	54.30	75.11	61.12
马鞍山市	46.44	94	31.87	21.42	56.51	70.13	42.81
松　原　市	46.44	95	36.26	11.73	50.02	70.57	64.92
郑　州　市	46.40	96	33.30	18.32	59.90	57.54	58.45
遵　义　市	46.39	97	26.84	17.09	55.56	67.53	69.46
晋　城　市	46.35	98	29.07	31.13	59.24	60.00	46.41
咸　宁　市	46.26	99	25.66	18.21	56.50	73.00	55.67
沧　州　市	46.24	100	33.86	19.58	56.01	58.44	63.46
包　头　市	46.02	101	37.85	20.64	54.68	61.68	47.20

城　　市	城市健康 发展指数	排名	健康经济	健康文化	健康社会	健康环境	健康管理
兰　州　市	46.01	102	29.83	21.69	64.19	54.32	51.80
临　沂　市	46.01	103	30.65	11.92	50.80	72.53	68.12
北　海　市	45.99	104	26.75	7.00	54.19	76.95	66.06
盘　锦　市	45.97	105	33.46	19.00	52.31	70.36	49.93
贵　阳　市	45.93	106	29.93	32.81	42.05	69.38	70.39
益　阳　市	45.93	107	28.45	16.71	53.61	72.45	57.32
韶　关　市	45.91	108	23.31	20.65	54.09	72.21	63.19
通　辽　市	45.91	109	33.17	17.36	44.87	72.17	71.15
宝　鸡　市	45.84	110	29.24	16.25	55.55	59.11	76.08
钦　州　市	45.84	111	26.81	14.45	53.38	74.85	59.83
柳　州　市	45.82	112	27.30	16.39	55.59	63.85	70.84
银　川　市	45.81	113	13.71	39.73	55.99	74.09	48.06
邵　阳　市	45.80	114	23.40	41.27	52.15	62.84	55.48
永　州　市	45.78	115	26.47	12.08	55.49	70.54	65.95
大　庆　市	45.71	116	31.37	28.84	43.61	64.41	75.75
景德镇市	45.69	117	26.84	25.17	48.44	72.70	61.35
泰　安　市	45.66	118	29.57	17.91	51.94	67.34	65.31
安　顺　市	45.48	119	23.43	22.11	50.93	74.31	61.68
张家界市	45.43	120	25.77	23.85	52.65	70.28	55.56
荆　门　市	45.34	121	27.25	22.44	55.25	63.06	59.72
宣　城　市	45.33	122	33.35	15.27	50.35	69.71	56.54
河　源　市	45.31	123	21.52	18.72	58.49	70.61	54.52
绵　阳　市	45.28	124	26.75	21.08	52.68	68.19	59.93
湛　江　市	45.24	125	25.27	18.19	56.39	68.78	55.19
金　昌　市	45.23	126	28.31	38.66	47.06	61.72	58.90
许　昌　市	45.22	127	26.50	19.01	55.78	61.58	66.97
安　阳　市	45.07	128	27.08	22.59	55.49	60.88	60.91
岳　阳　市	45.04	129	32.87	32.34	45.99	61.15	59.45
晋　中　市	44.99	130	25.63	19.64	56.53	61.74	63.29
济　宁　市	44.96	131	28.80	15.54	56.23	62.32	60.95
惠　州　市	44.94	132	29.12	14.04	60.90	57.65	57.58
宁　德　市	44.86	133	25.64	10.72	54.77	71.44	61.29
肇　庆　市	44.76	134	23.56	26.33	50.63	63.79	69.78
梧　州　市	44.74	135	24.99	15.82	52.71	69.68	63.67

续表

城　市	城市健康 发展指数	排名	健康经济	健康文化	健康社会	健康环境	健康管理
莆　田　市	44.67	136	29.57	12.53	50.32	71.91	59.23
宿　迁　市	44.66	137	25.16	26.48	52.91	65.37	54.48
南　平　市	44.53	138	27.01	12.77	52.65	74.86	50.97
三　门　峡　市	44.51	139	31.52	18.50	56.48	54.56	59.98
呼伦贝尔市	44.50	140	25.14	18.51	50.94	65.39	70.79
新　乡　市	44.25	141	27.08	18.34	57.34	53.64	67.95
上　饶　市	44.13	142	28.78	18.49	51.94	59.30	67.26
阳　江　市	44.13	143	25.78	10.36	55.07	74.39	47.28
蚌　埠　市	44.09	144	25.64	17.15	53.00	66.37	59.34
唐　山　市	44.06	145	36.06	14.80	49.17	56.23	68.32
滨　州　市	44.06	146	28.41	15.54	57.83	54.67	63.43
漯　河　市	44.01	147	25.89	12.04	56.84	61.23	64.34
鹤　壁　市	43.96	148	27.06	23.62	49.34	62.68	63.14
开　封　市	43.88	149	26.23	19.01	53.83	60.70	61.87
莱　芜　市	43.88	150	30.16	11.26	54.24	62.96	57.89
茂　名　市	43.87	151	25.66	5.38	52.29	71.41	66.74
本　溪　市	43.85	152	24.58	14.43	49.64	74.54	57.36
承　德　市	43.84	153	24.62	28.76	51.76	60.85	56.77
怀　化　市	43.83	154	25.26	15.96	55.35	64.51	56.14
牡　丹　江　市	43.83	155	22.72	25.46	53.39	61.89	59.32
临　汾　市	43.78	156	26.23	23.53	53.22	57.88	61.49
延　安　市	43.71	157	29.87	14.97	47.32	65.61	66.84
石　家　庄　市	43.59	158	32.52	15.48	48.38	60.03	66.21
德　阳　市	43.59	159	25.55	15.12	52.96	65.40	59.66
平　顶　山　市	43.57	160	25.28	12.10	56.31	62.33	60.69
梅　州　市	43.55	161	22.23	13.97	54.65	76.66	41.71
安　庆　市	43.54	162	24.31	23.75	52.76	65.80	49.14
洛　阳　市	43.46	163	31.63	18.76	55.29	51.50	58.47
抚　州　市	43.43	164	29.19	10.53	44.49	71.49	69.05
枣　庄　市	43.41	165	26.06	13.83	51.93	63.84	64.71
赣　州　市	43.25	166	21.83	17.15	55.36	63.16	59.79
荆　州　市	43.08	167	25.71	17.95	54.93	57.28	60.30
鄂　州　市	43.08	168	26.15	10.28	55.67	58.73	65.49
安　康　市	43.06	169	24.40	8.50	53.36	66.94	62.87

续表

城　　市	城市健康发展指数	排名	健康经济	健康文化	健康社会	健康环境	健康管理
商　洛　市	43.05	170	25.25	18.62	54.54	58.22	59.33
滁　州　市	42.98	171	26.51	20.68	52.13	60.44	55.19
辽　阳　市	42.95	172	27.25	20.14	51.70	60.63	54.79
普　洱　市	42.91	173	19.69	23.85	50.14	67.32	59.05
菏　泽　市	42.90	174	27.56	13.33	50.64	62.09	64.04
南　阳　市	42.79	175	24.37	15.19	58.18	54.16	61.30
渭　南　市	42.77	176	23.85	7.07	55.49	62.18	66.62
雅　安　市	42.68	177	24.38	10.50	52.31	66.63	59.89
江　门　市	42.64	178	25.34	12.23	56.90	78.50	17.02
邢　台　市	42.63	179	24.99	15.29	53.92	58.51	62.09
赤　峰　市	42.61	180	26.23	18.75	43.77	63.35	74.37
酒　泉　市	42.61	181	23.70	25.96	47.08	62.63	61.37
双 鸭 山 市	42.59	182	23.12	19.46	48.53	69.80	53.72
潮　州　市	42.56	183	23.62	8.08	49.15	74.04	58.92
遂　宁　市	42.56	184	24.93	8.33	47.78	72.12	63.23
清　远　市	42.54	185	22.61	10.00	52.64	71.37	53.27
西　安　市	42.53	186	33.41	26.94	39.36	63.42	56.41
池　州　市	42.49	187	26.60	17.70	48.52	67.72	50.84
辽　源　市	42.41	188	26.80	18.14	47.33	62.89	62.09
大　同　市	42.40	189	25.01	21.07	49.30	62.80	56.35
随　州　市	42.38	190	23.96	17.38	44.66	65.14	73.56
铜　川　市	42.35	191	23.57	21.86	49.34	66.95	49.86
乌兰察布市	42.31	192	24.72	20.04	40.17	73.73	63.30
泸　州　市	42.31	193	26.14	10.06	52.42	62.26	60.91
焦　作　市	42.31	194	26.03	19.34	52.45	53.90	63.84
黄　冈　市	42.30	195	21.10	27.76	52.06	50.15	72.16
广　安　市	42.30	196	27.09	9.74	46.04	70.76	61.03
吉　林　市	42.16	197	27.08	14.45	53.02	55.96	61.24
宜　春　市	41.93	198	24.53	17.61	48.67	60.93	63.63
汕　头　市	41.89	199	22.69	10.87	51.95	71.98	46.06
朔　州　市	41.84	200	29.54	28.20	39.65	60.27	62.80
营　口　市	41.69	201	27.60	18.49	51.57	52.77	59.96
淮　北　市	41.64	202	25.29	15.51	48.97	65.69	51.64
襄　阳　市	41.63	203	27.47	12.32	54.41	52.58	60.76

续表

城　市	城市健康 发展指数	排名	健康经济	健康文化	健康社会	健康环境	健康管理
广 元 市	41.59	204	21.86	7.70	49.74	72.50	55.50
驻马店市	41.57	205	25.08	10.64	50.04	62.45	61.98
邯 郸 市	41.49	206	27.94	13.92	47.25	59.80	62.85
聊 城 市	41.48	207	26.07	18.17	50.36	59.57	52.17
贵 港 市	41.45	208	21.49	9.63	56.17	59.36	59.12
鞍 山 市	41.44	209	26.13	19.15	49.97	59.30	51.81
亳 州 市	41.38	210	25.01	8.99	51.89	65.86	50.41
临 沧 市	41.38	211	18.37	24.10	42.96	71.93	58.97
来 宾 市	41.31	212	24.05	4.79	49.23	65.46	67.17
十 堰 市	41.29	213	24.95	15.06	40.93	60.67	83.76
铜 仁 市	41.28	214	16.41	21.29	50.17	66.26	56.85
朝 阳 市	41.23	215	26.03	16.95	44.73	65.19	57.21
长 治 市	41.15	216	27.73	18.15	55.36	45.76	57.34
阜 新 市	41.05	217	23.52	11.36	47.30	69.84	53.06
锦 州 市	40.97	218	26.02	20.97	44.48	62.93	53.92
丹 东 市	40.94	219	23.33	14.62	48.44	59.02	65.76
贺 州 市	40.78	220	23.24	9.58	48.91	65.66	57.32
张 掖 市	40.77	221	22.01	26.30	40.76	67.45	56.04
自 贡 市	40.75	222	25.75	8.14	47.65	62.63	62.73
南 充 市	40.69	223	23.20	5.72	48.85	66.94	59.85
阜 阳 市	40.68	224	23.99	13.20	51.87	57.36	56.73
绥 化 市	40.65	225	22.67	9.28	44.63	71.63	58.75
乐 山 市	40.61	226	25.79	6.59	50.08	64.11	53.31
宿 州 市	40.58	227	28.53	9.31	49.87	58.03	54.88
巴彦淖尔市	40.57	228	28.32	13.68	39.52	64.23	67.33
天 水 市	40.53	229	24.19	15.04	46.85	61.50	58.69
曲 靖 市	40.51	230	27.20	21.71	29.34	72.20	72.11
资 阳 市	40.50	231	14.43	10.03	48.25	73.74	61.64
宜 宾 市	40.48	232	25.52	10.98	51.23	57.39	56.08
云 浮 市	40.42	233	20.02	14.95	49.00	64.61	55.52
抚 顺 市	40.38	234	24.92	10.62	40.33	57.49	89.63
六盘水市	40.36	235	24.11	21.76	32.86	66.71	78.73
眉 山 市	40.32	236	26.31	11.59	44.34	59.60	67.80
石嘴山市	40.29	237	13.33	22.20	47.98	70.25	51.87

续表

城　　市	城市健康 发展指数	排名	健康经济	健康文化	健康社会	健康环境	健康管理
内 江 市	40.18	238	23.72	7.55	47.40	64.01	60.96
汕 尾 市	40.13	239	19.20	5.95	51.63	68.83	51.77
武 威 市	40.10	240	25.41	19.89	39.21	67.72	54.56
张 家 口 市	40.09	241	26.54	14.14	41.87	64.64	58.48
保 定 市	40.07	242	28.25	15.40	45.33	53.60	63.76
濮 阳 市	40.06	243	25.18	15.56	48.04	53.71	62.76
汉 中 市	39.94	244	18.93	11.73	44.79	65.78	68.53
七 台 河 市	39.92	245	22.45	9.60	42.46	73.18	54.89
白 银 市	39.84	246	23.44	16.14	42.75	63.90	59.54
铁 岭 市	39.81	247	22.00	11.81	38.29	71.16	68.23
固 原 市	39.64	248	24.14	14.15	43.53	67.06	50.11
毕 节 市	39.55	249	24.42	17.80	39.76	61.49	65.53
六 安 市	39.50	250	24.98	9.88	46.86	63.26	50.66
海 东 市	39.46	251	26.49	17.39	44.70	59.12	49.99
白 城 市	39.46	252	26.01	14.65	43.09	62.80	52.71
德 州 市	39.33	253	25.73	8.87	40.07	60.19	75.08
保 山 市	39.26	254	24.98	17.87	35.52	70.52	55.75
百 色 市	39.18	255	25.11	10.65	40.23	66.76	58.87
揭 阳 市	39.14	256	23.21	5.50	51.53	50.47	69.60
巴 中 市	39.13	257	19.53	11.47	43.89	68.71	56.15
周 口 市	39.12	258	22.80	7.99	45.74	63.27	58.47
衡 水 市	38.97	259	26.02	20.92	46.68	47.82	57.64
四 平 市	38.92	260	25.89	14.54	53.37	44.83	52.93
吴 忠 市	38.87	261	23.93	15.86	45.47	60.97	46.75
忻 州 市	38.87	262	24.74	22.65	35.43	64.08	58.40
信 阳 市	38.70	263	22.21	7.15	48.02	57.11	62.49
齐 齐 哈 尔 市	38.40	264	23.51	15.87	44.17	59.80	49.28
葫 芦 岛 市	38.26	265	24.43	14.90	37.63	58.88	68.47
阳 泉 市	37.91	266	26.58	11.42	50.57	41.82	60.17
庆 阳 市	37.71	267	23.72	15.77	38.16	59.40	60.91
淮 南 市	37.64	268	23.33	12.95	46.85	58.71	40.72
中 卫 市	37.31	269	38.39	19.12	26.39	59.99	49.27
佳 木 斯 市	37.25	270	24.36	13.38	31.31	69.13	59.36
商 丘 市	37.08	271	24.77	7.85	39.65	59.66	58.82

续表

城 市	城市健康发展指数	排名	健康经济	健康文化	健康社会	健康环境	健康管理
吕 梁 市	37.02	272	27.06	12.93	37.37	59.18	52.69
通 化 市	37.00	273	23.67	11.47	35.54	67.30	52.43
攀枝花市	36.95	274	27.73	17.20	33.50	54.57	64.77
白 山 市	36.74	275	24.00	7.51	39.20	60.40	57.74
河 池 市	36.71	276	21.75	15.98	41.30	54.91	55.03
鹤 岗 市	35.96	277	21.08	11.69	43.79	52.26	53.51
黑 河 市	35.93	278	23.46	15.01	32.85	64.00	51.60
达 州 市	35.88	279	20.54	8.45	41.61	52.64	64.64
运 城 市	35.62	280	23.68	18.33	30.30	58.53	61.58
崇 左 市	35.48	281	21.52	9.24	46.91	44.82	56.81
平 凉 市	35.05	282	14.94	14.32	28.35	72.45	61.76
孝 感 市	34.65	283	24.55	14.22	30.88	58.67	53.81
昭 通 市	34.32	284	22.62	14.33	35.72	48.19	61.67
伊 春 市	34.02	285	20.79	15.85	29.99	60.66	53.18
鸡 西 市	32.68	286	20.64	2.19	32.98	58.89	55.26
定 西 市	32.49	287	11.48	17.39	32.47	57.61	57.52
陇 南 市	27.18	288	19.43	17.01	22.46	35.92	58.49

附表2　2017年中国超大城市健康发展评价

城 市	城市健康发展指数	排名	健康经济	健康文化	健康社会	健康环境	健康管理
北 京 市	61.57	1	50.19	45.69	80.49	64.78	50.64
上 海 市	58.40	2	55.62	39.54	63.07	68.84	58.71
深 圳 市	58.14	3	54.45	44.25	72.00	58.70	45.48
广 州 市	57.17	4	40.94	35.68	66.67	79.73	56.34
武 汉 市	52.29	5	39.54	27.20	65.41	66.88	53.24
天 津 市	46.90	6	37.42	25.38	55.60	62.04	31.49
重 庆 市	46.56	7	40.31	22.96	49.55	60.61	60.47

附表3　2017年中国特大城市健康发展评价

城　市	健康发展指数	排名	健康经济	健康文化	健康社会	健康环境	健康管理
杭州市	55.93	1	45.11	36.15	70.80	67.05	45.75
南京市	55.13	2	41.22	46.34	64.87	60.55	62.99
东莞市	52.21	3	36.08	31.98	64.55	74.12	42.02
沈阳市	50.83	4	33.91	29.75	58.91	65.21	71.73
成都市	46.79	5	34.57	25.52	53.82	57.50	66.72
郑州市	46.40	6	33.30	18.32	59.90	57.54	58.45

附表4　2017年中国大城市健康发展评价

城　市	健康发展指数	排名	健康经济	健康文化	健康社会	健康环境	健康管理
珠　海　市	59.45	1	38.46	35.93	68.75	86.99	64.17
长　沙　市	57.75	2	42.05	40.25	70.18	69.76	61.90
宁　波　市	57.56	3	45.83	53.60	66.15	71.10	40.00
泉　州　市	54.79	4	31.76	23.71	73.51	77.13	58.14
无　锡　市	54.64	5	41.17	33.26	65.68	66.64	63.25
苏　州　市	54.63	6	45.36	34.90	66.53	66.90	47.10
佛　山　市	54.58	7	49.61	32.82	63.46	62.38	57.43
厦　门　市	54.53	8	41.29	29.52	58.41	80.80	60.97
温　州　市	54.32	9	36.96	29.83	68.46	70.68	59.36
福　州　市	53.48	10	34.01	24.80	66.84	77.36	57.31
昆　明　市	52.98	11	33.79	30.38	62.28	68.77	75.39
呼和浩特市	52.88	12	35.52	25.16	63.49	64.74	82.31
株　洲　市	52.23	13	33.98	29.69	64.65	70.60	57.64
常　州　市	51.57	14	42.49	22.74	63.63	66.70	51.13
台　州　市	51.29	15	36.03	20.75	64.00	74.65	50.42
青　岛　市	50.47	16	37.96	20.49	59.13	73.52	54.64
合　肥　市	50.43	17	32.10	32.34	65.91	64.59	48.63
南　通　市	50.30	18	35.31	24.40	60.75	66.88	62.06
烟　台　市	49.81	19	34.65	16.35	57.60	73.22	67.73
扬　州　市	49.63	20	37.07	19.14	59.22	66.58	64.10
大　连　市	49.36	21	33.88	24.30	57.03	73.10	55.19
潍　坊　市	48.78	22	32.93	22.26	57.57	68.90	61.57
南　宁　市	48.64	23	27.22	30.29	55.27	69.49	68.17

续表

城　　市	城市健康 发展指数	排名	健康经济	健康文化	健康社会	健康环境	健康管理
南　昌　市	48.60	24	31.04	13.86	57.12	74.55	67.18
济　南　市	47.99	25	39.14	24.87	61.29	58.51	43.87
长　春　市	47.73	26	31.73	23.99	54.14	68.01	63.57
淄　博　市	47.73	27	36.67	17.09	58.30	62.22	60.64
西　宁　市	47.71	28	28.50	18.50	60.86	63.60	68.33
海　口　市	47.57	29	26.22	15.77	62.64	76.43	45.75
衡　阳　市	47.57	30	28.00	28.97	60.42	63.07	54.81
乌鲁木齐市	47.46	31	34.10	18.35	60.12	64.40	52.68
芜　湖　市	47.26	32	29.82	20.63	61.49	70.59	41.47
哈尔滨市	47.16	33	28.80	29.41	54.47	64.37	63.39
淮　安　市	46.95	34	31.24	28.72	54.53	63.67	57.40
太　原　市	46.57	35	26.90	30.44	46.99	59.13	93.61
徐　州　市	46.57	36	30.54	10.68	57.90	65.84	67.92
包　头　市	46.02	37	37.85	20.64	54.68	61.68	47.20
兰　州　市	46.01	38	29.83	21.69	64.19	54.32	51.80
临　沂　市	46.01	39	30.65	11.92	50.80	72.53	68.12
贵　阳　市	45.93	40	29.93	32.81	42.05	69.38	70.39
柳　州　市	45.82	41	27.30	16.39	55.59	63.85	70.84
银　川　市	45.81	42	13.71	39.73	55.99	74.09	48.06
大　庆　市	45.71	43	31.37	28.84	43.61	64.41	75.75
济　宁　市	44.96	44	28.80	15.54	56.23	62.32	60.95
惠　州　市	44.94	45	29.12	14.04	60.90	57.65	57.58
唐　山　市	44.06	46	36.06	14.80	49.17	56.23	68.32
石家庄市	43.59	47	32.52	15.48	48.38	60.03	66.21
洛　阳　市	43.46	48	31.63	18.76	55.29	51.50	58.47
南　阳　市	42.79	49	24.37	15.19	58.18	54.16	61.30
江　门　市	42.64	50	25.34	12.23	56.90	78.50	17.02
西　安　市	42.53	51	33.41	26.94	39.36	63.42	56.41
大　同　市	42.40	52	25.01	21.07	49.30	62.80	56.35
泸　州　市	42.31	53	26.14	10.06	52.42	62.26	60.91
吉　林　市	42.16	54	27.08	14.45	53.02	55.96	61.24
汕　头　市	41.89	55	22.69	10.87	51.95	71.98	46.06
邯　郸　市	41.49	56	27.94	13.92	47.25	59.80	62.85
鞍　山　市	41.44	57	26.13	19.15	49.97	59.30	51.81

续表

城　市	城市健康 发展指数	排名	健康经济	健康文化	健康社会	健康环境	健康管理
自 贡 市	40.75	58	25.75	8.14	47.65	62.63	62.73
南 充 市	40.69	59	23.20	5.72	48.85	66.94	59.85
抚 顺 市	40.38	60	24.92	10.62	40.33	57.49	89.63
保 定 市	40.07	61	28.25	15.40	45.33	53.60	63.76
齐齐哈尔市	38.40	62	23.51	15.87	44.17	59.80	49.28
淮 南 市	37.64	63	23.33	12.95	46.85	58.71	40.72

附表5　2017年中国中等城市健康发展评价

城　市	城市健康 发展指数	排名	健康经济	健康文化	健康社会	健康环境	健康管理
鄂尔多斯市	54.24	1	44.95	27.89	59.88	75.59	57.34
中 山 市	52.28	2	38.56	23.15	63.32	73.64	54.43
东 营 市	52.22	3	41.82	25.18	57.15	71.03	66.36
镇 江 市	52.09	4	38.59	25.79	63.18	66.26	63.72
湖 州 市	51.99	5	37.40	38.28	59.05	67.69	56.41
绍 兴 市	51.60	6	40.39	18.00	62.52	71.34	57.77
湘 潭 市	51.19	7	33.43	31.51	59.73	70.42	61.05
咸 阳 市	51.04	8	30.66	19.98	60.59	65.39	91.23
威 海 市	51.03	9	32.56	17.40	60.20	77.29	67.68
嘉 兴 市	50.43	10	35.92	26.74	61.23	68.81	53.03
常 德 市	50.13	11	35.74	26.37	56.21	70.09	63.57
廊 坊 市	49.76	12	34.13	19.29	59.51	61.23	82.33
金 华 市	49.46	13	37.42	23.58	59.32	70.95	45.82
乌 海 市	49.28	14	39.09	27.72	54.32	65.61	59.36
泰 州 市	48.66	15	36.67	21.95	60.35	61.93	57.07
九 江 市	48.09	16	31.45	21.15	58.93	65.88	62.00
连 云 港 市	47.72	17	28.46	26.61	57.69	68.24	56.59
郴 州 市	47.49	18	30.78	17.64	57.96	69.39	58.86
黄 石 市	47.10	19	27.57	20.59	56.00	69.29	64.59
盐 城 市	46.87	20	33.47	14.36	57.71	66.60	57.20
桂 林 市	46.72	21	26.17	26.01	54.29	69.18	61.50
宜 昌 市	46.69	22	30.43	18.86	61.99	56.92	62.69
秦 皇 岛 市	46.66	23	29.26	21.70	53.82	68.67	62.05

续表

城 市	城市健康发展指数	排名	健康经济	健康文化	健康社会	健康环境	健康管理
日 照 市	46.48	24	29.93	13.32	53.33	72.29	65.46
玉 林 市	46.46	25	23.54	20.98	54.30	75.11	61.12
马 鞍 山 市	46.44	26	31.87	21.42	56.51	70.13	42.81
遵 义 市	46.39	27	26.84	17.09	55.56	67.53	69.46
沧 州 市	46.24	28	33.86	19.58	56.01	58.44	63.46
盘 锦 市	45.97	29	33.46	19.00	52.31	70.36	49.93
益 阳 市	45.93	30	28.45	16.71	53.61	72.45	57.32
韶 关 市	45.91	31	23.31	20.65	54.09	72.21	63.19
宝 鸡 市	45.84	32	29.24	16.25	55.55	59.11	76.08
邵 阳 市	45.80	33	23.40	41.27	52.15	62.84	55.48
永 州 市	45.78	34	26.47	12.08	55.49	70.54	65.95
泰 安 市	45.66	35	29.57	17.91	51.94	67.34	65.31
安 顺 市	45.48	36	23.43	22.11	50.93	74.31	61.68
绵 阳 市	45.28	37	26.75	21.08	52.68	68.19	59.93
湛 江 市	45.24	38	25.27	18.19	56.39	68.78	55.19
安 阳 市	45.07	39	27.08	22.59	55.49	60.88	60.91
岳 阳 市	45.04	40	32.87	32.34	45.99	61.15	59.45
肇 庆 市	44.76	41	23.56	26.33	50.63	63.79	69.78
莆 田 市	44.67	42	29.57	12.53	50.32	71.91	59.23
宿 迁 市	44.66	43	25.16	26.48	52.91	65.37	54.48
新 乡 市	44.25	44	27.08	18.34	57.34	53.64	67.95
蚌 埠 市	44.09	45	25.64	17.15	53.00	66.37	59.34
滨 州 市	44.06	46	28.41	15.54	57.83	54.67	63.43
漯 河 市	44.01	47	25.89	12.04	56.84	61.23	64.34
开 封 市	43.88	48	26.23	19.01	53.83	60.70	61.87
本 溪 市	43.85	49	24.58	14.43	49.64	74.54	57.36
承 德 市	43.84	50	24.62	28.76	51.76	60.85	56.77
牡 丹 江 市	43.83	51	22.72	25.46	53.39	61.89	59.32
德 阳 市	43.59	52	25.55	15.12	52.96	65.40	59.66
平 顶 山 市	43.57	53	25.28	12.10	56.31	62.33	60.69
安 庆 市	43.54	54	24.31	23.75	52.76	65.80	49.14
抚 州 市	43.43	55	29.19	10.53	44.49	71.49	69.05
枣 庄 市	43.41	56	26.06	13.83	51.93	63.84	64.71
荆 州 市	43.08	57	25.71	17.95	54.93	57.28	60.30

续表

城　　市	城市健康发展指数	排名	健康经济	健康文化	健康社会	健康环境	健康管理
辽 阳 市	42.95	58	27.25	20.14	51.70	60.63	54.79
菏 泽 市	42.90	59	27.56	13.33	50.64	62.09	64.04
邢 台 市	42.63	60	24.99	15.29	53.92	58.51	62.09
赤 峰 市	42.61	61	26.23	18.75	43.77	63.35	74.37
遂 宁 市	42.56	62	24.93	8.33	47.78	72.12	63.23
辽 源 市	42.41	63	26.80	18.14	47.33	62.89	62.09
焦 作 市	42.31	64	26.03	19.34	52.45	53.90	63.84
宜 春 市	41.93	65	24.53	17.61	48.67	60.93	63.63
营 口 市	41.69	66	27.60	18.49	51.57	52.77	59.96
淮 北 市	41.64	67	25.29	15.51	48.97	65.69	51.64
襄 阳 市	41.63	68	27.47	12.32	54.41	52.58	60.76
聊 城 市	41.48	69	26.07	18.17	50.36	59.57	52.17
十 堰 市	41.29	70	24.95	15.06	40.93	60.67	83.76
朝 阳 市	41.23	71	26.03	16.95	44.73	65.19	57.21
长 治 市	41.15	72	27.73	18.15	55.36	45.76	57.34
阜 新 市	41.05	73	23.52	11.36	47.30	69.84	53.06
锦 州 市	40.97	74	26.02	20.97	44.48	62.93	53.92
丹 东 市	40.94	75	23.33	14.62	48.44	59.02	65.76
阜 阳 市	40.68	76	23.99	13.20	51.87	57.36	56.73
乐 山 市	40.61	77	25.79	6.59	50.08	64.11	53.31
天 水 市	40.53	78	24.19	15.04	46.85	61.50	58.69
曲 靖 市	40.51	79	27.20	21.71	29.34	72.20	72.11
宜 宾 市	40.48	80	25.52	10.98	51.23	57.39	56.08
内 江 市	40.18	81	23.72	7.55	47.40	64.01	60.96
张家口市	40.09	82	26.54	14.14	41.87	64.64	58.48
六 安 市	39.50	83	24.98	9.88	46.86	63.26	50.66
德 州 市	39.33	84	25.73	8.87	40.07	60.19	75.08
揭 阳 市	39.14	85	23.21	5.50	51.53	50.47	69.60
四 平 市	38.92	86	25.89	14.54	53.37	44.83	52.93
阳 泉 市	37.91	87	26.58	11.42	50.57	41.82	60.17
佳木斯市	37.25	88	24.36	13.38	31.31	69.13	59.36
商 丘 市	37.08	89	24.77	7.85	39.65	59.66	58.82
攀枝花市	36.95	90	27.73	17.20	33.50	54.57	64.77
鹤 岗 市	35.96	91	21.08	11.69	43.79	52.26	53.51

续表

城　　市	城市健康 发展指数	排名	健康经济	健康文化	健康社会	健康环境	健康管理
达　州　市	35.88	92	20.54	8.45	41.61	52.64	64.64
伊　春　市	34.02	93	20.79	15.85	29.99	60.66	53.18
鸡　西　市	32.68	94	20.64	2.19	32.98	58.89	55.26

附表6　2017年中国小城市健康发展评价

城　　市	健康发展 指数	排名	健康经济	健康文化	健康社会	健康环境	健康管理
丽　水　市	51.84	1	35.46	19.36	64.38	76.21	55.18
三　明　市	51.20	2	29.84	39.32	57.34	76.60	53.24
克拉玛依市	50.65	3	36.70	37.04	55.68	78.93	34.31
龙　岩　市	49.90	4	31.62	21.38	58.72	75.09	61.52
黄　山　市	49.70	5	26.03	48.83	53.15	83.15	32.91
舟　山　市	49.19	6	33.92	22.87	60.60	73.85	43.25
嘉峪关市	49.08	7	26.40	40.95	55.74	69.80	56.54
铜　陵　市	49.04	8	29.99	32.08	53.96	72.37	60.63
玉　溪　市	48.89	9	36.63	34.90	39.75	84.24	57.23
漳　州　市	48.44	10	27.85	16.21	64.24	64.10	69.60
吉　安　市	48.40	11	26.15	24.43	55.81	74.30	65.89
鹰　潭　市	48.19	12	29.99	22.61	55.26	73.52	60.18
衢　州　市	48.09	13	35.80	23.79	57.06	69.49	45.53
三　亚　市	47.47	14	27.59	15.75	58.02	77.44	53.15
榆　林　市	47.31	15	28.81	14.90	55.93	67.97	74.95
萍　乡　市	47.24	16	27.95	33.79	50.98	69.04	60.82
新　余　市	47.17	17	31.31	13.84	50.89	75.98	68.07
丽　江　市	47.09	18	24.94	27.71	52.11	73.81	63.00
娄　底　市	47.02	19	25.80	23.85	53.22	71.85	66.56
防城港市	46.68	20	41.94	14.85	55.40	63.95	45.55
松　原　市	46.44	21	36.26	11.73	50.02	70.57	64.92
晋　城　市	46.35	22	29.07	31.13	59.24	60.00	46.41
咸　宁　市	46.26	23	25.66	18.21	56.50	73.00	55.67
北　海　市	45.99	24	26.75	7.00	54.19	76.95	66.06
通　辽　市	45.91	25	33.17	17.36	44.87	72.17	71.15
钦　州　市	45.84	26	26.81	14.45	53.38	74.85	59.83

续表

城　　市	健康发展指数	排名	健康经济	健康文化	健康社会	健康环境	健康管理
景 德 镇 市	45.69	27	26.84	25.17	48.44	72.70	61.35
张 家 界 市	45.43	28	25.77	23.85	52.65	70.28	55.56
荆 门 市	45.34	29	27.25	22.44	55.25	63.06	59.72
宣 城 市	45.33	30	33.35	15.27	50.35	69.71	56.54
河 源 市	45.31	31	21.52	18.72	58.49	70.61	54.52
金 昌 市	45.23	32	28.31	38.66	47.06	61.72	58.90
许 昌 市	45.22	33	26.50	19.01	55.78	61.58	66.97
晋 中 市	44.99	34	25.63	19.64	56.53	61.74	63.29
宁 德 市	44.86	35	25.64	10.72	54.77	71.44	61.29
梧 州 市	44.74	36	24.99	15.82	52.71	69.68	63.67
南 平 市	44.53	37	27.01	12.77	52.65	74.86	50.97
三 门 峡 市	44.51	38	31.52	18.50	56.48	54.56	59.98
呼 伦 贝 尔 市	44.50	39	25.14	18.51	50.94	65.39	70.79
上 饶 市	44.13	40	28.78	18.49	51.94	59.30	67.26
阳 江 市	44.13	41	25.78	10.36	55.07	74.39	47.28
鹤 壁 市	43.96	42	27.06	23.62	49.34	62.68	63.14
莱 芜 市	43.88	43	30.16	11.26	54.24	62.96	57.89
茂 名 市	43.87	44	25.66	5.38	52.29	71.41	66.74
怀 化 市	43.83	45	25.26	15.96	55.35	64.51	56.14
临 汾 市	43.78	46	26.23	23.53	53.22	57.88	61.49
延 安 市	43.71	47	29.87	14.97	47.32	65.61	66.84
梅 州 市	43.55	48	22.23	13.97	54.65	76.66	41.71
赣 州 市	43.25	49	21.83	17.15	55.36	63.16	59.79
鄂 州 市	43.08	50	26.15	10.28	55.67	58.73	65.49
安 康 市	43.06	51	24.40	8.50	53.36	66.94	62.87
商 洛 市	43.05	52	25.25	18.62	54.54	58.22	59.33
滁 州 市	42.98	53	26.51	20.68	52.13	60.44	55.19
普 洱 市	42.91	54	19.69	23.85	50.14	67.32	59.05
渭 南 市	42.77	55	23.85	7.07	55.49	62.18	66.62
雅 安 市	42.68	56	24.38	10.50	52.31	66.63	59.89
酒 泉 市	42.61	57	23.70	25.96	47.08	62.63	61.37
双 鸭 山 市	42.59	58	23.12	19.46	48.53	69.80	53.72
潮 州 市	42.56	59	23.62	8.08	49.15	74.04	58.92
清 远 市	42.54	60	22.61	10.00	52.64	71.37	53.27

续表

城　　市	健康发展指数	排名	健康经济	健康文化	健康社会	健康环境	健康管理
池　州　市	42.49	61	26.60	17.70	48.52	67.72	50.84
随　州　市	42.38	62	23.96	17.38	44.66	65.14	73.56
铜　川　市	42.35	63	23.57	21.86	49.34	66.95	49.86
乌兰察布市	42.31	64	24.72	20.04	40.17	73.73	63.30
黄　冈　市	42.30	65	21.10	27.76	52.06	50.15	72.16
广　安　市	42.30	66	27.09	9.74	46.04	70.76	61.03
朔　州　市	41.84	67	29.54	28.20	39.65	60.27	62.80
广　元　市	41.59	68	21.86	7.70	49.74	72.50	55.50
驻马店市	41.57	69	25.08	10.64	50.04	62.45	61.98
贵　港　市	41.45	70	21.49	9.63	56.17	59.36	59.12
亳　州　市	41.38	71	25.01	8.99	51.89	65.86	50.41
临　沧　市	41.38	72	18.37	24.10	42.96	71.93	58.97
来　宾　市	41.31	73	24.05	4.79	49.23	65.46	67.17
铜　仁　市	41.28	74	16.41	21.29	50.17	66.26	56.85
贺　州　市	40.78	75	23.24	9.58	48.91	65.66	57.32
张　掖　市	40.77	76	22.01	26.30	40.76	67.45	56.04
绥　化　市	40.65	77	22.67	9.28	44.63	71.63	58.75
宿　州　市	40.58	78	28.53	9.31	49.87	58.03	54.88
巴彦淖尔市	40.57	79	28.32	13.68	39.52	64.23	67.33
资　阳　市	40.50	80	14.43	10.03	48.25	73.74	61.64
云　浮　市	40.42	81	20.02	14.95	49.00	64.61	55.52
六盘水市	40.36	82	24.11	21.76	32.86	66.71	78.73
眉　山　市	40.32	83	26.31	11.59	44.34	59.60	67.80
石嘴山市	40.29	84	13.33	22.20	47.98	70.25	51.87
汕　尾　市	40.13	85	19.20	5.95	51.63	68.83	51.77
武　威　市	40.10	86	25.41	19.89	39.21	67.72	54.56
濮　阳　市	40.06	87	25.18	15.56	48.04	53.71	62.76
汉　中　市	39.94	88	18.93	11.73	44.79	65.78	68.53
七台河市	39.92	89	22.45	9.60	42.46	73.18	54.89
白　银　市	39.84	90	23.44	16.14	42.75	63.90	59.54
铁　岭　市	39.81	91	22.00	11.81	38.29	71.16	68.23
固　原　市	39.64	92	24.14	14.15	43.53	67.06	50.11
毕　节　市	39.55	93	24.42	17.80	39.76	61.49	65.53
海　东　市	39.46	94	26.49	17.39	44.70	59.12	49.99

城　　市	健康发展指数	排名	健康经济	健康文化	健康社会	健康环境	健康管理
白　城　市	39.46	95	26.01	14.65	43.09	62.80	52.71
保　山　市	39.26	96	24.98	17.87	35.52	70.52	55.75
百　色　市	39.18	97	25.11	10.65	40.23	66.76	58.87
巴　中　市	39.13	98	19.53	11.47	43.89	68.71	56.15
周　口　市	39.12	99	22.80	7.99	45.74	63.27	58.47
衡　水　市	38.97	100	26.02	20.92	46.68	47.82	57.64
吴　忠　市	38.87	101	23.93	15.86	45.47	60.97	46.75
忻　州　市	38.87	102	24.74	22.65	35.43	64.08	58.40
信　阳　市	38.70	103	22.21	7.15	48.02	57.11	62.49
葫芦岛市	38.26	104	24.43	14.90	37.63	58.88	68.47
庆　阳　市	37.71	105	23.72	15.77	38.16	59.40	60.91
中　卫　市	37.31	106	38.39	19.12	26.39	59.99	49.27
吕　梁　市	37.02	107	27.06	12.93	37.37	59.18	52.69
通　化　市	37.00	108	23.67	11.47	35.54	67.30	52.43
白　山　市	36.74	109	24.00	7.51	39.20	60.40	57.74
河　池　市	36.71	110	21.75	15.98	41.30	54.91	55.03
黑　河　市	35.93	111	23.46	15.01	32.85	64.00	51.60
运　城　市	35.62	112	23.68	18.33	30.30	58.53	61.58
崇　左　市	35.48	113	21.52	9.24	46.91	44.82	56.81
平　凉　市	35.05	114	14.94	14.32	28.35	72.45	61.76
孝　感　市	34.65	115	24.55	14.22	30.88	58.67	53.81
昭　通　市	34.32	116	22.62	14.33	35.72	48.19	61.67
定　西　市	32.49	117	11.48	17.39	32.47	57.61	57.52
陇　南　市	27.18	118	19.43	17.01	22.46	35.92	58.49

B.3
生态国土建设的主要任务、进展和成效

李红玉*

摘　要： 生态国土建设是从生态文明建设全局高度，以实现美丽中国和中华民族永续发展为总体目标，促进经济、社会和生态效益相统一的新时代国土资源管理方式。生态国土建设的主要任务包括优化国土空间开发格局、节约和集约利用资源、保护自然资源和修复生态、陆海统筹开发和保护海洋生态、改革和完善自然资源管理制度等五项。十八大以来我国生态国土建设整体向好，国土开发格局进一步优化，节约和集约利用资源取得较大进展，自然资源保护和生态修复更加系统，陆海统筹开发和海洋生态保护深入推进，自然资源管理制度体系逐步完善，但也存在一些问题。今后生态国土建设至少需要做好以下四点，一是加强国土资源源头保护，二是加快转变资源利用和管理方式，三是加快科技创新步伐，四是加强法制和政策保障。

关键词： 生态国土建设　国土资源　生态环境　自然资源

改革开放以来，我国经济社会的快速发展伴随着资源浪费、环境恶化、生态退化等负面问题。面对资源、环境、生态等方面的严峻形势，党的十八

---

* 李红玉，中国社会科学院城市发展与环境研究所，副研究员，研究方向：城市经济学、城市发展规划与管理。

大将生态文明建设纳入"五位一体"总体布局，突出生态在国民经济和社会发展中的地位。党的十九大对生态文明建设提出更高要求，将"坚持人与自然和谐共生"作为国家发展的基本方略之一，在创造更多物质和精神财富的同时，也要提供更多优质生态产品。土地、矿产、河流、海洋等国土资源是生态文明建设的重要组成部分和基础自然要素，在生态文明建设中，生态国土建设处于基础和优先地位。

一　生态国土建设的内涵和主要任务

（一）内涵

国土资源包括土地、矿产、河流、海洋等自然资源，是生态文明建设的物质基础和空间载体，具有经济、社会、生态等多重属性和功能。生态国土建设以实现美丽中国和中华民族永续发展为总体目标，从生态文明建设全局高度，转变传统国土资源观，贯彻新发展理念，推动资源管理向数量、质量、空间管制和生态管护融合发展，促进经济、社会和生态效益相统一的新时代国土资源管理方式。

生态国土建设的基本思路是按照党的十八大、十九大精神和中央关于加快生态文明建设的意见，坚持可持续发展战略，遵循自然、经济和社会发展规律，改变以往"重开发轻保护"的思维模式，按照"节约优先、保护优先、自然恢复为主"的方针，持续优化国土空间开发格局，集中统一自然资源资产管理和自然生态监管，改革和完善自然资源相关法律制度和政策，加快形成资源节约和环境友好的生产方式、生活方式、产业结构和空间格局，实现生态环境保护和经济社会发展协同并进，为人民美好生活需求提供更多优质生态产品。

生态国土建设须处理好三个方面的关系。一是政府和市场的关系，要保障市场在资源配置中的决定性作用，同时要发挥好政府在资源保护、市场监管、用途管制、产权保护、利益分配、整治修复、公共服务等方面的作用。

二是资源开发与生态保护的关系，要坚持"在开发中保护、在保护中开发"的原则，资源开发不能破坏生态系统修复能力，生态保护不能影响国民经济社会发展对资源的合理需求。三是中央和地方的关系，按照事权与财权相统一的原则，中央以法律和宏观政策制定、省际协调、考核督察、国际事务为主，地方以法律和政策的具体落实、辖内管理为主，资源收益分配在保障国家权益的同时，向资源当地合理倾斜。

生态国土建设具有重大意义。生态国土建设是贯彻习近平新时代中国特色社会主义思想的重大举措，是实现人与自然和谐共生的重要领域和关键环节，具有资源保障和生态产品供给双重功能，是满足人民日益增长的美好生活需要的客观要求，实现中华民族伟大复兴中国梦的战略支撑。生态国土建设可以有效增强资源保护力度，提高资源利用效率，优化国土空间开发格局，改善生态环境质量，为建设美丽中国和实现中华民族伟大复兴提供物质基础和良好生态环境，而良好生态环境是人民美好生活不可或缺的最公平的公共产品和民生福祉。

（二）主要任务

生态国土建设是以新发展理念为指引的新时代国土资源管理方式。按照生态文明建设总体要求，立足我国基本国情和国土资源基本特点，生态国土建设需要从五个方面着手。

一是国土空间开发格局优化。中央关于加快推进生态文明建设总体要求的一个重要内容和主要目标就是优化国土空间开发格局。合理规划国土空间、明确各类国土空间开发利用和保护的边界，是优化国土空间开发格局的重要源头保护手段和空间规制途径。要建立协调统一的国土空间规划体系，构建大中小城市和小城镇协调发展体系，科学设置各类保护标准和红线。

二是节约和集约利用资源。保护生态环境、遏制资源破坏和粗放无序开发的治本之策是节约和集约利用资源。要建立和实施严格的土地节约和集约利用制度体系，强化矿产资源综合勘查、评价、开发和利用，全面节约和综合利用矿产资源，有效调整能源结构。

三是保护自然资源和修复生态。解决生态文明建设中一些重点突出问题需要统筹山水林田湖草系统治理，着力点在于自然资源保护和生态修复。要构建数量、质量、生态"三位一体"的耕地保护体系，坚持地、水、海、山、矿、林系统治理的原则，加强国土综合整治，保护矿山环境和防治地质灾害。

四是陆海统筹开发和保护海洋生态。海洋资源是国民经济社会发展的重要基础和生态文明建设的重要领域，建设海洋强国是党的十八大以来国家发展的重大部署，其离不开海洋资源开发能力的提升和海洋生态环境的保护。要以陆海统筹为指导思想，尊重海洋自然规律，实施基于生态系统的主要入海河流和海洋综合管理，提高海洋资源开发能力，保护海洋生态环境。

五是改革和完善自然资源管理制度。生态国土建设需要良好的制度约束作为重要保障。要加快自然资源管理制度改革，组建生态监管和自然资源管理机构，对各类自然生态空间统一确权登记，加快完善自然资源有偿使用制度，对整个自然生态空间进行用途管制。

二 十八大以来生态国土建设的进展和成效

（一）进一步推动国土空间开发优化

强化生态国土建设的顶层设计和分领域谋划。规划引导和管控在生态国土建设中的作用不断加强。2016 年，我国首个国土空间开发的基础性规划《中国国土规划纲要（2016~2030）》编制完成，并于 2017 年由国务院批复印发，目前省级国土规划的编制工作正在全面开展。十八大以来，国务院陆续批准实施了《全国土地利用总体规划纲要（2016~2020）调整方案》《全国海洋主体功能区规划》《矿产资源规划（2016~2020）》《土地整治规划（2016~2020）》《全国基础测绘中长期规划纲要（2015~2030）》等一系列分领域基础规划。出台了《国土资源"十三五"规划纲要》《全国地质灾害防治"十三五"规划》《找矿突破战略行动第三阶段总体方案》《地热能开

发利用"十三五"规划》《国土资源"十三五"科技创新发展规划》《国土
资源信息化"十三五"规划》等一系列国土资源领域"十三五"专项规划，
保障"十三五"期间的生态国土建设。目前，试点县市正在推进"多规合
一"，逐步开展村级土地利用规划编制。

开展重点功能区建设。在《全国主体功能区规划》的基础上，2013年
国家发改委、环保部开展国家主体功能区建设试点示范工作，共有27个省
（自治区、直辖市）的74个地区、市、县入选试点名单。这些试点单位已
于2014年7月底形成试点示范初步方案，报国家发改委和环保部备案，于
2015年将试点示范的主要目标和任务纳入"十三五"规划并正在开展落实
工作。2016年，国家发改委对国家重点生态功能区类型进行了增选，共新
增240个县（市、区、旗）及87个重点国有林区林业局类型。目前，国家
重点生态功能区的县市区数量达到676个，占国土面积的比例达到53%。

实施重点战略和规划环评制度，强化环评导向和约束。环保部分别于
2013年和2014年通过验收西部大开发战略环评和中部地区发展战略环评，
目前正在开展长江经济带战略环评项目。截至2016年，在环保部开展的
360多项规划环评中，未获审批通过的有150多项。环评中共有1700多项
现行有效的国家标准，重点地区和行业的污染排放标准更加严格。

积极推进生态保护红线划定和落实。2014年环保部印发了我国首个具
有纲领性作用的生态保护红线划定的技术指导文件《国家生态保护红
线——生态功能基线划定技术指南（试行）》，试点地区包括内蒙古、江
西、湖北、广西等地。在此基础上，2015年，环保部印发了指导全国生态
保护红线划定工作的文件《生态保护红线划定技术指南》。2017年，为加
快推进全国生态保护红线划定工作，环保部、国家发改委共同印发《生态
保护红线划定指南》。截至2017年底，京津冀（涉及3个省市）、长江经
济带（涉及11个省市）和宁夏回族自治区共15个省级区域已完成生态保
护红线划定工作，红线划定方案已于2018年2月获国务院批准。这15个
省级区域共划定生态保护红线面积61万平方公里，涵盖生物多样性维护、
水源涵养、水土保持、水土流失控制、防风固沙、土地沙化控制、石漠化

控制和海岸生态稳定等 8 大类 190 个片区，共涉及 291 个国家重点生态功能区的县域（其生态红线面积平均大于 40%），该 15 个省份正在启动生态红线勘界定标试点。目前，山西等其他 16 个省级区域的生态保护红线划定方案已初步形成，正在开展国家层面的审核工作，计划于 2018 年底报国务院。按要求，2018 年底前，所有省级区域均须完成生态保护红线划定工作，并于 2020 年底全面完成全国生态保护红线划定工作。生态保护红线的监管工作正在推进中，2017 年总投资 2.86 亿元的国家生态保护红线监管平台获国家发改委批复，目前已完成数据库设计，并录入总量 23.6TB 的 4 类 67 种数据。截至 2017 年，我国共有 2729 个自然保护区，占国土面积的 14.8%，是世界规模最大的保护区体系之一，自然保护区数量和面积已达较高水平，国土面积占比基本合理，陆域生态系统类型和野生动物种类保护比例分别达到 90.5% 和 85%。

（二）深入开展资源绿色开发利用

深入实施科技绿色勘察开发。不断加强深地探测、深海探测、深空对地观测和土地工程科技的研发力度和实践范围，严禁在自然保护区开展对生态环境有较大负面影响的矿产勘查开发项目。十八大以来，矿产勘查开发更加侧重清洁能源和战略新兴产业，成功试采海域可燃冰，国务院批准天然气水合物为我国第 173 种矿种，顺利完成了第二阶段的找矿突破行动任务。截至 2017 年，全国共投入 4800 多亿元用于地质绿色勘察，新发现大型矿产产地 218 处，中型矿产产地 261 处，新增亿吨级油田 8 个，千亿方级气田 14 个。新发现一批铀、锰、金等世界级超大矿床，胶东地区黄金资源储量升至全球第三。长江流域实现页岩气勘查开发的突破，涪陵气田已累计产气 150 多亿立方米。全国页岩气探明储量稳居世界前列。国家"十三五"规划将"矿产资源保护和储备工程"列入其中。十八大以来是新中国成立至今新增资源储量最多的时期，在开采消耗持续加大的情况下，实现了保有资源储量的普遍增长，我国能源消费结构不断改善，新能源和可再生能源利用在全球处于领先地位。

持续加大资源节约和集约力度。建设用地总量和强度双控措施有效落实，"十二五"期间，全国单位固定资产投资建设用地和单位 GDP 建设用地分别降低 58.4% 和 24.2%，整治闲散建设用地 233.7 万亩，改造城镇低效用地 150 万亩。采取措施提升矿产综合利用水平，建设了矿产资源节约和综合利用示范基地 40 个，盘活了一大批低品位、共伴生和难利用资源，遴选发布了 334 项先进适用技术，制定发布了煤炭、石油、天然气等 39 个重要矿种"三率"指标，分别提高黑色金属和有色金属的矿产回采率 5.7% 和 1%～2%。国土资源部开展了创建国土资源节约集约模范市县活动，山东、浙江、湖北等一些省份开展了示范省创建活动。处理了部分钢铁、煤炭等过剩和淘汰落后产能，单位 GDP 能耗和单位产品主要污染物排放强度不断降低，持续提高资源能源效率。

（三）系统开展自然资源保护和生态环境治理

统筹山水林田湖草系统治理。根据中央深改组关于统一保护和修复山水林田湖草的意见，财政部、国土资源部和环境部于 2016 年 10 月联合发布《关于推进山水林田湖生态保护修复工作的通知》（财建〔2016〕725 号），组织开展第一批山水林田湖生态保护修复工程试点。2016 年，陕西黄土高原、京津冀水源涵养区、甘肃祁连山、江西赣州四个地区入选试点工程，三部委要求各地在开展山水林田湖生态保护修复中，对陆地海洋、流域上下游、地上地下、山上山下等进行整体保护、系统修复、综合治理，改变各自为战的工作格局，财政部集成整合资金，设立专项，对试点工程进行支持。2017 年，中央深改组将"草"纳入山水林田湖同一个生命共同体，三部委组织了第二批工程试点。2017 年，抚仙湖流域、闽江流域、左右江流域、泰山区域、长白山区、广安华蓥山区等六个地区入选试点工程。两批次试点工程主要选择关系国家生态安全格局和永续发展的重点核心区域，基本涵盖青藏高原、黄土高原—川滇生态屏障，以及东北森林带、北方防沙带、南方丘陵山地带的生态功能区块，与国家"两屏三带"生态安全战略格局相契合，充分体现保障国家生态安全的基本要求，财政部共下达基础奖补资金

160 亿元。2018 年，第三批试点工程正在组织申报中。

加快推进形成"三位一体"耕地保护格局。2017 年，中央出台《关于加强耕地保护和改进占补平衡的意见》，继 1986 年土地管理体制和 1997 年土地用途管制之后再次做出保护耕地的重大部署，加快推进数量、质量和生态"三位一体"耕地保护。划定永久基本农田，对优质耕地加强特殊保护。目前，全国共划定 15.5 亿亩永久基本农田，超额完成 15.46 亿亩的国家土地利用规划保护目标，上图入库和落地到户已全部实现，共划定城市周边永久基本农田 9740 万亩，保护比例上升到 65%。加强耕地占补平衡，2012 ~ 2016 年，全国建设占用耕地 1560 万亩，补充耕地 2259 万亩，占补有余，补充质量总体向好。高标准农田建设快速推进，截至 2017 年，累计建设高标准农田 4.8 亿亩，新增耕地 2400 多万亩，治理水土流失面积 413 万亩，耕地质量平均提高 1 ~ 2 个等级，新增 440 亿公斤粮食。加强耕地保护的激励约束，将耕地保护考核纳入粮食安全省长责任制考核、生态文明建设目标评价考核和领导干部自然资源资产离任审计之中。

全面开展国土综合整治。建成 661 个国家级绿色矿山，治理恢复 80 多万公顷矿山地质环境，一批历史遗留的矿山地质环境问题得到解决，在各类保护区内全面清理矿业权。完成了第一次全国地理国情普查。加大荒漠化治理力度，根据第五次全国监测结果，2009 ~ 2014 年，全国荒漠化和沙化土地面积年均分别减少 2424 和 1980 平方公里，荒漠化和沙化土地得到总体遏制且持续减少。加强森林资源保护，2015 年中央出台《国有林场改革方案》和《国有林区改革指导意见》，于 2017 年全面停止天然林商业性采伐，十八大以来，全国完成造林面积 5.08 亿亩，目前全国森林面积 31.2 亿亩，森林覆盖率 21.66%，森林蓄积量 151.37 亿立方米，是全球森林资源增加最多的国家。

持续加强地质灾害防治。2016 年，国土资源部发布《地质灾害防治规划》，研判当前全国地质灾害现状，实施地质灾害隐患点全覆盖式的气象预警预报。累计建立了 31 个省级、179 个市级、990 个县级地质灾害应急管理机构，建设了地质灾害防治高标准"十有县" 1120 个。十八大以来，成功预报地质灾害 6561 起，避免 31.6 万人员伤亡，避免直接经济损失 57.4 亿元。

加大环境污染治理和监管执法力度。2013 年、2015 年和 2016 年国务院分别针对大气污染、水污染和土壤污染防治制定了"大气十条"、"水十条"和"土十条"，各省市积极实施大气、水、土壤污染防治三大行动计划。大力建设环境基础设施，目前我国是世界污水和垃圾处理量最大的国家。增强监管执法尺度，2015 年"史上最严"环保法开始实施，环境违法的法律约束力度空前，2016 年，全国共立案查处环境违法案件 13.78 万件（同比增长 34%），下达处罚决定 12.47 万份（同比增长 28%），罚款 66.33 亿元（同比增长 56%）。2012～2016 年，环保部公开约谈了 40 多个具有地方履职不到位和环境恶化问题的市（州、县）。十八大以来，我国制修订了《环境保护法》《大气污染防治法》《水污染防治法》《环境影响评价法》《核安全法》《环境保护税法》等法律，目前《核安全法》和《土壤污染防治法》已进入全国人大常委会立法审议程序。十八大以来，我国环境显著改善，京津冀、长三角和珠三角三区域细颗粒物（PM2.5）平均浓度，2016 年比 2013 年均下降 30% 以上。江河干流水质不断改善，地表水国控断面 Ⅰ—Ⅲ 类水体比例和劣 Ⅴ 类水体比例分别增至 67.8% 和降至 8.6%。全国酸雨面积占国土面积比例降至 7.2%。

（四）加快推进海洋绿色经济发展和生态保护

持续推动海洋经济绿色转型。2012～2016 年，我国海洋经济年均增速 7.5%，分别高于同期国内和世界经济增速 0.2 和 2.7 个百分点。2016 年海洋生产总值 7.05 万亿元，是 2012 年的 1.33 倍。海洋新兴产业快速发展。2017 年我国首个海洋能发展规划《海洋可再生能源发展"十三五"规划》发布，设立海洋能专项资金，2012～2016 年共投入 10 亿多元，带动 8 亿元社会投资，支持海洋能项目 100 多项，形成海洋能新技术、新装备 50 余项。LHD 林东模块化大型海洋潮流能发电机组装机容量 3.4 兆瓦，打破了 1.2 兆瓦的世界纪录，截至 2016 年底，累计发电 17 万千瓦时，我

国成为亚洲第一个、世界第三个实现兆瓦级潮流能并网发电的国家，装机规模、年发电量、稳定性和可靠性指标达到世界先进水平。2017年，我国科学家自主研发的"海浪发电机"获得中、美、澳三国发明专利，并获法国船级社认证。2012～2016年，海南、江苏、山东、辽宁等省份分别建成海水淡化项目。

加大海洋生态保护力度。2012～2016年，新建40处国家级海洋保护区，累计修复190多公里岸线、6500多公顷海岸带和2000多公顷滨海湿地，先后批准建立国家级海洋生态文明建设示范区24个。划定海洋生态红线，红线管控范围分别覆盖30%和35%以上的全国管理海域和大陆岸线。2017年，国家海洋局开展国家海洋督察常态化制度，不断加强海洋环境监测评价工作，目前已形成国家、省、市、县四级监测体系，2012～2016年新建监测机构30个，目前共建设235个全国海洋环境监测机构。开展海洋生态领域专项研究，目前已启动56个项目，共涉及近岸海域和排污口环境污染监控、海洋生态效应监测与评价、海洋生物多样性保护等7个技术方向，取得了海湾典型生境修复、生态灾害防控、生态红线区划和海洋离岸网箱养殖等技术成果。海洋防灾减灾能力提升显著。完成了9个沿海省219个岸段的警戒潮位重新核定工作，对风暴潮、海浪、海啸和海冰等灾害应急预案进行了修订和完善。

（五）逐步完善自然资源管理制度体系

指导生态国土建设的顶层设计基本形成。党的十八大把"生态文明建设"纳入"五位一体"总体布局，十八届三中、四中全会分别提出深化生态文明体制改革和制定严格制度保护生态环境。2015年中央出台《关于加快推进生态文明建设的意见》。2016年"十三五"规划纲要发布，小康社会建设新增目标"生态环境质量改善"。同时，中央公布了生态文明体制"1+6"改革方案，明确要求建立健全八方面的制度，形成生态文明建设和体制改革"组合拳"。这些文件基本形成了中央关于生态文明建设的顶层设计，为开展生态国土建设指明了方向。

形成了一批自然资源管理新机制。土地征收、宅基地、集体经营性建设用地入市等三项农村土地制度改革试点系统推进，在土地征收方面探索了缩小范围、规范程序、合理提高补偿标准、构建多元保障机制等内容，在宅基地方面盘活了闲置农房和宅基地，改善了分配不公和农民建房难问题，增加了农民财产性收入，在集体经营性建设用地入市方面建立了较为完善的规则体系，城乡建设用地基本实现同等入市和同权同价。根据中央顶层设计的指导，制定实施了一批自然资源管理基础性制度，如《自然生态空间用途管制办法（试行）》《自然资源统一确权登记办法（试行）》《全民所有自然资源资产有偿使用制度改革的指导意见》《矿业权出让制度改革方案》等。实施矿业权人勘查开采信息公示制度，试点竞争出让油气、页岩气、煤层气区块，建立矿产资源权益金制度，启动完善建设用地使用权二级市场试点。

生态国土建设的法治体系不断健全。制定实施《关于全面推进法治国土建设的意见》《深海海底区域资源勘探开发法》《不动产登记暂行条例》《地图管理条例》。修订实施《测绘法》《海洋环境保护法》，《土地管理法（修正案草案）》已按法定程序上报国务院，《国家土地督察工作条例（草案）》已提请审议，已出台《围填海管控办法》。目前已形成全天候、全覆盖的国土资源执法监察体系。

三 存在问题

十八大以来，我国生态国土建设取得较大进展和显著成效，但在某些领域也存在较为严重的问题。

（一）建设用地利用效率偏低

小区、厂区等区域建设用地利用强度依旧较低。一是部分小区建筑物缺乏科学规划，随意布局，建筑容积率低，建筑物少且占地。二是企业用地存在低水平重复建设问题，往往前期大量拿地，建设项目一哄而上，效益不好时厂房长期搁置，导致土地资源粗放利用。三是一些废弃和业绩不景气的老

工业厂区闲置土地较多，但闲置土地的处理缺乏实施细则法律和政策依据，存在认定难、处置难的问题。四是在新城区建设过程中存在密度较低的现象，市区内城中村问题严重，城中村中以平房居多，建设用地利用效率和水、电等能源利用效率均大幅低于集中供给能源的多层楼房。五是除工业用地国家有明确的控制指标外，其他建设用地缺乏相应的投资规模、容积率等控制指标，节约集约用地缺乏可参考标准。

（二）国土整治效果有待提高

国土整治的法律约束有待加强，整治标准尚待完善，部分国土整治从业单位和工作人员钻法律空子，在实际操作中不按国家规定的土地利用总体规划开展国土整治工作，扰乱国土整治局面。国土整治的监察工作存在执法不严的问题，未能做到违法必究，很多土地污染和资源浪费的问题未能及时进行处理。城管、土地、林业、农业、交通等部门之间的土地资源与环境管理权责不明确，存在各部门之间推诿扯皮现象。耕地保护的形势依旧严峻，建设用地占用耕地的占补不平衡问题还没有根本扭转，占用耕地质量高、补充耕地质量低的现象依旧存在。耕地闲置和撂荒现象依旧严重，农民存在耕地重用轻养的问题，有机肥使用比例低，土壤理化性状变差，肥力下降，加之工业污染和大量使用农药，农田生态恶化。土地污染现象严重，农业生产中农药的大量使用污染了土地，降低了土地肥沃程度，工业生产的随意处置的污水和有害废弃物导致我国土壤重金属污染进入多发期，针对土地污染的法律中就污染现象制约的力度尚待加强。

（三）海洋生态文明建设力度不足

海洋资源不合理开发问题依旧突出。近海捕捞数量仍然超过合理的捕捞作业量，捕捞强度超过海洋生物的再生能力，海洋渔获物的数量和质量呈逐年下降趋势，大部分地区海洋开发以传统养殖业和捕捞业为主，产业层次低，附加值不高。由于科研能力和技术水平的原因，大部分海洋矿产资源的开发尚处于起步阶段，深海区油气资源的开发利用程度较低。海洋生态环境亟待治理。陆源污染、海洋垃圾污染、突发事故、海洋灾害等对海洋生态环境的破坏依旧严重，陆源污染是海洋环境污染的主因，包括农业、工业和居民生活污染三个部分，很多沿海企业和社区粗放开发海洋资源，无序大量排放污染，目前我国河流排海污染现象严重，2016 年陆源入海排污口达标率仅为 52%。海上石油开采、船舶航行等活动也存在对海洋造成油类污染的问题。海洋富营养化问题突出，生物多样性降低，赤潮、虎藻等海洋生态问题频发。海洋产业结构尚需优化，海洋产业中相对节能环保的海洋旅游业、运输业、生物制药业等占比不高。

（四）矿产资源综合利用水平较低

《矿产资源法》的部分内容需要根据社会发展的需要进行合理修订。目前我国尚未进行较好开发的矿山达到三分之二。矿产资源开发技术有待提高，资源利用率较低，矿产资源总回收率仅为 30% 左右，低于世界平均水平 15～20 个百分点。非金属矿手工拣选的开采加工方式依旧存在，装备落后，采富弃贫现象较为普遍，回采率仅有 20%～30%。煤炭资源平均回收率仅为 35%～40%，浪费现象严重。综合利用率较国际先进水平也有较大差距。大量铜、铅锌低品位矿、共伴生矿、难选冶矿得不到综合高效利用。我国已探明矿产储量中，共生、伴生矿床比重占比约为 80%，但资源综合利用率仅为 30%，国际先进水平为 50% 以上。矿石处理单位耗能依旧较高，矿产资源的"三率"依旧较低。矿产废弃物开发利用的重视程度不够，煤矸石、金属矿山尾矿等综合利用率低，造成了严重的矿山生态环境破坏。矿产再生资源利用薄弱，铁、铜、铝、铅、锌等金属原料二次回收利用率较低，回收利用体系有待完善，技术有待提高。

（五）矿山环境治理技术有待提升

矿山治理的实战经验有待进一步积累，技术指导尚需加强。我国矿山数量众多，矿山分布区域环境不同，生态环境破坏的问题类型也较多，矿山治理可借鉴的有用经验和技术指导尚不丰富。传统矿山环境治理方法缺乏整体

性控制，存在局部性、应急性的特点，尤其是在治理地面坍塌、地裂缝处理、滑坡和崩塌、泥石流等问题时，存在未结合矿山实际情况和地理环境因素，仅追求治理结果表象，治理手段不合理等问题，可行性和可靠性有待提高。矿山地质灾害的预警工作有待加强，对地质灾害的防治缺乏全面且稳定的管控机制，部分地区地质灾害监测体系较为落后，存在停滞现象。

（六）自然资源管理体制尚需完善

生态修复的系统性有待加强，生态修复涉及自然资源、水利、财政、生态环境、住建、农业农村、发改委、科技、工信、交通、公安、应急管理等部委的通力配合，需要法律法规的支持和公众的积极参与，需要社会资金的投入，这需要系统设计生态修复相关管理体制。目前我国自然资源产权管制存在中央和地方之间不协调的问题，中央和地方之间权责边界不清，地方财政出现收支缺口时，地方容易产生机会主义行为，基于自身目标追求和现实约束对中央的政策目标选择性执行。我国自然资源市场机制尚不完善，有些自然资源基本被排斥在市场之外。尚有一批自然资源管理的难点问题亟待突破，比如如何充分发挥国土规划对自然资源配置的引导约束作用、如何更进一步探索推进"多规合一"规划编制模式、如何加强自然资源开发和保护的监管、如何明确并履行全民所有各类自然资源资产所有者职责、如何健全国家自然资源管理体系、如何建立合理的自然资源有偿使用制度等。

四 政策建议

生态文明建设是惠及子孙的事业，目前我国资源约束趋紧，环境污染严重，生态系统退化，国土资源领域的生态环境问题突出，亟待采取一些必要的措施，开拓生态国土建设新局面。

（一）强化源头保护

进一步落实和完善国土空间规划和用途管制制度，根据我国的国体、政体和目前出现的一些问题，总结全国各地的实践经验，破除中央各部委规划"条条"管理和地方政府规划"块块"管理之间的不协调问题，探索适合我国国情的国土空间规划和用途管制制度，既要增强制度对土地、海洋、矿产等空间资源的引导和约束作用，又要保障自然资源供给平衡和经济可持续发展。系统实施《全国国土规划纲要（2016—2030年）》，加强督察和信息公开，做好省级国土规划编制，加快探索"多规合一"规划编制模式，开展新一轮土地利用总体规划编制工作，加快推进村级土地利用规划的编制和实施，将空间管理扩大到所有自然生态空间。进一步健全国土空间开发保护，管控性、建设性和激励性措施三管齐下，进一步加强国土全域分类和分级保护，生态红线以内自然生态空间严禁占用，生态红线以外自然生态空间限定使用。严格实施耕地保护制度，强化"三位一体"保护，不断完善占补平衡制度，不断减少占补不平衡的情况，对未利用地的开发严格控制。合理设置各类建设用地控制指标，采取适宜方式加强整治规划不科学的小区。对破坏生态环境的自然保护区内的勘查开发项目要坚决退出，不断完善退出补偿机制。总结吸取经验教训，强化技术指导，不欠新账、还清旧账，增强矿山地质环境治理的可行性和可靠性，加强矿山地质灾害的预警工作。继续坚持陆海统筹，以节约集约用海为原则，科学编制实施海岸线保护和利用规划，控制围填海计划，划定自然海岸生态红线。合理控制海洋开发强度，点上开发、面上保护，在适宜的海洋区域发展质量效益型海洋经济，培育做强海洋战略性新兴产业，科学合理保障海洋生物制药、深海产业和海水综合利用等产业的用海需求，采取有效措施转型升级传统养殖业和捕捞业。增强海洋生态空间保护，保护典型海洋生态系统，加强陆源污染治理和督察，严格控制陆源污染物排海总量，治理海洋环境污染，综合整治海域海岛，修复海洋生态环境，以重点工程为着力点，加强海洋生态廊道和生物多样性保护网络的构建，建设海洋强国。

（二）加快转变资源利用和管理方式

我国经济社会进入高质量发展阶段，要实现从传统的人力、土地、资本

等要素投入转变到提高劳动效率、资本效率、土地效率、资源效率、环境效率。要转变资源利用和管理方式，提高全要素生产率，最大程度发挥国土资源综合效益。不断完善市场机制，使市场在资源配置中起决定性作用，促进资源合理流动和优化配置，建立健全多主体、多渠道、多方式的资源配置机制，打破资源供给垄断，支持新技术、新产业、新业态、新模式发展和传统产业优化升级，激发市场主体活力，大幅提高资源节约集约利用水平。更有效发挥政府的资源宏观调控作用，增加有效供给，增强供给结构随需求变动的调整能力。科学设置土地资源有效利用的标准体系，改革土地使用和评价制度，加强全过程管理，合理控制土地开发强度，提高综合利用效率，实现集约高效的土地资源利用方式。破除土地、资源、投资、金融、产业、环保等政策不协调的问题，加强政策协调，形成政策合理。加快出台闲置土地处置细则，明确闲置土地的处置程序，日常化和制度化闲置土地处置工作。有效引导企业投资方向，减少低水平重复建设，引导工业用地向园区集中，建立健全土地收购储备制度，对低效建设用地进行重点收购。不断完善矿产资源节约和综合利用标准，科学制定矿山资源利用红线，不断扩充和科学修订重要矿产"三率"标准，确保严格执行，守住重要矿产资源供给底线。改革油气勘查开发体制，引入市场竞争，拓展石油、天然气新区、新领域和新层系，加大页岩油、页岩气和煤层气等非常规能源勘查开发力度，加快铀矿、地热和浅层地温等能源的勘查开发，实现能源结构优化。

（三）加快科技创新步伐

贯彻落实创新发展战略，加快推进国土资源科技创新，实现国土资源动力变革。站位世界科技前沿，以国家重大需求为着眼点，以"向地球深部进军"为方向，加大力度推进深地、深海、深空和土地科技"三深一土"科技创新，在前沿基础研究、重大原创成果、关键支撑技术等方面实现突破，抢占战略制高点。以遥感监测、全球定位和地理信息系统技术为基础，加快构建和不断完善国土空间监测技术体系，实现"空、天、地、网"一体化，动态监测能源资源开采、地质灾害、气候变化、土地利用覆被变化、耕地、地表和地下水状况等，全面掌握动态变化，提高科技对自然资源调查评价、资源节约集约利用、耕地保护、土地综合整治、地质环境治理和地质灾害防治的支撑力度。加快建设互联互通的基础信息共享平台，借助信息技术，科学化管理国土资源。加快"国土资源云"建设，营造高效集约的国土资源信息化安全运行环境，构建基于大数据和物联网的决策服务体系。加快建设"智慧国土"，增强国土资源管理、自然生态监管、决策和服务的智慧化水平。在工程化和生态化方面，加强耕地质量提升和荒废土地利用的研发，加快推广生态环境友好型的勘查开发技术。革新地质找矿理论、技术和管理，进一步推动战略新兴矿产勘查。

（四）加强法制和政策保障

深化改革体制机制，加强生态国土建设的法制和政策保障。在国土资源领域，梳理与生态文明建设不相宜的法律法规和政策文件，研究修订完善有关生态国土建设的土地管理、矿产资源、海洋、测绘地理信息、地质调查等领域法律法规，加快立改废释，研究探索自然资源综合立法。以宪法为基础、自然资源法为引领，以自然资源单行法为构成主体，配套各项行政法规、部门规章、地方性法规，逐渐形成匹配生态国土建设的法律法规体系。按照《生态文明体制改革总体方案》的要求，继续推进自然资源管理和自然生态监管制度改革。组建自然资源管理和生态监管机构，扩大自然资源管理范围，改进管理方式，合理分配自然资源，加强监管。以不动产统一登记为基础，统一确权登记各类自然生态空间，健全自然资源产权制度，夯实产权基础。建设公共资源交易平台，扩大土地、林地、草地、海域、海岛等国土资源的有偿使用范围。完善土地承包经营和出租方式，健全农用地有偿使用机制。改革和完善集体经营性建设用地入市制度、农村土地征收制度和宅基地制度。健全矿业权出让制度，发挥市场在矿产资源配置中的决定性作用。明确中央和地方的自然资源开发的监管权益与职责，明确资源所有权，构建中央和地方、资源所有人和使用人相互独立、相互配合的运行机制。进一步完善生态国土建设的政策体系，强化理论探索和建设实践，加大自然资

源保护和生态监管的投融资力度，强化市场监管，构建促进生态国土建设的激励机制，开展生态国土建设年度评价。

参考文献

潘家华、黄承梁、李萌：《系统把握新时代生态文明建设基本方略——对党的十九大报告关于生态文明建设精神的解读》，《环境经济》2017年第20期，第66~71页。

孙绍骋：《努力开创生态国土建设新境界》，《中国土地》2017年第12期，第4~7页。

陈从喜、马永欢、王楠等：《生态国土建设的科学内涵和基本框架》，《资源科学》2018年第6期，第1130~1137页。

沈国舫、李世东：《中国生态保护和建设概念地位辨析与基本形势判断》，《中国工程科学》2015年第8期，第103~109页。

鹿红、工丹：《中国海洋生态文明建设主要问题分析及对策思考》，《理论月刊》2017年第6期，第155~159页。

强海洋：《生态国土建设思路与方向研究》，《国土资源情报》2018年第5期，第15~21页。

国土规划篇

Land Planning Chapter

B.4
多规合一视角下的国土空间规划

赵雲泰　葛倩倩*

摘　要：　建立完善国土空间规划体系是加强空间治理能力的重要手段。文章采取文献综述法、综合分析法，梳理国土空间规划体系现状，分析多规冲突的问题和原因，结合国土空间规划价值取向提出了规划编制逻辑框架。以陕西省榆林市为例，介绍了国土空间规划的体系建设、任务安排、规划内容、技术方案和实施成效。未来的国土空间规划工作需要加快规划立法，完善规划体系建设，加强国土空间用途管制等。

关键词：　国土空间规划　规划体系　用途管制

---

* 赵雲泰，中国土地勘测规划院，博士，高级工程师，研究方向：国土空间规划、乡村规划；
葛倩倩，中国土地勘测规划院外事办，工程师，研究方向：土地利用规划。

党的十八大以来,国家提出将实现治理体系和治理能力现代化纳入全面建设社会主义现代化国家的重要内容,作为全面深化改革的总体目标深入推进。加强空间治理能力建设是完善国家治理体系的重中之重。20世纪90年代以来,学术界高度关注多规合一导向的国土空间规划,公开发表了200余篇学术论文,从规划理论、理念、互动关系、空间治理等多个方面开展了深入研究。2014年12月,国家发改委、原国土部、原环保部和住建部联合开展了榆林等28个市县多规合一试点工作。2018年3月中共中央印发《党和国家机构改革方案》,明确由自然资源部负责建立空间规划体系并监督实施。围绕如何建立空间规划体系、提升空间治理能力,国家先后通过中央城镇化工作会议、《国家新型城镇化规划(2014~2020年)》《生态文明体制改革总体方案》等部署了全面深化规划体制改革系列要求。通过加强空间治理体制、机制、政策和管理等方面的改革创新,力求解决空间规划的冲突与矛盾,降低行政成本,提高资源配置效率,提升政府效能,推进空间治理体系和治理能力现代化。文章以榆林试点为例,介绍市县层面国土空间规划编制的理念、框架和技术思路,以期为建立完善空间规划体系提供实践参考。

一 国土空间规划体系现状

我国空间性规划有80多种,法定规划约20多种,其中空间属性相对较强的规划主要包括主体功能区规划、国土规划、土地利用规划、城乡规划、生态环境保护规划和经济社会发展规划6类。历经多年发展完善,各个规划均已形成了相对完善的功能定位、任务目标和层级体系。

国民经济和社会发展规划是国家发展规划的统领,编制期限通常为五年,在国家、省、市、县均有开展,规划安排覆盖国土全域。主体功能区规划作为我国国土空间开发的战略性、基础性和约束性规划,将国土空间划分为优化开发区域、重点开发区域、限制开发区域和禁止开发区域,明确了2020年建成"两横三纵"为主体的城市化战略格局、"七区二十三带"为主体的农业战略格局和"两屏三带"为主体的生态安全战略格局。土地利用总体规划是国家实施土地用途管制的基本依据，建立形成了国家、省、市、县、乡五级规划体系，包括了生态环境保护、耕地保护、节约集约用地、土地整治、统筹区域和城乡发展等空间安排。城乡规划体系相对完善，涵盖城镇体系规划、城市规划、镇规划、乡规划和村庄规划五种法定规划，由此也衍生了许多专项规划和实施规划，主要侧重于城镇空间的开发保护。

表1　国土空间规划体系现状

主管部门	规划名称	规划期限	规划层级	规划重点	规划范围
国家发改委	经济社会发展规划	5 年	国家、省、市、县	经济社会发展	全域
国家发改委	主体功能区规划	10～15 年	国家、省	国土空间开发的功能导向	全域
原国土部	土地利用总体规划	15 年	国家、省、市、县、乡	耕地保护、建设用地集约利用、土地利用总体安排	全域
原国土部	国土规划	15～20 年	国家、省	国土空间开发、利用、保护、整治统筹谋划	全域
住建部	城乡规划	15～20 年	城镇	城镇发展和城市土地利用	城镇局部
原环保部	生态环境保护规划	5 年	国家、省、市（县）	生态环境保护等	局部

二　多规合一的价值导向

（一）冲突研判

各个规划的对象客体均是同一国土空间，但由于不同规划的编制主体、技术方法、编制要求、管制手段、监督机制不同，规划期限设定、目标任

务、功能导向等方面产生明显差异，导致同一国土空间的功能定位、用途属性存在差别，一些地方的规划用途既是开发建设的规划区，又是自然资源或者生态保护的重要区域，规划冲突和不适应造成国土空间难以利用。

导致空间规划冲突表象的原因主要是各个规划之间不同的话语体系、部门主导职能的不断扩张、规划事权的分割、信息共享的壁垒等。政策法规层面，关于国土空间开发保护各类活动的依据主要是各类部门性质的法律规定，缺少统一、健全的国土空间规划法律法规；管理实施层面，需要各个主导部门或者更高层级的协调议事机构对同一国土空间进行开发、保护、整治的总体统筹。法律缺位和管理失位造成了各自为政、交叉重复的多规现状。

（二）目标指引

多规合一的国土空间规划本质上是服务于国家空间治理体系和治理能力现代化，规划的价值取向应服务国家发展战略、落实国家意志、提升空间治理效能和适应绿色发展要求。

一是服务国家发展战略。紧密围绕主体功能区战略、经济社会发展战略、区域发展总体战略等决策部署，遵循人口资源环境相均衡、经济社会生态效率相统一等原则，建立与资源环境承载能力相匹配的国土空间开发保护格局，实现生产、生活、生态空间的优化配置。

二是落实国家意志。坚守国土空间规划底线，层层传导反映国家粮食安全、生态安全、经济安全、环境安全的重要约束性任务。划定生态保护红线、永久基本农田、城镇开发边界等空间布局，明确空间治理和用途管制规则。

三是提升空间治理效能。建立与政府分级管理相适应的规划体系，形成国土空间的规划共识。优化规划编制实施管理各个流程，完善国土空间基础信息平台建设，推进国土空间"一张图"，改进规划审批管理，简化流程、程序和要求，提升政府效能。

四是适应绿色发展要求。落实最严格的生态环境保护制度、最严格的耕地保护制度、最严格的节约用地制度，实施自然资源总量和强度双控，提升资源配置效率和利用质量,引导转变国土空间开发利用方式,按照推进形成绿色发展方式和生活方式的要求,加强国土空间的总体安排和统筹部署。

三 国土空间规划的逻辑框架

多规合一视角下的国土空间规划,核心在于将多个规划"协同"表现在同一国土空间。技术层面要实现统一的规划目标(战略)、统一的技术标准(底数、底图)、统一的空间功能(主导方向)、统一的时序安排(任务推进)。以此为基础,还需要进一步厘清各个层级政府的规划职能、相关部门的规划衔接关系,从技术和管理两个方面共同推进。

通过开展资源环境承载力评价和空间开发适宜性评价,识别国土资源、地质灾害、生态环境等各类要素的限制性和适宜性,明确国土空间的适宜导向。以此为基础,按照上位发展战略和相关规划功能定位,结合区域经济社会发展要求,形成统一共识的国土空间发展战略。统筹安排各类空间要素,分级分类划定生态空间、生活空间和生产空间,划定生态保护红线、永久基本农田保护红线、城镇开发边界,制定用途管制规则,完善配套支撑设施建设。加强国土综合整治,修复和提升国土功能。结合规划体系分工,明确不同层级规划的职能要求、空间安排、引导和管控手段,加强上下级规划的协调衔接。建立国土空间基础信息平台,改进规划实施管理。

四 多规合一下的国土空间规划实践——
以榆林试点为例

多规合一工作在我国许多地区已有尝试,如广州、厦门、武汉等地开展了两规合一、多规融合等工作,三亚市开展的多规合一试点等,为新时期国土空间开发保护提供了有益探索。从地方实践经验来看,取得统一的国土空间共识主要得益于五个方面:规划冲突的深刻剖析、国土空间发展战略的高度共识、国土空间开发保护边界的清晰划定、国土空间基础信息平台的互联

互通、国土空间治理的协同联动。同时，地方实践也反映了许多需要解决的问题，如法律依据不足、行政管理体制不顺畅、与上下级规划和相关规划的关系有待明确等。下面，本文以榆林市为例，具体剖析多规合一视角下国土空间规划的地方实践与探索。

（一）研究区概况

榆林市位于陕西省北部，地处陕甘宁蒙晋五省（区）接壤地带，属沙地、沙盖黄土与丘陵沟壑复合地貌，总面积 42948 平方公里，全市辖 1 区 11 县，总人口 360 万人，是国家重要的能源化工基地、陕西现代特色农业基地和陕甘宁蒙晋区域性中心城市，也是荒漠化和水土流失严重的生态环境脆弱区。

（二）规划思路

一是明确国土空间规划的总体要求。通过榆林试点工作，落实市县多规合一试点关于"一本规划、一张蓝图"的总体目标。解决各类规划并存导致的国土空间冲突，主要涉及国土开发与保护、地上地下空间不协调等内容。加强各类规划的协同衔接，在规划基础、技术标准、目标任务、战略导向、空间安排、编制期限等方面寻求最大公约数。

二是研判国土空间基础状况。总结国土空间演变特征和规律，剖析开发利用活动中存在的主要问题，结合发展战略要求，分析国土空间利用的主导方向。

三是开展资源环境承载力评价和空间适宜性评价。识别限制国土空间利用的水土资源、地质灾害、生态保护等各类要素，判断限制开发的空间布局。结合区域战略、经济活动、人口流动要素，明确适宜发展的空间布局。

四是制定国土空间战略，划定主要控制线。融合上级规划要求和市级发展战略，确定国土空间开发保护基本格局。在战略格局引导下，通过划定主要控制线明晰严格保护和集约发展空间，强化分区管制和指标控制，传导对区县的管控。

五是加强基础设施支撑和国土综合整治。结合分区管控要求，完善交通、水利、通讯、电力、环保、防减灾等基础配套设施建设。根据国土空间功能修复的需求，开展土地、矿区、生态环境等综合整治。

六是严格规划实施管理。从发挥规划统领作用、改进规划效能、提升治理能力等方面，提出强化规划效力、动态调整、并联审批、协调衔接等实施管理措施。

（三）基本成果

1. 完善国土空间规划体系

整合全市主要的空间性规划，即经济社会发展规划、土地利用规划、城乡规划和生态环境保护规划、林业规划、文物规划，构建"统一衔接、功能互补、相互协调"的国土空间规划体系。结合国土空间规划目标任务，制定了"一统领""两满足""三层级""四统一""五条线"的内容安排。其中，"一统领"指"多规合一"的统领性规划，即国土空间规划。"两满足"是榆林市国土空间综合规划编制的依据，包括满足榆林市上位规划的要求、满足榆林市资源环境本底和中长期发展战略要求。"三层级"包括顶层统领规划、中层衔接规划、基层落实规划三个方面，明确界定不同规划的功能定位和主要任务。"四统一"是"多规合一"的重要接口，包括统一规划目标、统一规划坐标、统一用地分类和统一基础数据。"五条线"是确定国土空间规划为统领的主要控制线，协调各类规划的国土空间管控范围，包括生态保护红线、永久基本农田红线、城镇开发边界、产业开发边界、文物保护控制线。

2. 国土空间演变特征

改革开放以来，特别是 20 世纪 90 年代后期煤炭等矿产资源的大量开发，榆林市人口、经济、产业和交通等要素在空间上呈现由南部向北部转移集聚的演变特征。

人口分布由南密北疏逐步向南北平衡转变。1978～2015 年，南部丘陵沟壑地区人口密度由 108 人/平方千米上升至 154 人/平方千米，北部风沙地

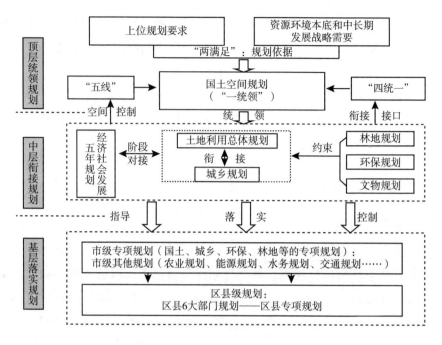

图1　榆林市国土空间规划体系

区人口密度由 38 人/平方千米增至 108 人/平方千米；受发达经济辐射带动的影响，北部地区人口集聚度水平不断提高，南北地区人口密度差距由 3 倍降至 1.5 倍，空间差异逐步缩小。

经济发展由南北平衡逐步向北部集聚。1978～2015 年，经济均衡局面逐步转向北部经济体量大、南部经济相对薄弱的空间格局。2000 年榆阳区、神木县和靖边县的 GDP 接近全市 2/3，北部六县经济总量占全市 80%。2000 年以来北强南弱的经济格局进一步巩固，北部六县经济总量占全市 90%，南部六县经济总量不足 10%。

产业开发轴带逐步显现。2000～2015 年，能源化工产业在点状开发的阶段后，逐步发展形成了以府谷、神木、榆阳、横山、靖边、定边六县区为依托的长城沿线能源化工产业发展轴带。

国土开发建设呈现"极核多点式"扩散形态。2000～2015 年，城市扩展以中心城区为核心，以长城沿线轴带的北部县城连绵区为主线。开发强度空间分布与经济格局相匹配。北部六县的建设用地增幅为71%，南部六县增幅仅为4%。

交通运输网络逐步形成多式联运的立体骨架。基本建成以公路、铁路运输为主，航空、水运、管道运输为辅的立体式综合运输格局，对外交往、城乡互通的交通网络基本形成，成为陕北地区最大的交通枢纽。

植被覆盖度逐年提高。通过实施三北防护林、防沙治沙综合示范区、退耕还林（草）、天然林保护、京津风沙源治理等国家重点生态工程项目，2000～2014年全市整体植被覆盖情况改善，除城市扩张区域外，绝大部分区域植被覆盖状况均有增加。

3. 资源环境承载力评价和适宜性评价

（1）资源环境承载力评价

通过资源环境基础状况分析，主要从水资源、自然生态、耕地资源、地质灾害、大气环境和水环境、地形地貌等方面开展区域资源环境限制性和承载能力评价。

分析表明，区域内16种因素对国土空间利用具有限制性，分别为名胜风景区、水源地保护区、水源涵养功能区、自然保护区、优质耕地（坡度＜15°）和一般耕地（坡度≥15°）、地质灾害易发区、采空塌陷风险区、陡坡区（坡度≥25°）、土壤保持功能区、水土流失敏感区、防风固沙功能区、土地沙化敏感区、有林地、天然牧草地、关键物种及遗传资源保护区等。评价结果显示，全市国土空间受限制性区域约占国土总面积的2/3。强限制因素制约的国土空间近5000平方千米，超过区域总面积的10%；较强限制因素制约的国土空间约为24000平方千米，超过区域总面积一半。

（2）空间适宜性评价

综合考虑区位、交通通达度、人口和经济发展等因素开展评价，适宜开展建设的区域占国土总面积的1/6。适宜建设区主要分布在北六县的长城沿线，其中神木县、靖边和横山县适宜空间较多，相对集中连片，南六县适宜建设区主要分布在绥德县，其他区域适宜开发空间有限，且分布较零散。

4. 战略目标

以生态文明建设为指引，推进经济社会全面发展。推动经济增长由注重数量和速度向注重质量和效益转变，推动发展方式向低投入、低消耗、低排放、高循环、高效率转变。以资源环境承载为基础，优化国土开发与保护格局。坚持保护优先、节约优先战略，建立与资源环境承载力相匹配的空间格局。以能源化工基地为主线，推动产业集聚与创新升级。推进工业经济转型升级，做强能源化工主导产业，做优煤电转化增效产业，着重发展现代物流、金融、商贸、生活等支撑性服务产业，发展壮大文化旅游产业。以基本公共服务均等化为契机，促进人口资源环境均衡发展。建设均衡完善的交通、能源、信息、市政等城镇基础设施网络，合理安排生产空间和生活空间，促进人口向资源承载能力高和产业基础好的中心城区、北部县城和重点镇集聚。以综合交通网络为支撑，提高国土空间利用效率。加快构建智能、完善、高效的现代化综合交通运输网络，建成市、区、县"两小时交通圈"，推进主要干路系统向小城镇和农村延伸。

5. 国土空间开发保护格局

构建"一主三副多点、一轴两带三区"的开发格局。依据资源禀赋、经济发展条件，结合城乡空间布局和国土开发适宜性，构建以中心城区为核心，神木、靖边、绥德县城为副中心，府谷、定边等县城和大柳塔、锦界、东坑、镇川等重点镇为支撑点，以长城沿线为重点发展轴，以无定河川道、沿黄生态经济带为发展带，以北部煤电化工发展区、西部油气综合利用区、南部特色生态产业区为主要发展区域的总体开发格局。

构建"三廊—三带—四片—多点"的保护格局。依据区域自然环境和资源承载特点，综合考虑不同地区的生态功能、开发程度和保护方式，突出重要生态功能保护、基本农田保护和文物保护三大保护主题，构建以秃尾河、无定河、榆溪河为生态廊道，以北部防风固沙生态屏、南部黄土高原水土流失防治带和东部黄河沿岸水土流失防治带为生态保护，以优质耕地集中连片区域为基本农田保护，以重要文物古迹为镶嵌的总体保护格局。

6. 主要控制线划定

在试点关于"三线"划定的基础上，结合榆林产业发展、矿业开发、文物保护、基础设施建设等需求，划定建设用地规模控制线、城镇开发边界、产业开发边界、采矿开发边界、生态保护红线、基本农田保护红线、文物保护线、基础设施廊道控制线。

主要控制线划定遵循生态优先、科学谋划、总量平衡、保障发展、功能完善、规划衔接、安全底线的基本原则，采取市县（区）上下互动、两段共进方式完成划定任务。第一阶段由县区（产业园区）申报各县区县城、重点镇及产业园区、采矿区的开发边界方案和重大建设项目，市级层面结合上位规划对主要控制线的要求，以及专题研究初步结果，分析县区与市级层面主要控制线划定的差异，修改完善划定成果。第二阶段重点对接永久基本农田保护红线、生态保护红线、城镇开发边界、产业开发边界的空间布局，最终形成主要控制线划定方案。

7. 实施国土综合整治

重点开展以农用地、城乡建设用地为主体的土地综合整治。按照农业现代化生产的要求，采取土地平整、农村道路沟渠重新布局等措施，改造、降低农业生产的限制因素，多途径提高耕地质量。推进城镇低效用地更新利用，优先推进中心城区棚户区改造工程，完善市政公用设施和基础设施的配套，改善居民整体生活环境，提升城市整体风貌。优化农村居民点用地布局，注重乡村自然人文景观保护与开发，有序推进"空心村"整治。

加强矿区综合整治。分类推进矿山环境治理，加强矿山废弃地的复垦和生态修复。开展工矿废弃地综合整治，重点治理全市超过3000公顷的工矿废弃地和近200公顷的废弃油气井。开展采煤塌陷区整治，对埋藏较浅的采空区塌陷整治，重点消除因采空区塌陷引起的地质灾害；对沙盖黄土丘陵区采煤塌陷地整治，重点开展地裂缝填埋、植被恢复以及景观营造等；对黄土沟壑区采煤沉陷区整治，重点对采煤引起的滑塌边坡、滑塌沟底、地裂缝进行整治和植被恢复。

大力推进生态环境综合整治。加强风沙滩地治理，以防沙固沙为主，实

行"乔灌草""带片网"相结合的治理模式，完善防护林体系建设，加强水土流失综合治理，在定靖南部的白于山区和米佳横绥的黄土丘陵沟壑地区，以小流域治理为重点；在黄河西岸土石山区，重点营造护岸林带。以煤矿开采、油气开发区污染土地为重点，在榆神横煤化工污染区、榆米绥盐化工污染区、定靖横子石油钻采污染区等地区，通过生物、物理、化学等多种措施开展土壤污染治理修复。以煤炭资源开发对矿区以及周边区域的地表和地下水环境污染为重点，综合整治水环境，缓解因煤炭资源开采造成地表径流断流、湖泊缩减的问题。以煤炭消耗导致的二氧化硫、氮氧化物、烟（粉）尘等大气污染物排放为重点，实施点源排放综合整治。

8. 实施管理保障

梳理多规运行机制存在的问题和矛盾点，理顺项目审批机制，从规划内容、信息平台、协调机制和行政管理等方面理顺相互关系，形成国土空间规划长效协调工作机制及相关配套实施办法。健全以国土空间综合规划为统领的空间规划体系，制定《榆林市规划管理暂行办法》，以政府规章形式明确规划法律地位及管理主体。条件成熟后研究出台《榆林市规划管理条例》，明确规划法律地位，强化规划约束性与控制力。建立规划动态调整机制，建立项目并联审批机制。将规划实施情况纳入市、县（区）领导干部政绩考核体系，建立社会监督与专业监督检查相结合的监管机制等。

五　思考建议

榆林国土空间规划的编制实施，在降低多规矛盾冲突、促进绿色发展、优化国土空间开发保护格局、提升空间治理效能等方面取得了重要进展。

对比分析了40项城乡规划、41项产业园区规划、379个煤矿探（采）矿权、529个市级以上文物保护单位、土地规划、林业规划以及路网、电网等规划数据，寻找空间冲突，市县共同研究解决，各类规划基本做到空间布局协同一致。坚持生态优先、保护优先，以生态保护格局为先导，按照高于国家生态保护红线划定标准的要求，进一步强化生态保护、绿色发展。对拟规划项目与生态保护红线存在冲突的，一律不予审批；对生态保护红线内的建设用地，采取多种措施，逐步退减建设规模；积极开展生态环境综合整治，提升生态服务功能。通过划定主要控制线，进一步优化国土空间开发保护格局。通过开展资源环境承载力评价、国土开发适宜性评价和生态红线划定，明确了全市主要的生态保护格局，国土保护空间达到71%，划定禁止开发区占到国土面积的3.2%。正确处理了开发建设与生态保护的关系，合理调整了国土空间开发建设的布局与时序，为促进地方经济发展提供了空间保障。主动协调地上地下空间矛盾，为未来立体式、一体化发展理顺了关系。各部门在规划编制过程中的通力配合，以及对国土空间规划成果的一致认可，进一步强化了规划的权威性、一致性和可实施性。建设规划信息平台、改进规划审批管理，淡化行政审批色彩，规划实施效率明显提升，空间治理能力不断强化。

三分规划、七分实施。美丽国土由规划变为现实，还需要加强规划实施管理、出台相关配套政策、改进体制机制等方面共同发力。国务院机构改革方案已经出台，需要明确国土空间规划的法律地位，确保规划实施有法可依、有序管理。建立完善国土空间规划体系，明确市县层面规划职能和定位，与省级层面加强衔接，落实省级规划确定的任务要求；与乡级层面明确分工，推动规划任务有效传导。完善国土空间用途管制制度，明确区域准入、规划许可、指标管理的全域全类型用途管制规则等。

参考文献

《城市规划》杂志社：《三规合一——转型期规划编制与管理改革》，中国建筑工业出版社，2014。

严金明、陈昊、夏方舟：《"多规合一"与空间规划：认知、导向与路径》，《中国土地科学》2017年第1期，第21~27页。

朱江、邓木林、潘安：《"三规合一"：探索空间规划的秩序和调控合力》，《城市规划》2015年第1期，第41~47页。

冯健、苏黎馨：《城市规划与土地利用规划互动关系演进机制及融合策略——基于行为主体博弈分析》，《地域研究与开发》2016 年第 6 期，第 134 ~ 139 页。

高延利：《加强生态空间保护和用途管制研究》，《中国土地》2017 年第 12 期，第 16 ~ 18 页。

杨伟民：《发展规划的理论与实践》，清华大学出版社，2010。

陈雯、孙伟、陈江龙：《我国市县规划体系矛盾解析与"多规合一"路径探究》，《地理科学》2017 年第 9 期，第 1603 ~ 1612 页。

张晓玲、赵雲泰、贾克敬：《我国国土空间规划的历程与思考》，《中国土地》2017 年第 1 期，第 15 ~ 18 页。

杨荫凯、刘洋：《加快构建国家空间规划体系的若干思考》，《宏观经济管理》2011 年第 6 期，第 17 ~ 19 页。

朱江、邓木林、潘安：《"三规合一"：探索空间规划的秩序和调控合力》，《城市规划》2015 年第 1 期，第 41 ~ 47 页。

王蒙徽：《推动政府职能转变，实现城乡区域资源环境统筹发展——厦门市开展"多规合一"改革的思考与实践》，《城市规划》2015 年第 6 期，第 9 ~ 13 页。

刘奇志、商渝、白栋：《武汉"多规合一"20 年的探索与实践》，《城市规划学刊》2016 年第 5 期，第 103 ~ 111 页。

田志强、赵雲泰：《建立空间规划体系的战略构想》，《国土资源情报》2015 年第 1 期，第 3 ~ 10 页。

B.5
"三生空间"优化进展及对策建议

武占云*

摘　要：　在我国经济发展进入高质量增长阶段的关键时期，经济发展
目标、生态环境改善目标和社会进步目标的协调需要生产空
间、生态空间和生活空间的统筹优化。本文在梳理我国现行
国土空间分类的基础上，界定生产、生活和生态空间的内涵
与功能，分析我国"三生空间"优化的进展与问题，提出应
从重构空间规划体系、强化空间用途管制、完善空间规划立
法和建立差异化绩效考核机制等方面提升国土空间治理能力，
实现"三生空间"协调发展。

关键词：　生产空间、生态空间、生活空间、国土优化、用途管制

改革开放以来，中国经历了世界历史上规模最大、速度最快的城镇化进
程。从 1978 年到 2017 年，中国城镇化率由 19.72% 提升至 58.52%，城镇
人口由 1.7 亿人增加到 8.1 亿人，城市数量由 193 个增加到 657 个，但快速
的城镇化也带来了一系列问题和挑战。《2016 年中国国土资源公报》显示，
近 5 年来，中国建设用地年均增加 188 万 hm²，因建设占用、灾毁、生态退
耕、农业结构调整等原因，耕地年均减少近 40 万 hm²。可见，大规模的空
间开发建设、高密度的经济建设活动给环境资源保护带来了巨大压力，生产

＊　武占云，中国社会科学院城市发展与环境研究所副研究员，博士，研究方向：城市规划、城
市与区域经济等。

空间、生活空间和生态空间之间的矛盾和冲突不断升级，"三生空间"失衡已成为环境恶化、灾害频发、能源衰竭、生态退化的重要原因。

因此，"三生空间"建设和优化是当下推动生态文明建设的重要内容，也是实现国家空间治理能力现代化的重要途径，"三生空间"的功能内涵、识别度量和优化途径等亟待理清。基于此，本文从理论、实践和对策等不同层面，对"三生空间"的概念内涵、实践进展和优化策略进行分析和探讨。

一 "三生空间" 功能内涵与分类

空间结构是经济社会活动直接作用于国土空间的结果，空间结构的变化源于资源配置效率和经济发展方式的转变，这种转变反映了区域经济社会转型发展的不同阶段。因此，空间结构一旦形成很难改变，尤其是用于生态调节、农业生产的用地类型调整为城市建设空间后，原有的土地类型和土壤结构也发生了较大改变，调整恢复为农业和生态用途的难度和代价极大。

当前，中国新一轮的国土空间规划尤为重视生产、生活、生态空间的相互协调。2012 年 11 月，党的十八大报告首次从国家战略视角明确了"三生空间"的发展要求，即"促进生产空间集约高效、生活空间宜居适度、生态空间山清水秀"。如表 1 所示，国家近年出台的政策文件均将生态文明放在突出位置，这标志着国土开发方式将从以生产空间为主导转向生产、生活、生态空间相协调，并进一步强调生态功能在国土空间分类体系中的作用①。在此背景下，梳理现行国土空间分类体系，界定"三生空间"功能内涵，厘清"三生空间"地方建设进展，是进行国土空间结构调整优化的基础。

---

① 黄金川、林浩曦、漆潇潇：《面向国土空间优化的三生空间研究进展》，《地理科学进展》2017 年第 3 期，第 378 ~ 391 页。

表 1　近年来国家政策文件对"三生空间"的建设要求

时间	文件	要点
2012 年 11 月	《十八大报告》	促进生产空间集约高效、生活空间宜居适度、生态空间山清水秀
2013 年 12 月	中央城镇化工作会议	提高城镇建设用地利用效率,按照促进生产空间集约高效、生活空间宜居适度、生态空间山清水秀的总体要求,形成生产、生活、生态空间的合理结构
2015 年 6 月	《中共中央关于全面深化改革若干重大问题的决定》	建立空间规划体系,划定生产、生活、生态空间开发管制界限,落实用途管制以及划定生态保护红线、建立国土开发空间开发保护制度
2015 年 9 月	《生态文明体制改革总体方案》	要构建"以空间规划为基础,以用途关注为主要手段的国土空间开发保护制度",构建"以空间治理和空间结构优化"为主要内容,全国统一、相互衔接、分级管理的空间规划体系
2016 年 3 月	《国家"十三五"规划纲要》	建立由空间规划、用途管制、差异化绩效考核等构成的空间治理体系,推动城市化、农业和生态安全战略格局的主体功能区布局
2017 年 1 月	《省级空间规划试点方案》	以主体功能区规划为基础,科学划定城镇、农业、生态空间以及生态保护红线、永久基本农田、城镇开发边界
2017 年 1 月	《全国国土规划纲要(2016~2030)》	坚持国土开发与资源环境承载能力相匹配、人口资源环境相均衡,根据资源禀赋、生态条件和环境容量,明晰国土开发的限制性和适宜性,划定城镇、农业、生态三类空间开发管制界限,科学确定国土开发利用的规模、结构、布局和时序
2017 年 10 月	《十九大报告》	完成生态保护红线、永久基本农田、城镇开发边界三条控制线规定工作
2018 年 1 月	《国土资源部办公厅关于开展新一轮土地利用总体规划编制试点工作的通知》	强化永久基本农田保护红线、生态保护红线和城镇开发边界在土地利用总体规划中的协调落实机制
2018 年 2 月	《中共中央关于深化党和国家机构改革的决定》	统一行使全民所有自然资源资产所有者职责,统一行使所有国土空间用途管制和生态保护修复职责,强化国土空间规划对各专项规划的指导约束作用,推进多规合一,实现土地利用规划、城乡规划等有机融合

资料来源:根据相关政策文件和报告整理。

119

（一）现行国土空间分类体系

我国现行国土空间分类体系大致可以分为三大类（如表2所示），一是国土空间功能类体系，以《全国主体功能区规划》为代表，依据国土空间的主体功能，将全国划分为优化开发区域、重点开发区域、限制开发区域（农产品主产区和重点生态功能区）和禁止开发区域。二是土地利用地类体系，包括《土地管理法》《土地利用现状分类》《土地规划用途分类》等，该分类方法侧重土地自然、社会、经济综合属性，强调权属和分类的完整性。三是城乡规划地类体系，例如住房和城乡建设部印发的《城乡用地分类与规划建设用地标准（GB50137）》（2018修订），该分类的统计范围以规划区为界，侧重土地社会、经济属性，强调职能的整体性。上述分类体系是构建统一国土空间规划体系的重要基础，但由于不同空间分类体系的主管部门不同、数据基础和标准不同、分类侧重点不同，在规划落实和实施管理中存在诸多问题，尤其是不利于国土空间用途的管控。因此，《生态文明体制改革总体方案》明确要求编制统一的空间规划，其中一项重要任务就是构建完整统一的用地分类体系，在此基础上形成统一的数据标准和信息平台，作为空间规划编制、实施管理的重要依据。

表2　国土空间主要分类方式

分类体系		主要空间类型	分类要点
国土空间功能类体系	《全国主体功能区规划（2011）》	优化开发区域,重点开发区域,限制开发区域(农产品主产区和重点生态功能区),禁止开发区域	依据国土空间的主体功能进行分类
	《全国生态功能区划（2008）》	水源涵养生态功能区,土壤保护生态功能区,防风固沙生态功能区,生物多样性保护生态功能区,洪水调蓄生态功能区,洪水调蓄生态功能区,林产品提供生态功能区,大都市群,重点城镇群	
	《全国国土规划纲要（2016~2030）》	城镇空间、农业空间、生态空间	

分类体系		主要空间类型	分类要点
土地利用地类体系	《土地管理法》(1986)	农用地(耕地、林地、草地、农田水利用地、养殖水面等),建设用地(城乡住宅和公共设施用地、工矿用地、交通水利设施用地、旅游用地、军事设施用地等),未利用地(农用地和建设用地以外的土地)	侧重土地自然、社会、经济综合属性,强调权属和分类的完整性
	《土地利用现状分类》(2007)	耕地,园地,林地,草地,商服用地,工矿仓储用地,住宅用地,公共管理和公共服务用地,特殊用地,交通运输用地,水域及水利设施用地	
	《土地规划用途分类》	农用地、园地、林地、牧草地、其他农用地、建设用地、其他土地	
城乡规划用地类体系	《城乡用地分类与规划建设用地标准GB50137(修订)》(2018)	建设用地(城乡居民点用地、区域交通设施用地、区域公用设施用地、特殊用地、采矿用地、盐田、其他建设用地)、非建设用地(农林用地、水域、其他非建设用地)	统计范围以规划区为界,侧重土地、社会、经济属性,强调职能的整体性

资料来源:作者根据相关文件整理。

(二)"三生空间"内涵及研究进展

基于生态、生产和生活界定的"三生空间"理念,最早出现于城市规划的功能区划实践中①。关于"三生空间"的功能内涵,政府和学界基本达成了共识,即"三生空间"是指生产空间、生活空间和生态空间,其涵盖了自然物理、直接生产和间接生产过程,以及人类对文化、休闲和景观等的需求满足,是自然系统、经济系统、社会系统和文化系统高度协同的产物②,是人地关系地

① 党丽娟、徐勇、高雅:《土地利用功能分类及空间结构评价方法——以燕沟流域为例》,《水土保持研究》2014年第5期,第193～197页。
② 李广东、方创琳:《城市生态—生产—生活空间功能定量识别与分析》,《地理学报》2016年第1期,第49～65页。

域系统演进和分异的结果，受到自然、经济、技术与政策因素的综合影响。

具体而言，生产空间是以提供工业品、农产品和服务产品为主要功能的区域，生活空间是以提供人类居住和公共活动为主要功能的区域；生态空间是以提供生态产品和生态服务为主要功能的区域。2017 年 3 月出台的《自然生态空间用途管制办法（试行）》则进一步明确，生态空间涵盖除农业空间、城镇空间之外的所有国土空间。当前，关于"三生空间"的研究主要集中在"三生空间"的功能分类、空间识别、定量测度和空间优化等方面（如图 1 所示）。

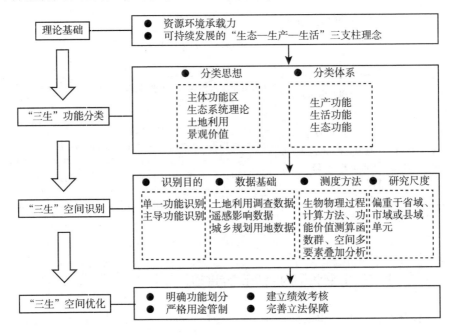

图 1 "三生空间"研究框架示意

资料来源：作者根据已有文献整理。

1. "三生功能"分类体系

目前，学术界多从主体功能区、生态系统理论、土地利用和景观格局等视角研究"三生空间"功能分类。李广东、方创琳①从土地功能、生态系统

---

① 李广东、方创琳：《城市生态—生产—生活空间功能定量识别与分析》，《地理学报》2016
年第 1 期，第 49～65 页。

服务和景观功能视角构建了城市"三生空间"功能分类体系，并以杭州市余杭区为研究样本定量测度"三生空间"功能价值量。张红旗、许尔琪、朱会义①基于生态系统理论的视角，充分考虑土地功能分类与城市用地分类的衔接，将土地利用数据进行归并分类，以划分"三生"功能空间。吴艳娟等②从土地资源的"三生"功能视角出发，提出了基于"三生空间"的城市国土空间开发建设适宜性评价框架。扈万泰等③认为"三生空间"具有空间尺度差异性、功能复合性、范围动态性等特征，并参考《城市用地分类与规划建设用地标准》（GB50137 – 2011）确定的用地分类，按照空间规划层级的不同，研究提出各层级规划相对应的"三生空间"用地类型。

2. "三生空间"识别和测度

科学识别、合理划分"三生空间"范围是国土空间优化的重要基础，而空间尺度的差异性、空间功能的复合性和空间利用的异质性等因素给"三生空间"的划分带来了不少问题和难度。例如，生产、生活、生态代表的是某一空间的主导功能，三类空间的功能性质在多数情况下不是单一的，而是多元复合的。李广东、方创琳④的研究认为，超过90%的空间存在双重或三重功能，多元功能的空间结构可以缓解功能单一造成的景观失衡问题，但同时也伴随着冲突和失衡问题。目前，划分"三生空间"的范围、明确"三生空间"用途管制是政界和学界的普遍共识。

目前主流的"三生空间"识别与测度可分为基于遥感数据的量化测算法和基于土地调查数据或城乡规划用地数据的归并分类法⑤，前者通过构建

① 张红旗、许尔琪、朱会义：《中国"三生用地"分类及其空间格局》，《资源科学》2015 年第 7 期，第 1332~1338 页。
② 吴艳娟等：《基于"三生空间"的城市国土空间开发建设适宜性评价——以宁波市为例》，《资源科学》2016 年第 11 期，第 2072~2081 页。
③ 扈万泰、王力国、舒沐晖：《城乡规划编制中的"三生空间"划定思考》，《城市规划》2016 年第 5 期，第 21~26 页。
④ 李广东、方创琳：《城市生态—生产—生活空间功能定量识别与分析》，《地理学报》2016 年第 1 期，第 49~65 页。
⑤ 黄金川、林浩曦、漆潇潇：《面向国土空间优化的三生空间研究进展》，《地理科学进展》2017 年第 3 期，第 378~391 页。

土地适宜性评价模型实现"三生空间"的量化识别，后者是对土地利用数据的归并处理与分类。在研究尺度方面，多数研究基于省域或市域尺度，也有学者尝试构建全国层面宏观尺度的"三生空间"用地分类体系[1][2]。例如，朱瑗瑗等[3]基于NPP的生态空间评估模型构建了"三生"空间区划的指标体系，运用地理信息系统、遥感和数理统计等现代技术方法，以湖北省五峰县为样本，定量划定"三生"的空间范围。李秋颖、方创琳、王少剑[4]以生产—生活—生态国土空间利用质量的综合评价模型为研究重点，以省级尺度为国土空间利用质量综合评价指数测度的基本单元，采用生产、生活、生态空间利用质量指数评价2012年中国"三生空间"利用质量。刘继来、刘彦随、李裕瑞[5]依据土地利用现状分类国家标准，建立了基于土地利用分类的"三生空间"分类与评价体系，分析了1990～2010年中国"三生空间"时空格局及其演化特征。张景鑫[6]以农用地、城乡建设用地和生态用地为依托重新划定了"三生空间"及类型，从国土的生产空间、生活空间以及生态空间的利用状态、效率和效果等方面进行土地利用质量的测度。郇璐琳等[7]将土地利用变更调查数据进行重新编码、分类和合并，定量识别和测度了海阳市"三生空间"。此外，李广东、方创琳[8]以生物物理过程计算方法为主，

① 邓红兵、陈春娣、刘昕等：《区域生态用地的概念及分类》，《生态学报》2009年第3期，第1519～1524页。
② 张红旗、许尔琪、朱会义：《中国"三生用地"分类及其空间格局》，《资源科学》2015年第7期，第1332～1338页。
③ 朱瑗瑗、余斌、曾菊新、韩勇：《国家限制开发区"生产—生活—生态"空间的优化——以湖北省五峰县为例》，《经济地理》2015年第4期，第26～32页。
④ 李秋颖、方创琳、王少剑：《中国省级国土空间利用质量评价：基于"三生空间"视角》，《地域研究与开发》2016年第5期，第163～168页。
⑤ 刘继来、刘彦随、李裕瑞：《中国"三生空间"分类评价与时空格局分析》，《地理学报》2017年第7期，第1290～1304页。
⑥ 张景鑫：《基于"三生空间"的区域国土空间利用质量及耦合协调度评价——以苏南城市群为例》，《农业科学研究》2017年第3期，第57～63页。
⑦ 郇璐琳等：《海阳市"三生"空间时空演变特征分析》，《国土资源情报》2018年第1期，第49～55页。
⑧ 李广东、方创琳：《城市生态—生产—生活空间功能定量识别与分析》，《地理学报》2016年第1期，第49～65页。

以价值转换方法为辅助对比,构建了"三生空间"功能价值定量测度函数群,基于 TEEB 的 1100 余个全球范围内的功能案例对中国第二次土地利用调查具体地类的功能形态进行定性识别。

3. "三生空间"关系及优化途径

"三生空间"优化本质是依据土地属性,采用空间分析技术和手段对土地资源的利用结构、用途和数量进行合适的空间布局与时间安排,以提高国土空间资源的配置效率和利用水平,保证土地资源的可持续发展[1]。已有研究提出应在国土开发适宜性评价的基础上,将优化"三生"作为空间规划的核心任务,将"自然资源空间管制"与国土综合整治作为空间规划的实施抓手,构建"1 + X"的空间规划体系,将立法保障作为空间规划的法律支撑[2][3][4]。Kates[5](2001)认为,生态空间是支撑生产和生活空间、实现自身功能的基础,生产空间是生态空间和生活空间的物质保障基础,生活空间是人类社会、文化活动的承载场所。武占云[6]认为,生产、生态和生活空间的主体功能不同、开发和保护方式不同、发展重点也不同,但三类空间具有同等重要的地位。对生产空间主要支持其集聚产业和经济,对于生活空间主要支持其集聚人口和公共服务,对生态空间主要支持其保护和修复生态环境。淘慧等[7]认为,"三生空间"在地域管辖中相对独立,但在功能作用上

---

① 刘彦随、刘玉、陈玉福:《中国地域多功能性评价及其决策机制》,《地理学报》2011 年第 10 期,第 1379 ~ 1389 页。

② 喻忠磊、张文新、梁进社、庄立:《国土空间开发建设适宜性评价研究进展》,《地理科学进展》2016 年第 9 期,第 1107 ~ 1122 页。

③ 刘彦随、王介勇:《转型发展期"多规合一"理论认知与技术方法》,《地理科学进展》2016 年第 5 期,第 529 ~ 536 页。

④ 严金明、陈昊、夏方舟:《"双规合一"与空间规则:认知导向与路径》,《中国土地科学》2017 年第 1 期,第 21 ~ 27 页。

⑤ Kates R. W., Clark W. C., Corell R., et al. Sustainability science [J]. *Science*, 2001, 292: 641 – 642.

⑥ 武占云:《"三生"空间优化及京津冀生态环境保护》,《城市》2014 年第 12 期,第 26 ~ 29 页。

⑦ 淘慧、刘家明、罗奎、朱鹤:《基于三生空间理念的旅游城镇化地区空间分区研究——以马洋溪生态旅游区为例》,《人文地理》2016 年第 2 期,第 153 ~ 160 页。

又相互影响，生产与生活空间存在协同交叉，生产与生态空间存在渗透互补。刘燕[①]认为，受不同时期自然和历史条件差异的影响，生产空间、生活空间、生态空间的功能、地位和作用是不同的，三者存在交叉的共生性关系。总体来看，"三生空间"的目标导向和发展效应各异，总体上追求合适比例和空间优化，具有共生融合效应。

二 "三生空间"优化的实践进展

在实践层面，北京、上海、重庆、深圳、广州等城市在"三生空间"划定、空间用途管制、空间优化等方面进行了积极有益的探索，以"三生空间"统筹资源要素配置、划定基本生态控制线保障生态空间、通过法规严格"三生空间"用途管制是当前各地区的普遍做法。

（一）以"三生空间"统筹资源要素配置

当前，多个城市的总体规划修编普遍将"三生空间"作为统筹和配置资源要素的抓手，通过划定"三生空间"用地比例、优化"三生空间"布局、统筹把握"三生空间"的内在联系，提高城市的可持续发展能力。

新版北京总规明确提出"以底线约束来倒逼发展方式转变"的发展理念，明确了人口总量上限、生态控制线和城市开发边界三条城市规模红线，并以"三生空间"统筹资源要素配置。在生产空间优化方面，新版总规提出要着力疏解腾退低效产业用地，尤其是要压缩工业用地和仓储物流用地的比例，通过腾笼换鸟推动传统产业转型升级，大力提高产业用地的利用效率。在生活空间优化方面，适度提高居住及其配套用地比重，调整优化居住用地布局，完善公共服务设施，促进职住平衡。

---

① 刘燕：《论"三生空间"的逻辑结构、制衡机制和发展原则》，《湖北社会科学》2016年第3期，第5~9页。

2020 年全市城乡职住用地比例由现状 1∶1.3 调整为 1∶1.5 以上，2035 年调整为 1∶2 以上。在生态空间优化方面，新版总规提出要构建"一屏、三环、五河、九楔"的市域绿色空间结构，建设森林城市，重点实施平原造林，2020 年平原地区森林覆盖率由现状的 22% 提高到 30%，2035 年达到 33%。新版总规对用地功能布局总图也做出了相应调整，重点表达生产空间（就业及综合服务用地）、生活空间（居住及生活配套服务用地）和生态空间的结构关系和空间比例，为功能混合、产业转型等空间资源创新利用预留空间①。

《上海城市总体规划（2017~2035）》划定以"永久基本农田"为核心的农业空间、以"生态保护红线"为核心的生态空间、以"城市开发边界"为核心的城镇空间，将"三线"划定作为全域统筹、落实国土空间用途管制、统筹专项规划的重要手段，并在时间维度上对接国民经济社会发展规划，"三线"划定贯穿规划编制、实施评估和管理的多个环节②。

《广东国土规划（2006~2020）》的编制则基于空间结构理论的综合集成分析，将生产空间、生活空间、生态空间结构设计和比例优化作为国土空间开发的重要抓手，在此基础上将广东国土空间划分为农业生产与生态复合空间、生活与工业生产空间以及生态空间三大类③。

（二）划定基本生态控制线保障生态空间

"三生空间"中，生态空间与生产空间、生活空间的矛盾与冲突往往更为直接和普遍，因此，为防止城镇空间边界无序蔓延，保障城市基本生态安全，依据自然生态系统特性和区域环境承载能力，划定基本生态控制

---

① 王飞、石晓冬、郑皓、伍毅敏：《回答一个核心问题，把握十个关系——〈北京城市总体规划（2016~2035 年）〉的转型探索》，《城市规划》2017 年第 11 期，第 9~16 页。
② 邵一希：《多规合一背景下上海国土空间用途管制的思考与实践》，《上海国土资源》2016 年第 4 期，第 10~13 页。
③ 樊杰：《广东省国土空间开发保护格局优化配置研究》，科学出版社，2016。

线是当前各地普遍的做法（如表3所示）。例如，2005年，深圳市在全国率先划定了城市基本生态控制线，并同步出台了《深圳市基本生态控制线管理规定》，划定基本生态控制线范围占市域面积的50%。北京新版总体规划要求至2020年北京市基本生态控制线范围占市域空间范围比重达到73%，2035年这一比例将达到75%。武汉市制定了《武汉市全域生态空间管控行动规划》，从"编、管、控"三个方面制定行动目标，通过完善规划编制体系、制定管控政策法规、建立规划信息系统等实现对生态空间的管控。

表3　部分城市基本生态控制线规划比较一览

城市	规划文件	控制规模（平方公里）	控制范围占比(%)	控制线范围
北京市	《北京市城市总体规划》	—	73(2020年) 75(2035年)	以生态保护红线、永久基本农田保护线为基础，将具有重要生态价值的山地、森林、河流湖泊等现状生态用地和水源保护区、自然保护区、风景名胜区等法定保护空间划入生态控制线
深圳市	《深圳市基本生态控制线管理规定》	974.5	50	一级水源保护区、风景名胜区、自然保护区、集中成片的基本农田保护区、森林及郊野公园；坡度大于25%的山地、林地以及特区内海拔超过50米、特区外海拔超过80米的高地；主干河流、水库及湿地；维护生态系统完整性的生态廊道和绿地；岛屿和具有生态保护价值的海滨陆域；以及其他需要进行基本生态控制的区域
厦门市	《厦门市生态文明建设"十三五"规划》	981	57.7	生态公益林地、基本农田、水系、水源保护区、自然保护区、水源涵养区、水土流失重点预防区、风景名胜区，以及其他为维护生态系统完整性需要进行严格保护控制的区域（文件仅划定了陆域生态控制线，指出应同时完成海洋生态红线的划定）

城市	规划文件	控制规模（平方公里）	控制范围占比（%）	控制线范围
武汉市	《武汉市全域生态空间管控行动规划》	6400	75	依据城市总体规划确定的"两轴两环，六楔多廊"的全市生态空间结构，从城市圈区域生态格局分析着手，通过区域协同，构建平均宽度20～30公里的"区域生态环"；通过内引外联，确保六大生态绿楔能够与城市圈生态网络内外贯通。全市划定了基本生态控制线面积为6400余平方公里，占全市面积的75%
东莞市	《东莞市生态控制线管理规定》（2009年）	1103	44.7	自然保护区、基本农田保护区、一级水源保护区、森林公园、郊野公园及其他风景旅游度假区；坡度大于25%的山地、林地以及海拔超过50米的高地；主干河流、水库、湿地及具有生态保护价值的海滨陆域；维护生态系统完整性的生态廊道和隔离绿地及其他需要进行生态控制的区域
长沙市	《长沙市基本生态控制线规划》	3066	61.82	三区中的禁止建设区，包括永久性禁止建设区和规划期禁止建设区

（三）通过法规严格"三生空间"用途管制

以土地利用"倒逼"经济转型，通过立法形式划定"三生空间"，加强生态空间的用途管制是当前各地的普遍做法。例如，《重庆市城乡规划条例》（2017年修订版）明确规定了不同层级规划体系应确定的"三生空间"布局内容（如图2所示），这是地方性法规首次提出关于三大基本空间划定的要求。

深圳市则以政府令的形式使得基本生态控制线范围的划定与实施具有法律效力。《深圳市基本生态控制线管理规定》明确规定，任何擅自改变基本生态控制线范围，以及在基本生态控制线范围内进行违法建设的活动和行为，都应由相关部门做出处罚，后果严重者甚至要追究法律责任①。武汉市出台了《武汉

---

① 何朗杰：《广州市基本生态控制线划定方法研究》，《城市建设理论研究》2013年第31期。

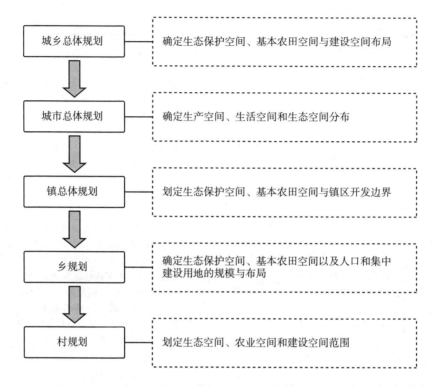

图2　《重庆市城乡规划条例》规定的"三生空间"划定内容

都市发展区1:2000基本生态控制线规划》《武汉市全域生态框架保护规划》，为了对上述文件划定的基本生态控制线实施最严格的保护，武汉市于2016年出台了《武汉市基本生态控制线管理条例》，该条例明确规定将基本生态控制线管理纳入政府绩效考核体系，并实行生态环境损害责任终身追究制。

三　存在问题及对策建议

（一）存在问题

1. 规划体系方面：各类空间规划体系不衔接

当前我国的空间规划呈现相互交织的网状结构，即纵向上各类规划在各个行政层级上下衔接,部门实行"自上而下"的垂直管理,横向上则是"多规并行",呈现"纵向到底、横向并列"的特征,同时存在纵向传导不利、横向衔接不畅的问题①②③。然而,主导各类空间规划编制与管理的主体不一、基础数据不统一、标准不统一、规划期限不一致,造成规划内容交叉、管控空间重叠等问题,由此导致矛盾与冲突不断。尤其是各类规划对生产空间、生活空间、生态空间的划分和管控的范围、内容不一致,使得"三生空间"的实施监测、用途管制等存在种种问题。例如,住建部主导的城乡总体规划侧重于城镇化地区,强调宏观战略引领和落地空间布局,对于农村地区的生产用地、生活用地和生态用地安排考虑不足;国土部主导的土地利用总体规划侧重于生态空间和耕地的保护,严格控制建设用地规模,但对城镇建设、农业生产和生态保护空间内部的细化安排不够;环保部主导的生态环境保护规划以环境质量管理为主,对"三生空间"方面的安排和管控内容较少(如表4所示)。上述各类空间规划分属不同的职能部门组织编制,部门间利益权衡与协调机制往往存在各类冲突,不仅缺乏全域层面的空间统筹,更是导致空间资源的无序、低效配置。这正是《深化党和国家机构改革方案》提出要由自然资源部建立统一的空间规划体系并监督实施的重要原因。

表4　我国现行"多规"基本情况

项　目	国民经济社会发展规划	土地利用总体规划	城乡总体规划	生态环境保护规划
法理依据	《中华人民共和国宪法修正案》	《中华人民共和国土地管理法》	《中华人民共和国城乡规划法》	《中华人民共和国环境保护法》
审批部门	本级人大	国务院、上级政府	国务院、上级政府	本级人大、政府

① 李月寒、何佳、包存宽:《建立空间规划体系须处理好四大关系——基于对〈生态文明体制改革总体方案〉的分析》,《上海城市管理》2016年第1期,第10~14页。
② 谢英挺、王伟:《从"多规合一"到空间规划体系重构》,《城市规划学刊》2015年第3期,第15~21页。
③ 余陈阳子、包存宽:《论空间规划的"三个空间"与"两个边界"》,《环境保护科学》2016年第3期,第13~18页。

项　目	国民经济社会 发展规划	土地利用 总体规划	城乡总体规划	生态环境保护规划
规划期限	近期(5年)	中远期(10~15年)	中远期(20年)	近期(5年)
规划定位	定目标——地区经济、社会发展的总纲领	定指标——国家实行土地用途管制的基础	定坐标——统筹安排城乡发展建设空间布局	定达标——维护区域生态安全的重要手段
规划底数	没有统一的底图数据坐标,有具体的技术规范和编制导则	使用全国统一坐标系统,有具体的编制规程、技术规范、数据库标准	没有统一的底图数据坐标,有具体的编制规程、技术规范等	没有统一的底图数据坐标、编制规程和技术标准
编制部门	国家发改委	国土部门	规划局(住建部门)	环保部门
规划实施	重大项目建设/政府工作报告	年度用地计划	近期建设规划/一书两证	环境保护重点工程/三年行动计划
实施管控	目标体系刚性不足	刚性管控	刚性不足,弹性有余	考核化管控
规划评价优势	政府重视程度高	强有力、闭合的管理手段	规划体系、技术方法成熟	契合国家发展趋势
规划评价劣势	缺乏空间支撑,难以落地	重指标管理,轻空间布局	重城轻乡,重发展轻保护	没有全面推广,属于五年计划中的一个专项规划

资料来源:参考黄征学、祁帆:《从土地用途管制到空间用途管制:问题与对策》,《中国土地》2018年第6期,第22~24页整理。

2. 空间管制方面:生态空间用途管制不系统

我国的土地用途管制制度始于20世纪90年代末,早期以耕地用地的用途管制为主,后来的用途管制涵盖了水域、林地、草地以及城乡建设用地等多种用地类型。现行的土地利用规划将国土空间分为农用地、建设用地和未利用地三大类体系,侧重于耕地保护与建设用地配置间的平衡关系,而将很多具有重要生态价值的用地归为未利用地,对于生态空间的考虑严重不足。城乡规划体系在城市化地区的空间布局和管理,尤其是在生产空间和生活空间的合理安排与布局方面发挥了积极作用,但现行空间规划体系对于生态空间的开发、保护和用途管制仍然薄弱。此外，尽管国家主体功能区规划、土地利用总体规划和城乡总体规划等规划体系对每种空间划分类型都提出了管控原则，但对于生态空间的用途管控不系统、不全面，管控手段总体比较薄弱，现有用途管制范围包括了耕地、水域、林地和城乡建设用地等，但仍未包含所有自然生态空间①。因此，《生态文明体制改革总体方案》明确提出"将用途管制扩大到所有自然生态空间"的改革任务。令人欣慰的是，2017年出台的《自然生态空间用途管制办法（试行）》进一步明确了自然生态空间的范围、各类生态空间的用途管制模式、管制依据和管制方式，为推进生态文明领域国家治理体系和治理能力现代化建设提供制度保障。

（二）优化对策及建议

"三生空间"的划定与优化是提升国土空间利用效率、国土空间治理能力的重要保障。构建国土空间规划体系、强化国土空间用途管制、完善国土空间监管和立法保障、建立差异化绩效考核机制是提升国土空间治理能力、实现"三生空间"协调发展的重要途径。其中，空间规划体系是基础，用途管制是核心，空间立法是保障（如图3所示）。

1. 划定"三生空间"，构建国土空间规划体系

国土空间规划的本质是对国土空间的布局、利用和治理，以及对行业政策协调等进行科学、合理和超前的统一部署和安排。空间规划既是生态文明建设的重要内容，也是推动空间治理体系现代化的重要途径。因此，应在自然资源部的统筹下，建立"1 + X"的空间规划体系，"1"即国土空间规划，作为其他各项规划的"宪法"性基本规划②。"X"即国民经济和社会发展规划、土地利用总体规划、城乡总体规划、环境保护规划等规划，并统一各项规划的基础数据、坐标系统、规划期限和管控规则，解决现行多部门主导

---

① 沈悦、刘天科、周璞：《自然生态空间用途管制理论分析及管制策略研究》，《中国土地科学》2017年第12期，第17～24页。
② 严金明、陈昊、夏方舟：《"双规合一"与空间规则：认知导向与路径》，《中国土地科学》2017年第1期，第21～27页。

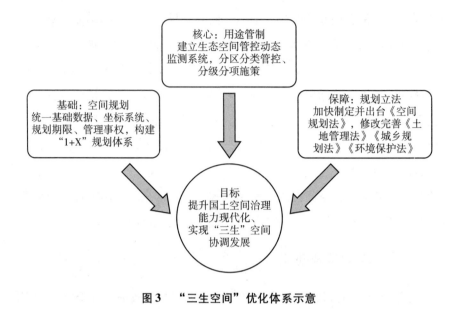

图3　"三生空间"优化体系示意

资料来源：作者自绘。

规划的"纵向传导不利、横向衔接不畅"问题。在"1＋X"的构建基础上，加快实现统一的空间方案、统一的用途管制和统一的管理事权。

2.严格用途管制，建立底线管控政绩考核机制

对于生态空间管制，一是建立生态空间管制制度进行总体管制，包括建立生态空间管制实施机制、生态空间管控质量监测评估机制等；二是建立土地用途管制制度，进行详细控制，加强自然生态空间用途管制与其他自然资源管理改革制度的统一设计①②。三是建立基于底线管控的政绩考核机制，即将生态底线、城市开发边界、基本农田控制线等底线管控纳入地方政府政绩考核并与地方建设指标相挂钩，全面推进生态保护和建设，倒逼城市土地节约集约利用的战略目标。同时，生态空间范围较广，在生态价值、利用方

---

① 高延利：《加强生态空间保护和用途管制研究》，《中国土地》2017 年第 12 期，第 16 ~ 18 页。
② 沈悦、刘天科、周璞：《自然生态空间用途管制理论分析及管制策略研究》，《中国土地科学》2017 年第 12 期，第 17 ~ 24 页。

式和空间管制等方面存在较大差异，因此，各地区应严格按照《自然生态空间用途管制办法（试行）》的规定，建立分区分类管控、分级分项施策的机制。

3. 加强空间规划立法，提升空间治理能力现代化

空间规划体系的构建、空间用途的管制都需要有相应的法律保障，因此，亟须通过空间规划的立法保证规划的法制性和权威性。一是在国家层面，参考国外空间规划立法的成功经验，加快推进国土空间规划立法，从法律层面明确空间规划的地位和作用、空间开发的目标和重点，构建空间规划法律法规制度；二是在地方层面（省、市、县），同时出台相应的配套法律法规，形成与空间规划体系配套的空间规划法律体系；三是加强相关行政法规体系的完善，修改完善土地管理法、环境保护法和城乡规划法等相关法规，以确保空间治理者、土地所有者、土地经营者的一切空间治理和利用行为有法可依，以此建构适应国家现代化发展需要的国土空间开发保护秩序。

参考文献

中华人民共和国国土资源部：《中国国土资源公报》，2015。

徐健、周寅康、金晓斌等：《基于生态保护对土地利用分类系统未利用地的探讨》，《资源科学》2007年第2期，第137～141页。

蒋伟、王力国、李碧香、刘胜洪：《重庆市三大基本空间划定方法与实践》，《规划师》2017年第8期，第72～77页。

常新、张杨、宋家宁：《从自然资源部的组建看国土空间规划新时代》，《中国土地》2018年第5期，第25～27页。

B.6
新技术在国土规划和管理中的应用

耿 冰*

摘 要： 国土规划管理是一项复杂的系统工程，涉及海量的地理信息
数据、安全可靠的数据存储方式、错综复杂的物权关系，因
此需要依靠新理念、新技术、新方法来提升我国国土规划管
理工作的有效性和决策的精准性，实现我国国土资源的高效
利用。本文介绍了国土规划和管理的新技术，包括现代测绘
地理信息技术，如遥感技术、全球导航卫星系统、地理信息
技术、"3S"集成技术，以及与移动互联、大数据、云计算、
人工智能和虚拟现实技术融合产生的新技术。并以国土资源
调查、国土空间规划、国情动态监管和应急保障服务为例介
绍了新技术在国土规划管理中的探索与应用。通过梳理和总
结，展望国土规划管理新技术应用的发展前景和趋势。

关键词： 国土规划 国土管理 测绘地理信息技术

　　我国土地资源的绝对数量较大，但人均占有量小、土地质量差、可利用
土地面积不足。随着城镇化进程的发展，对建设用地的需求量与日俱增，不
合理的人类生产活动加剧了土壤的退化，土地资源的形势十分严峻。因此，
借助现代科技手段，提高国土规划和管理水平，从而切实保护国土资源，是
国土规划管理工作的当务之急。

---

　　* 耿冰，中国社会科学院城市发展与环境研究所，博士后，研究方向：城市与区域规划。

作为国土规划和管理的重要技术手段，近年来以全球导航卫星系统（GNSS）、遥感技术（RS）和地理信息系统（GIS）为核心的现代测绘地理信息技术得到不断突破。同时，在计算机技术、光电技术、网络通讯技术、空间科学、信息科学等科技的进一步发展和推动下，尤其是在以云计算、物联网、大数据、人工智能等为代表的新一代信息技术的影响下，测绘科技正在走向信息化、智能化时代。新技术的出现打破了传统国土规划管理的工作方式，更精准的地理信息数据、更安全的信息存储、更智能的分析和决策支持为国土资源管理部门提供了更高效的技术服务，显著提升了国土规划管理的工作效率和决策的精准性。

一 国土规划管理中的新技术介绍

从数字化地籍测量到三维地籍，再到近年来的"一张图"和"多规合一"，国土规划管理工作在科技的推动下得到快速的发展。如今，国土规划管理在现代测绘地理信息技术发展的基础上，结合云计算、大数据、人工智能、移动互联、虚拟现实等新技术，形成从土地调查、规划，到土地整理、开发，再到土地动态监管的一系列国土规划管理新技术。

（一）依托现代测绘地理信息技术

1. 遥感技术

遥感是 20 世纪 60 年代发展起来的对地观测的综合性技术，从广义上讲是指通过非接触传感器遥测物体的几何与物理特性的技术，狭义上讲是指从人造卫星或飞机等对地面观测的平台上，利用探测仪器感知目标的某些特性并进行分析的技术。根据平台分类，遥感可划分为机载遥感（传感器设置于航空器上，如飞机）和星载遥感（传感器设置于航天器上，如卫星）。目前，在航天航空技术和传感器制造技术的快速发展和推动下，遥感正在往多传感器、多平台、多角度、高空间分辨率、高光谱分辨率、高时间分辨率、高辐射分辨率的方向发展，对地观测系统日趋小型化、专业化、星座化，使

得实时获取地表空间数据成为现实。遥感测绘技术的快速发展，极大地丰富了人类获取地表空间信息的手段，推动了航空测绘向航空航天测绘转变，为国土规划管理提供更加精准、实时的基础地理信息数据，在国土规划管理工作中得到广泛的应用。

2. 全球导航卫星系统

自 20 世纪 50 年代中期全球第一颗人造地球卫星成功发射以后，人类开启了利用航天卫星技术研究地球发展变化的新征程。目前，国际上共有美国GPS、俄罗斯 GLONASS、欧盟 GALILEO、中国"北斗"、印度 IRNSS、日本QZSS 等六大卫星导航定位系统，全球共有上百颗在轨运行导航卫星。

全球卫星导航定位系统的出现是导航定位技术的巨大革命，完全实现了从局部测量定位到全球测量定位、从静态定位到实时高精度动态定位、从限于地表的二维定位到从地表到近地空间的三维定位、从受天气影响的间歇性定位到全天候连续定位的变革。国土规划管理工作充分利用全球卫星导航定位系统的高精度、快速度、操作简便等特点，将该技术应用于国土资源调查和空间定位数据的采集中，以获取现势国土空间数据。

3. 地理信息技术

地理信息系统技术是随着计算机技术发展而产生的现代测绘信息技术。地理信息系统技术的出现，使地图制图学由人工制图时代迈入计算机辅助制图时代。

自加拿大建立了世界上第一个用于自然资源的管理和规划的地理信息系统——加拿大地理信息系统（CGIS）发展至今，地理信息系统技术随着计算机计算能力的大幅提升、网络通信技术以及人工智能技术的快速发展，已由基于单机版转为网络化运行，使得地理信息管理能力由原来的几百兆提高到 TB 级甚至 PB 级，图库一体化制图技术也得以实现，地理信息数据分析和应用水平迅速提高。

目前地理信息技术已广泛应用于国土规划管理工作中，从基础地理信息数据库的建立到地理信息空间分析，地理信息系统技术已经成为各级政府开展自然资源保护、合理开发利用和科学管理等工作的重要技术手段。

4. "3S"集成技术

单一的全球导航卫星系统、遥感技术或地理信息系统都无法满足全天候实时获取位置数据并进行地理空间数据分析的国土工作需求，因此需要将三者有机综合地集成在一起，这种集成技术被称为"3S"集成技术。"3S"集成技术综合了全球导航卫星系统、遥感技术和地理信息系统的优点，在技术上相互补充，形成了"一个大脑，两只眼睛"的框架。其中，"一个大脑"是指地理信息系统，"两只眼睛"是指全球导航卫星系统和遥感技术。通过"两只眼睛"提供地理空间位置和分布信息，通过"一个大脑"对"两只眼睛"所提供的数据进行提取、存储和分析等技术处理，最终为国土决策提供科学依据。目前，"3S"集成技术已成功运用在土地利用规划、土地利用更新调查、土地利用动态监测等工作中，在国土数据获取与处理、海量信息管理以及信息集成分析应用中日益成熟，并达到产业化应用，显著提升了国土规划和管理工作的效率及决策精准度。

（二）融合科技创新技术

除了充分应用现代测绘地理信息技术外，在国土规划管理中还十分重视测绘地理信息科技与新兴技术的融合，广泛利用云计算、物联网、大数据、人工智能等新兴技术来推动测绘地理信息科技发展和产业发展，通过多技术融合来实现天空地一体化实时信息获取、海量多源数据智能处理、时空数据智慧应用等技术，从而推动国土规划管理的科技创新和发展，促进国土规划和管理方式的转型升级。

1. 多元的数据采集方式：与移动互联和物联网的技术融合

国土信息数据的精度和质量将直接影响国土规划和管理的效率与目标精准性。随着国土规划管理对地理信息数据的精细程度（从二维到三维全要素）、精确程度（从米级到亚米级、厘米级）、内容范围（从室外到室内、地下）和时效性（实时）要求不断增高，传统基础测绘的获取手段已逐渐不能满足管理的现实需求。通过将移动互联技术和物联网技术等新技术与高分辨率遥感影像、高精度全球导航定位相结合，可以显著提升地理信息数据

的精度，为精细化国土规划管理提供可靠的数据基础。

利用移动互联的 4G 技术或正在部署的 5G 技术，甚至研发中的 6G 技术，依托移动终端可以进一步扩大互联网的应用范围、广度和深度。而移动终端的内置 GPS、惯导、近场通信等多种传感器集成为用户提供了位置、移动速度、轨迹、时间等基础数据和信息，加速了现实世界和虚拟空间的趋同，将更好地满足未来测绘地理信息个性化、泛在化的需要。如国土执法中使用的掌图系统，借助 4G 技术，依靠掌上移动设备，随时随地可以访问数据库进行数据查看，并在现场就可以与规划进行比对分析，大大提升了国土规划和管理的工作效率①。

为了弥补 3S 技术中精度不高、覆盖面有限、难以形成一体化监管系统等缺陷，在国土规划管理中增加了物联网技术的应用。物联网的核心思想是通过感知设备对感知对象进行识别、定位、跟踪、监控和管理。随着 RFID、传感器、嵌入式技术、智能计算等物联网相关技术的不断成熟，测绘地理信息技术与物联网融合发展的应用领域将越来越多，这些应用也将进一步服务于国土资源的各项管理工作中。然而，目前物联网作为一项新技术，在国土规划管理领域的应用尚处于初步研究阶段，未来在工作过程中还将进行更为深入的探索和研究，推动国土规划管理的智能化升级。

2. 海量数据的深度挖掘：与云计算和大数据技术的融合

目前，新技术的快速发展为国土规划管理提供了海量的数据资源。TB、PB 级大数据的爆炸增长和广泛应用，海量的多源异构数据的融合和挖掘成为国土规划管理工作中面临的重要技术难题。大数据技术和云计算的出现，成为解决此问题的关键技术手段。用传统算法和数据库系统可以处理的海量数据不算"大数据"，大数据实际上是"海量数据"与"复杂类型数据"的集合。在传统的国土规划管理工作中所涉及的数据并不能够构成"大数据"。但随着遥感技术、通信技术的快速发展，各类对地观测系统和地理国

---

① 谢必如、白文起、梅晓林：《国土房管"一张图"显奇功》，《中国国土资源报》2018 年 2 月 12 日。

情监测等对全球多时相、多平台、多种空间分辨率的需求增加，高分辨率测绘卫星和小卫星在轨运行数量也相继不断增加，对地观测数据呈现爆炸式的增长，已然形成了国土信息的"大数据"。因此，在国土规划管理中迫切需要运用大数据技术来解决数据的高"吞吐量"和完成各类数据密集型运算。我国原国土资源部（现自然资源部，下同）于2016年发布了《关于促进国土资源大数据应用发展的实施意见》，明确到2020年，国土资源大数据产业新业态初步形成。2017年，国土资源部正式批复，在福州开展国家国土资源大数据应用中心建设试点，用于探索和研究国土资源大数据应用和共享开放服务机制，推动大数据产业在国土规划和管理中的应用。

随着地理信息数据量迅猛增加、空间分析手段更加多元，单个计算机的处理能力、储存能力不足以满足庞大数据量的快速处理要求。云计算技术的出现解决了测绘地理信息共享、处理方面的燃眉之急。如在GIS平台上构建云GIS，不仅可以更加灵活地对外提供高效服务，还可以保证用户按需随时随地访问处理共享信息，保证用户使用云端计算资源而无须自己配置设备。我国在2014年就启动了"国土资源云"建设。运用云服务推进网上办公、网上审批、网上监管、网上公开和网上服务。"国土资源云"、本地政府"政务云"和本级国土资源数据中心协调发展。

3. 精准的数据计算和预测：与人工智能技术的融合

人工智能，又称AI（英文Artificial Intelligence的缩写），是计算机学科的一个分支，主要研究应用计算机来模拟人类的某些思维过程和智能行为（如学习、推理、规划、识别等）。近年来，得益于计算力、大数据的飞速发展，以深度学习为代表的人工智能技术迎来新的突破，在各行各业中均得到广泛的应用。

鉴于人工智能技术在图像处理方面的优势，目前已被应用于遥感影像分类、点云处理、定量遥感等方面，提升了遥感影像分类和特征提取的精度，大大缩短了工作时间，有效节省人力资源。随着算法的不断优化，人工智能技术还将其应用领域拓展到国土规划管理的其他方面，如对地面附着物进行动态监管、预测城市突发事件等。

尽管人工智能技术已在计算机、医疗、生物等领域获得较大的突破，但在国土规划管理中的应用，尤其是与测绘地理信息技术的融合发展才刚刚起步。如何利用人工智能技术快速处理国土规划和管理中的海量多源异质的地理信息数据，有效提升国土的智能化管理水平，是未来国土科技发展的工作重点。

4. 可视化的数据表达：与虚拟/增强现实技术的融合

地理数据与其他数据类型有明显的区别，它具有空间位置属性。几千年来，人类用于理解地理信息的途径是通过查阅地图，但地图始终是二维平面，对理解带来一定的困扰。如今，结合虚拟/增强现实技术，地理信息数据可以更加真实地呈现在用户的面前。虚拟现实（Virtual Reality，VR）和增强现实（Augmented Reality，AR）均属于视觉技术。VR 是指一种可以创建和体验虚拟世界的计算机仿真系统，AR 是指一种让屏幕上的虚拟世界能够与现实世界场景进行结合与互动的技术[①]。两者差别在于前者是基于虚拟环境的视觉，后者是基于现实环境的视觉。VR 和 AR 技术对于地理信息可视化而言，跳出了长久以来用地图对地理现象描述的形式，通过构建接近于现实的场景，不仅能够减少对地理信息的误解，也极大地丰富了地理信息可视化和交互体验。随着技术的发展，VR/AR 技术与测绘地理信息技术的融合应用在逐渐增多。如河北省国土资源厅利用 VR 技术向市民展示高标准基本农田、土地整治后的梯田、地质公园地形地貌，感受绿色国土、生态国土的魅力；武汉大学郭际明教授创立的珞珈俊德团队开发了 VR 智慧城市规划漫游系统，不仅还原了真实的城市建筑环境，并且能够以 1:1 和 10:1 的两个视角获得与城市的交互体验。

二 新技术在国土规划和管理中的探索与应用

从"金土工程"到"大数据"，从"数字国土"到"国土云"，我国国

---

① 林栎、李剑、覃桢、郑煜：《基于增强现实技术的智能终端导游系统》，《软件工程》2017年 12 月 5 日。

土信息建设始终紧随着科技变革的脚步不断探索和实践。"3S"技术已在国土调查、规划、开发、利用、整治、监管、保护等方面的工作中得到广泛应用。云计算、物联网、大数据、人工智能等新兴技术也正在探索应用阶段,并取得了一定的成果。

(一)国土资源调查

以"3S"集成技术为主的新技术、新方法在国土资源调查中起着非常重要的作用。首先,遥感技术为地理信息系统技术提供可靠的数据源,结合人工智能技术,快速、正确解译和判读各类影像,并实施野外调查。随着通信、传感器等技术的发展,国产的高时空分辨率卫星陆续升空,无人机作为一种低成本、高精度的影像获取设备也应运而生,并且在测绘、地理国情监测、灾害应急处理等方面取得了很好的效果。这些高性能、高精度、低成本的技术能够快速掌握调查区域的详细情况,大大提升数据的利用率,提高内业解译效率,减少核查工作量。其次,地理信息系统技术可以为遥感所提供的数据进行详尽的分析,建立地理信息数据库。运用地理信息系统技术构建国土资源数据中心,实现国土基础空间数据的统一管理、维护、更新、服务,着重实现空间数据的统一更新维护和空间数据的信息发布,支持与国家、省、市、县多级数据中心间的数据交换和数据协作,为国土及其他部门提供高效的服务。随着互联网、大数据、云计算的兴起和应用,地理信息系统技术结合其他技术,实现了技术和服务的创新。特别是云GIS的发展,能够快速构建不同尺度国土资源调查应用的支撑环境,实现数据统一管理与服务快速发布,因此服务于土地规划、土地管理、设施管理、环境保护等领域。此外,全球导航定位系统的应用极大地提高了测量精度,同时它又是准确引导测绘工作并获取精准土地信息的牢固基础。随着我国自行研制的北斗卫星导航系统技术逐步成熟,北斗作为全球卫星导航系统之一已经获得国际相关组织、部门的认可,北斗系统可提供全天候、全天时、高精度的定位、导航和授时服务,在渔业、林业、测绘、应急救援等领域的应用逐步成熟,在国土资源调查中发挥了重要的作用。

（二）国土空间规划

测绘地理信息技术早已被广泛应用于国土空间规划工作中，并发挥了重要的作用。尤其在"多规合一"工作中，更是依靠地理信息系统技术和云计算等创新技术手段，逐步实现省市县空间规划编制、审查、决策、实施、监督的全过程信息一体化。目前，全国多地已展开"多规合一"管理平台初期建设，逐步实现建设项目信息、规划信息、国土资源信息、环境监测信息等一系列空间管理信息的互通共享，从而提升建设项目行政审批速度，保障省市县空间规划一张蓝图干到底。

首先，借助地理信息技术统一基础数据。结合测绘地理信息技术，根据统一制定的数据格式与标准，将各个部门的多类空间规划数据进行汇总、整理，建立空间规划基础数据库，从而实现各类空间规划数据的统一管理和更新维护，为进一步的分析奠定基础。

其次，利用测绘地理信息技术进行空间规划。在国土空间规划中，通过地理信息系统将资源承载能力评价和国土空间开发适宜性评价等多种评价结果录入数据库中，将评价结果与土地利用现状进行叠加分析，在此基础上开展国土空间功能区划分、生态保护、永久基本农田与城镇开发边界等红线划分，根据综合空间管控原则进行国土空间规划。

再次，构建信息服务平台。结合测绘地理信息技术和云计算、物联网技术，搭建应用服务体系。建立由规划编制系统、协同审批系统、"一张图"综合服务系统、规划移动执法系统、三维城市系统、规划数据管理系统构成的综合信息平台。最终实现一本规划、一张蓝图，解决现有规划自成体系、内容冲突、缺乏衔接协调等突出问题，从而提高国土规划管理工作效率。

（三）国情动态监管

在国情动态监测工作中，利用遥感技术和地理信息系统不仅有利于绘制精准的土地利用/覆盖图以定期观测其变化，还可以提高工作效率，节约时间和成本。尤其结合人工智能技术、无人机低空遥感技术、物联网等新技术，显著提升了地理国情动态监管的工作效率。

在基本农田保护方面，启东市于 2018 年与南通移动共同合作，开展了"智慧守土"项目。利用南通移动遍布城乡地区的通信铁塔，在全市 16 个乡镇、5 大园区安装了近 300 个高清摄像监控，从而实现对全市所有基本农田保护区、工业园区的远程监控全覆盖。同时，还将国土资源的现场视频监控情况，自动与国土"一张图"系统进行对比，实现了自动化、智能化、全天候、无死角的管控。

在土地利用动态预警方面，山东省淄博市国土资源局通过与阿里巴巴合作，在全国首次利用人工智能技术，实现了卫星遥感照片的自动分析识别与比对，大大提高了国土资源监察、执法的工作效率。通过阿里机器智能技术实验室深度学习团队开发的"卫星遥感及航空影像识别方案"，基于计算机视觉与深度学习框架，山东省淄博国土资源局在全国率先实现了实时的 AI 遥感影像自动分析，以及新增建筑与土地使用变化情况预警。从以往只能按年度进行卫片核查的现状，改为以月为单位的卫片核查。通过大幅提高监察频率，将国土监察从事后处罚转变为事中干预的工作模式，让违法用地无处遁形，使耕地、基本农田得到及时、有效的保护。

在违建监管方面，在国土监察中，很重要的一项工作是监管地上建筑物的建、拆、改、扩。比如，土地未批先建、开发商捂地、居民违建等，传统的靠人力来调研取证的方法，费时费力。佛山市南海区依靠高分辨率卫星图像（米级分辨率）和深度学习算法来革新现有的工作流程，更好地保护城市土地资源，实现信息化向智能化的转变。

（四）应急保障服务

近年来地质灾害及其他紧急状况时有发生，常规应急手段难以快速有效地实现应急监测、应急测绘等。卫星遥感及无人机监测等技术的发展，可以有效解决这一问题，一旦出现应急险情，可以第一时间获取灾情信息，因此被应用于各类应急保障及监测工作中。例如，在玉树抗震救灾工作中，紧急调动了无人机航摄系统赶赴灾区，在灾后第一时间获取了灾区的航空影像资料，结合遥感影像快速处理系统，在灾后 21 个小时就制作完成了

灾区1∶2000正射影像图，7天就测制完成了整个灾区的现状图①，为科学指挥决策、现场救援抢险、合理安置灾民、科学评估损失、恢复重建规划等提供了基础保障。

三　国土科技发展趋势与展望

随着我国国土规划管理体制改革不断深化、国土信息化建设不断提高、人们对土地资源的认识不断加深，对国土规划管理的新技术应用也提出了新的要求。未来，国土规划管理将依靠技术创新与驱动，逐步向人工智能化方向发展。新技术的应用领域将从国土规划管理向林业、农业、水利、环保等领域延伸。政企合作更加紧密，国土信息安全将进一步得到保障。

（一）新技术应用领域多元化

随着我国国土信息化工作的推进，遥感技术、全球导航定位技术、地理信息系统等现代测绘地理信息技术已逐步应用于国土规划管理的各个部门中，提高了国土规划管理的工作效率。但是总体上来看，国土规划管理科技研究的基础仍比较薄弱。由于新技术应用目前处于试验阶段，应用部门比较局限，应用领域较窄。随着技术的日益成熟，未来国土规划管理新技术将更加广泛地应用于土地管理系统内部，优化整合创新资源，同时，推动国土规划管理新技术跨学科、跨行业发展，与相关行业部门开展合作，整体提升我国土地科技创新水平。

首先，加强系统内力量整合，优化整合创新资源。一方面，由于国土规划管理的新技术发展尚未成熟，新技术，如人工智能、物联网、区块链等，在国土规划管理中的应用仍处于探索阶段，因此目前新技术在国土规划管理中的应用领域范围比较局限。未来随着技术的发展，国土规划管理新技术的

---

①　国家测绘地理信息局：《发挥测绘地理信息应急优势做好防灾减灾保障工作》，《中国减灾》2013年5月1日。

应用场景将更加广阔、应用部门也将更加多元化。另一方面,随着"一张图""多规合一"等工作的开展,国土部门之间的信息和技术将进一步融合。这也为国土规划管理新技术的发展奠定了良好的信息化平台,推动新技术与更多工作领域融合发展。

其次,加强与相关行业部门开展合作。除国土规划和管理工作之外,未来国土管理新技术还将应用于其他部门中,如林业、矿产、农业、水利、环保、交通等。一方面可以拓展国土规划管理新技术的应用领域,在其他行业应用的过程中不断自我完善;另一方面也可以与其他行业的新技术融合发展,促进国土规划管理新技术的更新发展。

总的来说,未来新技术将逐步发展成熟,更好地为国土规划管理服务。同时也将与其他行业融合发展,相互促进,推动新技术的应用领域向多元化方向发展。

(二)国土管理智能化

如何高效、安全、可持续地利用国土资源是世界各国政府关注的重点议题之一。随着科学技术不断创新发展,新技术逐渐应用到国土规划管理工作领域,与现代测绘地理信息技术融合,共同协助提升国土规划管理的工作效率。我国高度重视国土资源信息化建设,经过不断的努力和探索,已经获得了不少令人满意的成果,国土管理迈向智能化,将是未来发展的趋势。

首先,世界各国均高度重视新技术在国土管理中的应用。随着新一轮科技革命的到来,世界各国纷纷开展各领域的新技术研发与应用部署,我国在《国土资源"十三五"科技创新发展规划》中,提出要构建"三深一土",即深地探测、深海探测、深空对地观测和土地科技创新的国土资源战略科技新格局。在《关于促进国土资源大数据应用发展的实施意见》中提出,到2020 年初步形成国土资源大数据产业新业态。美国国土安全部于 2017 年成立了"加速运营效率(CAOE)卓越技术中心",以提升美国国土安全部运营单位和其他安全部门的运营效率。英国国家土地登记部门则正在考虑将区块链技术作为扩大数字化工作的一部分。由此可见,未来国土规划管理将进

一步与大数据、云计算、人工智能、区块链等新技术融合，迈向信息化和智能化。

其次，我国测绘地理信息技术为国土管理智能化奠定了坚实的基础。随着我国北斗导航系统、网络地图服务网站"天地图"地图平台以及新一代国家大地坐标系（CGCS2000）等自主研发成果投入使用，我国测绘地理信息技术日益发展壮大，为国土规划和管理提供了安全可靠的数据来源，为下一步实现国土管理智能化打下了坚实的基础。

再次，我国已开展新技术在国管理的初步尝试。"3S"技术已在国土规划和管理中承担了重要的技术职能，是土地调查、规划、审批、监管工作的重要技术依托。与此同时，互联网、大数据、无人驾驶、人工智能等新技术和土地管理不断融合，已在国土资源调查、国土规划管理"一张图"平台、国土动态监管等工作中进行了深入研究，获得了令人满意的成果。例如，结合AI技术对土地利用进行动态监管；利用无人机开展应急保障工作；利用大数据和云计算建立国土规划管理统一平台；利用物联网技术开展土地调查工作等。国土规划管理新技术的尝试为进一步研究提供了非常重要的参考和借鉴。

综上，在新一代信息技术迅猛发展下，管理智能化是未来国土管理的主要发展趋势。然而，目前我国国土管理新技术的应用发展仍处于初级阶段，与实施国土信息化战略要求和国土资源事业发展新需求相比还存在较大差距①。未来，国土管理将瞄准世界科技前沿，进一步与新技术深度融合，推进国土管理向智能化方向发展。

（三）产学研用紧密化

目前，国土科技研究基础比较薄弱、学科建设比较分散、高层次人才短缺、创新能力相对不足。未来，国土规划管理新技术的发展将逐步与产学研

---

① 《国土资源部关于印发促进国土资源大数据应用发展实施意见的通知》，《中华人民共和国国务院公报》2017年3月10日。

用深度融合，促进创新成果的转化与应用。

进一步发挥企业技术创新的主体作用。企业作为土地科技创新的重要力量，将逐步进入国土规划管理工作主战场，发挥国土科技企业在研发投入和成果转化应用中的优势，通过与科研机构和高校合作，建立产学研联盟、重点实验室和工程技术中心等方式，推动国土科技不断创新发展。

国土科技的产学研用将更加紧密化。未来，将围绕国土资源重大科研任务，进一步强化政府与高校和企业的合作，推进产学研用协同创新。通过组建研发团队或产业技术创新联盟，开展关键共性技术攻关、装备研制和产业化，实现创新链与产业链、资金链的有效对接。

推进国土科技人才队伍建设。科技的进步离不开人才支撑。我国土地学科发展尚未成熟，缺乏专业的土地科技人才，也缺少土地科学与其他领域的交叉学科方面的人才，阻碍了土地科技的发展。随着国土科技越来越多地被成功应用于实际工作中，国土科技也获得了越来越多的重视。未来，在国土科技发展中将加强创新型科技人才的培养，实现国土规划管理关键技术的突破。

（四）国土信息安全可控化

我国国土辽阔、边境线长、资源丰富、生态多样，资源安全、生态安全和国土安全等面临诸多挑战。国土资源作为国家重要的基础性、战略性资源，在维护国家安全中发挥着重要作用。国土信息安全关系国家、国土、信息、资源的安全，也间接关系国家军事、经济、社会和生态安全。保障国土信息安全，既是国家资源安全的需要，也是保障国土安全、生态安全的需要。科技的发展既为国土规划管理工作提供了技术支撑，显著提高工作效率和决策的精准性，但同时也为国土信息安全带来了许多风险隐患。目前我国国土信息领域还存在诸多问题，尤其是关系国土安全及资源安全的"关键国土信息"的安全问题须进一步予以重视，通过技术手段加强国土资源信息安全保障体系建设，切实提升网络安全防护能力，将是未来国土科技发展的重点方向。

国土整治篇
Land Remediation Chapter

B.7
我国荒漠化态势与治理策略研究

黄顺江[*]

摘　要：　我国荒漠辽阔，是世界上受荒漠化危害最严重的国家之一，同时也是治理荒漠化卓有成效的国家。当前，我国经济已进入高质量发展阶段，人民群众也对优美生态环境提出了热切期盼。这就需要改变传统的荒漠化治理模式，变"治沙"为"治人"，重在调节人的环境行为，并通过提升我国经济发展的质量和水平来降低总体的生态负荷，从而为退化土地休养生息创造条件，促使其自然恢复和提升生态机能，以抑制荒漠化的发生和发展。为此，必须以新时代生态文明思想为指引，以建设生态文明为中心，采取一套系统的防治荒漠化策略：一是着力推进绿色发展，提升经济发展质量和水平；二是推进新型城镇化，

---

[*]　黄顺江，中国社会科学院城市发展与环境研究所，副研究员，研究方向：城镇化、城市经济和生态环境。

促进人口和经济继续向城镇集中；三是实施重点开发战略，将中西部地区的开发建设活动逐步向自然环境条件相对优越的局部地段或少数几个点上集中，以降低面上的开发强度；四是认真实施《全国主体功能区规划》，划设基本生态功能区（生态红线），尽量扩大生态用地，以构建生产、生活和生态三类地域协调有序的空间格局。

关键词： 荒漠　荒漠化　土地退化　生态文明

一　荒漠与荒漠化

所谓荒漠（desert），是指大片的贫瘠土地，即地表不生长植物、土石裸露或为其他非生物质所覆盖的不毛之地。①

按照地表物质成分，荒漠有石质、砾质、砂质、盐质和冰雪质之分。石质荒漠是指裸山（山体表面没有植被及泥土、砂石等碎屑物堆积）或石板地、硬梁地，砾质荒漠就是戈壁，砂质荒漠即为沙漠（sandy desert），盐质荒漠则称盐漠或盐碛，冰雪质荒漠为冰（雪）漠或冰（雪）原。当然，在自然界里，尤其是我国，最普遍的荒漠是沙漠和戈壁，尤以沙漠最为典型②。其他类型的荒漠，仅在局部出现。

---

① 通常所说的荒漠，是一个总体概念，是对贫瘠土地的统称。事实上，荒漠有典型与非典型之分。只有一眼望不到边的大范围（面积通常在1万平方公里以上）严重贫瘠土地（地表见不到任何草木及生物、景观单一、空旷寂寥、死寂一片），才称得上荒漠（即典型荒漠）。而小于这一规模的贫瘠土地，或虽然面积很大但贫瘠程度较轻的土地（局部可见到草木或生物），可称为半荒漠（即非典型荒漠）。规模较小的贫瘠土地（面积小于125平方公里），通常称为荒地。
② 同样，沙漠也有典型与非典型之别。只有被大面积流沙所覆盖的土地，才是真正的沙漠（尤以面积在1万平方公里以上的大沙漠最为典型）。而只有斑块状沙丘或只在局部有流沙分布的土地，称为沙地（即非典型沙漠）。

所谓荒漠化（desertification），就是指荒漠的形成和演进过程，尤指农田、草场（草地、草原）或林地变得荒芜的过程。其中，沙漠的形成和演进过程则称为沙漠化（sandy desertification）。沙漠化的早期阶段或初级形式，就是人们常说的沙化，即农田、草场（草地、草原）或林地在风力作用下，土壤成分尤其是营养物质和细土不断流失，土层变得瘠薄、粗糙直至起沙的过程。

荒漠化作为一种土地退化过程，可以出现在陆地表面上任何一处。但是，严重的荒漠化主要发生在生态环境脆弱之地，尤其是水分条件缺乏的干旱和半干旱地区。荒漠化总体上是受区域自然环境条件决定的，因而我国的荒漠化主要发生在北方地区。①

二 荒漠化土地分布

受自然环境条件的影响，我国荒漠化土地分布广泛。根据 2015 年原国家林业局公布的第五次《中国荒漠化和沙化状况公报》，截至 2014 年底，全国共有荒漠化土地 261.16 万平方公里，占国土总面积的27.20%。荒漠化土地分布于北京、天津、河北、山西、内蒙古、辽宁、吉林、山东、河南、海南、四川、云南、西藏、陕西、甘肃、青海、宁夏、新疆18 个省（自治区、直辖市）的 528 个县（旗、市、区），尤其集中在内蒙古、宁夏、甘肃、青海、新疆和西藏六省区，接近其一半的土地都已荒漠化（见表1）。特别是新疆，荒漠化土地最为宽广，自治区近 2/3 的土地已经荒漠化，荒漠化土地面积占全国荒漠化土地总面积的四成。

---

① 本文所说的北方地区，是一个大的地理区域，以北方为主体，同时包括西北及西南部分地区，即大兴安岭—燕山—长城—六盘山—岷山—横断山—喜马拉雅山一线之西北的广大地区，主要由四大地理单元组成：内蒙古高原、青藏高原、塔里木盆地和准格尔盆地（及黄土高原西北部）。在行政区划上，主要包括内蒙古自治区、宁夏回族自治区、甘肃省、青海省、新疆维吾尔自治区、西藏自治区以及四川省西部、陕西省北部等。

表1　北方六省区荒漠化土地分布情况（2014年）

单位：万平方公里，%

项目	内蒙古	宁夏	甘肃	青海	新疆	西藏	合计
荒漠化土地面积	60.92	2.78	19.50	19.04	107.06	43.26	252.56
占本省区土地面积比例	51.49	41.87	42.91	26.36	64.49	35.23	43.53 六省区平均
占全国荒漠化土地面积比例	23.33	1.06	7.47	7.29	40.99	16.56	96.70

注：六省区平均比例不是算术平均值，是六省区荒漠化面积之和与六省区土地面积之和的比值（表2、表3计算方法相同）。

资料来源：第五次《中国荒漠化和沙化状况公报》（原国家林业局2015年12月29日发布）。

同时，我国沙化土地也很宽广。根据第五次《中国荒漠化和沙化状况公报》，截至2014年底，全国沙化土地面积为172.12万平方公里，占国土总面积的17.93%。沙化土地分布范围更广，除上海市、台湾省及香港和澳门特别行政区之外，其他30个省（自治区、直辖市）的920个县（旗、区）都有分布。不过，沙化土地同样以北方地区的内蒙古、宁夏、甘肃、青海、新疆及西藏6省区最为集中（见表2）。对比全国荒漠化土地的省区分布，沙化土地向西北地区新疆的集中趋势更加明显。

表2　北方六省区沙化土地分布（2014年）

单位：万平方公里，%

项目	内蒙古	宁夏	甘肃	青海	新疆	西藏	合计
沙化土地面积	40.79	1.12	12.17	12.46	74.71	21.58	162.83
占本省区土地面积比例	34.48	17.47	26.78	17.25	45.01	17.58	30.65 六省区平均
占全国沙化土地面积比例	23.70	0.65	7.07	7.24	43.40	12.54	94.60

资料来源：第五次《中国荒漠化和沙化状况公报》（原国家林业局2015年12月29日发布）。

另外，还有具有明显沙化趋势的土地。[①] 截至2014年底，全国具有明显沙化趋势的土地面积为30.03万平方公里，占国土总面积的3.13%。具

---

① 具有明显沙化趋势的土地，主要是指由于土地过度利用或水资源匮乏等原因造成的退化土地，虽然目前还不是沙化土地，但已具有明显的沙化趋势。

有明显沙化趋势的土地主要分布在北方地区的内蒙古、甘肃、青海和新疆4省（区），尤以内蒙古自治区最为集中，其一区具有明显沙化趋势的土地面积就占全国的近六成（见表3）。

表3　北方四省区具有明显沙化趋势土地分布（2014年）

单位：万平方公里，%

项目	内蒙古	甘肃	青海	新疆	合计
具有明显沙化趋势土地面积	17.40	1.78	4.13	4.71	28.02
占本省区土地面积比例	14.71	3.92	5.72	2.84	5.27 四省区平均
占全国具有明显沙化趋势土地面积比例	57.94	5.91	13.76	15.68	93.29

资料来源：第五次《中国荒漠化和沙化状况公报》（原国家林业局2015年12月29日发布）。

三　荒漠化演变态势

自近代以来，随着人口逐渐增多，对北方及西北地区的开发力度逐渐增强，生态环境压力明显增大。特别是在新中国成立之后，人口增长过快，再加上国家推行工业化，对北方及西北地区的开发规模和强度进一步增大，导致生态环境不断恶化，荒漠化形势逐步加重。尤其是靠近华北人口密集地区的农牧交错地带，土地沙化形势非常严重，成为一个突出的生态环境问题。虽然党和国家非常重视荒漠化防治工作，并投入了大量的人力、物力和财力用于治理沙化土地，但由于治理的规模和力度相对有限，普遍存在着"边治理、边破坏"现象，致使治理效果不明显，难以阻挡住沙化土地四处蔓延的势头。根据中国科学院兰州沙漠研究所的朱震达、王涛等人的调查研究，我国沙漠化土地扩张的速度，在1950年代后期至1975年平均每年扩展1560平方公里，1976～1987年平均每年扩展2100平方公里，1988～2000年平均每年扩展3595平方公里，呈逐步加快的趋势。①

　　土地沙化形势日益严重，导致沙尘暴频发。根据气象资料，我国北方地区沙尘天气发生频率非常高，在 1950 ～ 1990 年代平均每年出现沙尘天气 16 天以上。② 虽然自 1980 年代以来沙尘天气发生频率有所下降，但在世纪之交却陡然增强。2000 年 2 ～ 5 月，我国西北和华北地区连续发生了 12 次沙尘天气，沙尘波及我国东部沿海的台湾以及韩国和日本，引起国际社会的广泛关注。

　　21 世纪初突然加重的荒漠化和沙尘暴现象，引起党和国家及社会各界的高度重视。结合西部大开发战略，党中央将北方地区的生态环境建设提升为国家战略，从 2002 年起陆续出台了一系列防治荒漠化的政策措施，包括退耕还林还草、京津风沙源治理等，并加大了投入力度。通过长时期、一系列的治理，取得了显著成效，基本上遏制住了北方地区荒漠化急剧恶化的势头。

　　根据原国家林业局公布的荒漠化土地监测结果，到 2004 年我国荒漠化土地开始出现收缩趋势。1999 ～ 2014 年，全国荒漠化土地面积共减少 6.25 万平方公里，平均每年减少 4167 平方公里（见表 4）。其中，北方六省区荒漠化土地面积 15 年内共减少 4.6 万平方公里，平均每年减少 3069 平方公里。尤以内蒙古和新疆两省区缩减幅度最大，其 2014 年荒漠化土地面积比 1999 年分别减少 2.9 万平方公里和 1.5 万平方公里，合计减少 4.4 万平方公里，占同期全国荒漠化土地减少面积的 71%。在北方六省区中，只有青海省 15 年内荒漠化土地面积略有增加，但自 2004 年以来也处于持续减少过程中。

----

① 朱震达、王涛：《以若干典型地区的研究对近十余年来中国土地沙漠化演变趋势的分析》，《地理学报》1990 年第 4 期，第 430 ～ 440 页；王涛、吴薇、薛娴等：《我国北方土地沙漠化演变趋势分析》，《中国沙漠》2003 年第 3 期，第 230 ～ 235 页。

② 丁瑞强等：《近 45 年我国沙尘暴和扬沙天气变化趋势和突变分析》，《中国沙漠》2003 年第 3 期，第 306 ～ 310 页

表4　北方六省区荒漠化土地面积变动情况（1999～2014年）

单位：万平方公里

省　区	1999年	2004年	2009年	2014年	1999～2014年增减	1999～2014年年均增减
内蒙古	63.84	62.24	61.77	60.92	−2.9255	−0.1950
宁夏	3.20	2.97	2.89	2.78	−0.4184	−0.0279
甘肃	19.54	19.35	19.21	19.50	−0.0380	−0.0025
青海	18.71	19.17	19.14	19.04	+0.3305	+0.0220
新疆	108.58	107.16	107.12	107.06	−1.5208	−0.1014
西藏	43.29	43.35	43.27	43.26	−0.0309	−0.0021
六省区合计	257.16	254.24	253.40	252.56	−4.6031	−0.3069
全国	267.41	263.62	262.37	261.16	−6.2507	−0.4167

资料来源：第三、四、五次《中国荒漠化和沙化状况公报》。

同期沙化土地也处于收缩过程中。根据原国家林业局公布的监测结果，1999～2014年全国沙化土地面积共减少2.49万平方公里，年均减少1662平方公里（见表5）。不过，在北方六省（区）中，只有内蒙古和宁夏的沙化土地面积是减少的，而新疆、甘肃、青海和西藏均呈增长态势。同期内蒙古自治区沙化土地面积共减少1.29万平方公里（占全国的51.7%），年均减少859平方公里。

表5　北方六省区沙化土地面积变动情况（1999～2014年）

单位：万平方公里

省区	1999年	2004年	2009年	2014年	1999～2014年增减	1999～2014年年均增减
内蒙古	42.08	41.59	41.47	40.79	−1.2882	−0.0859
宁夏	1.21	1.18	1.16	1.12	−0.0808	−0.0054
甘肃	12.11	12.03	11.92	12.17	+0.0564	+0.0038
青海	12.44	12.56	12.50	12.46	+0.0229	+0.0015
新疆	74.58	74.63	74.67	74.71	+0.1321	+0.0088
西藏	21.48	21.68	21.62	21.58	+0.098	+0.0065
六省区合计	163.89	163.67	163.34	162.83	−1.0596	−0.0706
全国	174.61	173.97	173.11	172.12	−2.4925	−0.1662

资料来源：第三、四、五次《中国荒漠化和沙化状况公报》。

根据原国家林业局公布的第四、五次荒漠化和沙化土地监测结果，具有明显沙化趋势的土地也是逐渐减少的。2004～2014年，全国具有明显沙化趋势的土地面积共减少1.83万平方公里，年均减少1830平方公里（见表6）。其中，北方地区的内蒙古、甘肃、青海和新疆4省区减少数额最大，合计减少1.65万平方公里，占全国的90%以上。

表6　北方四省区具有明显沙化趋势土地面积变动情况（2004～2014年）

单位：万平方公里

省区	2004年	2009年	2014年	2004～2014年增减	2004～2014年年均增减
内蒙古	18.08	17.79	17.40	-0.68	-0.068
甘肃	2.58	2.18	1.78	-0.80	-0.080
青海	4.20	4.16	4.13	-0.07	-0.007
新疆	4.81	4.75	4.71	-0.10	-0.010
四省区合计	29.67	28.88	28.02	-1.65	0.165
全国	31.86	31.10	30.03	-1.83	-0.183

资料来源：第三、四、五次《中国荒漠化和沙化状况公报》。

综上可以看出，进入新世纪以来，在党和国家的积极推动下，以及全社会的共同努力下，我国北方地区的荒漠化和沙化状况开始出现向好的势头。从总体上说，荒漠化和沙化土地面积逐渐减少，荒漠化和沙化程度不断减轻，植被状况明显改善[1]，生态条件有所好转，自20世纪60年代以来持续恶化的荒漠化态势初步得到了有效遏制[2]。

四　对荒漠化总体形势的认识

在防治荒漠化理论与实践中，往往存在着一些争议，但有两个基本问题

---

[1] 刘旭升、孙涛：《近10年我国荒漠化地区植被长势变化分析》，《林业资源管理》2017年第3期，第31～34、40页。

[2] 屠志方、李梦先、孙涛：《第五次全国荒漠化和沙化监测结果及分析》，《林业资源管理》2016年第1期，第1～5、13页。

城市蓝皮书

必须弄清楚。

第一，当前的荒漠化态势到底如何？

前面的分析，主要是依据原国家林业局公布的监测结果得到的认识。那么，实际情况到底如何？

根据我们的实地调研①，尤其与 2001 年的情况作对比，能够切身感受到我国荒漠化形势特别是沙化形势确实有了一定程度的好转。形势好转主要表现在两个方面：一是现在的植被条件比过去普遍有所改善，树木多了，也茂盛些了；二是沙尘暴天气少见了。近 10 多年来，沙尘暴出现次数明显减少，尤其是达到沙尘暴级别的天气，近几年非常轻微甚至感受不到了（主要从华北及中东部地区来看）。

但是，我国荒漠化形势的好转是十分有限的。事实上，荒漠化尤其是沙化形势的好转，主要出现在贺兰山以东的内蒙古中东部地区②③，尤其集中在该地区东南边缘的农牧交错地带（主要是京津风沙源治理项目区）。这一带是半湿润向半干旱过渡区，自然条件较好，降水多，植被恢复能力强，只要采取一些措施，很快就能够重现生机，使沙化形势得到有效抑制，而且付出的成本也比较低。然而，在贺兰山以西的广大西北地区，包括青藏高原中西部，除局部地段外，绝大部分仍然是荒漠格局，与 10 多年前相比几乎没有什么变化④，在个别地区甚至还有所加重，如河套平原西部、河西走廊西段、塔里木盆地东部等地（这些地区主要是工业化快速推进的结果）。即使在内蒙古中东部地区，在高原深处，尤其是靠近国境线一带，荒漠化形势也

① 作者长期关注我国的荒漠化问题，早在 2001 年就组织课题组从东到西考察内蒙古中东部地区的沙地和沙漠，向西抵达贺兰山西侧的腾格里沙漠。自 2013 年以来，又开展了更大范围考察，足迹遍及我国所有沙地和各大沙漠，并深入南疆、北疆和青藏高原中西部地区，对全国总体的荒漠化形势有了基本把握。
② 闫峰、吴波：《近 40 年毛乌素沙地荒漠化过程研究》，《干旱区地理》2013 年第 6 期，第 987～996 页。
③ 李春兰等：《21 世纪初期气候波动下浑善达克沙地荒漠化动态变化分析》，《干旱区地理》2015 年第 3 期，第 556～564 页。
④ 马骏等：《近 20 年黑河下游核心绿洲区土地荒漠化特征及影响因素》，《水土保持通报》2014 年第 1 期，第 160～165 页。

很严重。在有些地段，如二连浩特附近，与 2001 年调研人员看到的严重形势相比，如今没有大的差异。

总之，自进入新世纪以来，我国的荒漠化形势确实出现了明显好转。无论好转的程度如何，起码全国大的形势是趋于稳定的，没有再延续过去长期以来持续恶化的趋势，这一点是可以肯定的。不过，相对于全国大的荒漠格局而言，当前形势好转的程度非常有限，不能就此认为我国的荒漠化局势已经被控制住了，以后不会再恶化发展了。防治荒漠化的弦不能松。

第二，荒漠化形势好转的主要原因是什么？

根据原国家林业局的数据，我国荒漠化形势好转的主要原因在于，由林业系统主导的一系列工程治理措施产生的结果。那么，实际情况到底如何？

必须认识到，荒漠是一种自然现象。荒漠是在特定自然环境条件下产生的，是独立于人和人类社会而存在的，其发展演变主要受自然因素的影响。人和人类社会可以对荒漠及荒漠化产生影响，但不是基本因素，不起主要作用（起码不起决定性作用）。例如，人可以通过垦殖土地、放牧牛羊、采伐木材、开挖矿山、修筑道路、建设城镇等活动，强烈地影响到地表状况，致使其荒漠化。但是，人的活动通常是短暂的、间歇性的、局部的，一旦人的活动减弱或停歇，自然因素仍会促使土地恢复其原本的面貌，是荒漠还是荒漠，是森林还是森林，是草地还是草地，而不会成别的东西。人的力量是强大的，但在大自然面前仍然是渺小的。虽然在局部地段或地块（如村庄、城镇、道路沿线、建设工地、农田等），人可以强烈地改变自然面貌，但总体格局是难以改变的。

既然人对荒漠本身就不是主要影响因素，则新世纪以来我国荒漠化形势的好转，其促进因素也就不主要是人的因素，而主要应该是自然原因导致的。自然原因中很重要的一个因素就是降水。在干旱、半干旱地区，最关键的生态因素是水。自进入新世纪以来，我国北方地区雨水普遍有增多趋势，对荒漠化产生了抑制作用[①]。

当然，人的因素对抑制荒漠化也产生了积极作用。不过，根据我们的观

---

① 孔祥吉、孙涛：《中国荒漠化地区干湿状况分析》，《林业资源管理》2017 年第 4 期，第 1~6 页。

察，产生积极影响的因素，并不主要是人工造林等工程治理措施的结果，而主要是由于我国的经济社会环境发生了变化。这种变化主要表现在两个方面：一是经济发展尤其是经济结构的不断调整和升级，农牧业不再是各地经济的重要支柱（起码不再是唯一支柱），使得北方广大地区对农田、牧场的依赖性降低（即索取减少），土地上的经济活动强度降低，生态压力有所下降。二是城镇化，农牧区人口通过上学和打工就业逐渐转移到了城镇，农田、牧场上的人口大幅度减少①，对土地的压力进一步减轻。这应是促使荒漠化形势好转的基本因素，因为农田、牧场是土地的主体，面积大，影响范围广，而林业部门实施的植树造林、围封育林（草）等措施，只能在非农田、牧场等公有土地上进行（因为农田、牧场大都划分到农户或牧户手里），实施的范围相对来说是有限的，对整体上抑制荒漠化所产生的作用也就不是很大。

总之，进入新世纪以来，促使我国荒漠化形势好转的因素主要有两个：一是降水增多，二是农牧区经济社会发展转型的结果。这两个因素都是基本因素，影响大，尤以前者为重。虽然工程治理措施确实也起到了积极作用，但相对来说是辅助性的，不占主要地位。

五　荒漠化防治思路

虽然我国的荒漠化形势出现了向好的趋势，但荒漠化仍然是目前我国最严重、影响面最广、制约经济社会发展最突出的生态难题。防治荒漠化是生态文明建设的首要任务。

随着我国经济的持续发展，人民群众的生活水平得以大幅度提升，对生

---

① 无论农区还是牧区，在 1980 ~ 1990 年代，甚至直到 2000 年前后，基本上是农业社会格局，人口重心在农村或牧区，人们的生活（主要是口粮）严重依赖于土地上的产出。然而，进入新世纪以后，尤其是近年来，形势发生了巨大变化，中青年人大量进城，人口重心转移到城镇，农村或牧区的人口大幅度减少，主要是一些老人，而且经济来源多元化，农牧业大多不再是主业，本地出产的农牧产品只是经济收入及食物的一部分，不再是全部。

活质量的追求已成为推动生态环境保护事业发展的强大动力。目前，虽然我国北方地区的荒漠化形势出现了一定程度的好转，但荒漠总体格局并没有发生明显变化。更重要的是，今天的人民群众已难以忍受过去那种风吹沙打的恶劣环境，对建设生态文明产生了热切期盼。这不仅成为推动新时期荒漠化治理的强大动力，也对防治荒漠化提出了更高的要求，任务更加沉重。

在2018年5月全国生态环境保护大会上，习近平总书记明确指出，总体上看，我国生态环境质量持续好转，出现了稳中向好趋势，但成效并不稳固。生态文明建设正处于压力叠加、负重前行的关键期，已进入提供更多优质生态产品以满足人民日益增长的优美生态环境需要的攻坚期，也到了有条件有能力解决生态环境突出问题的窗口期。

然而，传统的荒漠化治理模式已难以适应新形势的要求。长期以来，我国治理荒漠化基本上是一种重在治标的简单模式：一是重治轻防，二是重治沙（沙化）而轻治荒（荒漠化），三是重工程措施而轻综合防治。这样，一方面治理成本越来越高，甚至让国家财力难以为继，另一方面治理效果欠佳，常常事倍功半。

总的来看，过去数十年的治理实践，主要任务在于遏制荒漠化（主要是沙化）恶性发展势头。到目前为止，这一目标基本上实现了。在此基础上，要想使我国的荒漠化防治工作再上一个新台阶，就必须换一种思路和方法。

事实上，荒漠化问题不只是荒漠化地区自身的事情，而且是涉及整个国家的经济社会总体质量和发展水平。显然，总体的经济社会发展质量和水平越高，对生态环境所产生的压力就越小，反之对生态环境（尤其是荒漠化地区的土地）的压力会越大。

因此，新时期防治荒漠化总的思路是：通过提升我国经济社会发展的质量和水平，从总体上降低生态负荷，以减轻北方地区的环境压力，为荒漠化土地休养生息创造条件，促进其自然恢复原有的生态机能，以抑制荒漠化的发生和发展。

为此，必须以习近平生态文明思想为指导，加快建设社会主义生态文

明。生态文明的核心是经济、社会与环境协调发展，人与自然和谐共生。这就需要把生态环境纳入发展的轨道，与经济、社会一同前进。只有这样，才能够在经济社会快速发展的同时，带来生态环境质量的稳步提升。所以，建设生态文明是防治荒漠化的中心议题。只有生态文明建立起来了，才能够从根本上化解荒漠化难题。

根据我国国情和发展现状，建设生态文明主要有三条路径：一是提高经济发展的质量和水平，建立精益经济体系，从总体上降低生态负荷；二是优化经济社会空间格局，建设集约社会，将人的活动限定在适宜的地域范围内，以缩小和减轻对生态环境的干扰和冲击；三是尽量扩大生态空间，完善生态体系，不断增强国土的自然生态机能。

六　防治荒漠化的策略与措施

根据荒漠化演变的自然机理和经济社会作用机制，以及长期以来荒漠化治理的实践经验，新时期防治荒漠化必须以建设生态文明为中心，重点采取以下三项基本策略。

第一，促进绿色发展。发展方式粗放是我国经济的基本特征。这一方面造成发展的质量和效益低下，另一方面也使得发展的生态负荷过重。自进入新世纪以来，虽然我国一直强调转变发展方式，并取得了很大成效，但到目前为止，发展的粗放性特征仍未发生根本性改变。今后一个时期，转变发展方式的任务依然艰巨。发展方式转变的方向是绿色发展，主要有四条途径：一是认真落实科学发展观，由过去以经济建设为中心转变为包括经济、政治、社会、文化和生态文明建设在内"五位一体"的全面发展，以增强发展的协调性和总体效益；二是利用当前经济发展下行压力带来的倒逼机制，深化供给侧结构性改革，积极调整和优化产业结构，大力发展高端产业尤其是先进制造业，淘汰落后产能，提升经济效益；三是加强科技创新，靠创新驱动发展，尤其要促进国民经济的信息化和智能化，推动经济发展模式由资源型向智力—技术型转变；四是积极践行习近平生态文明思想，切实转变人和社会的生产—生活方式，逐步建立和完善绿色发展机制。

第二，继续推进城镇化。城镇化是促进人口和经济空间结构优化调整的有效途径。只有将人口和经济活动集中在一定范围内，才能够为生态提供更多的国土空间。也只有生态空间足够充裕，我国要建立的生态文明才能够得到保证。为此，必须顺应城镇化潮流，加快人口向城镇集中的步伐。包括两个方面：一是中西部农牧区的农牧业人口通过转产就地向城镇转移，尤其是生态环境脆弱和生存条件恶劣地区的贫困人口要优先退出来，并集中安置在城镇或其附近；二是支持中西部地区的人口通过上学、就业等途径继续向自然生态条件较适宜地区的大城市尤其是东部城市群集中。

第三，实施重点开发战略。虽然我国幅员辽阔，土地宽广，但自然环境条件差异很大，特别是高原山地多，干旱、半干旱地区面积广。因而，开发建设活动应根据自然环境条件的差异，有重点地集中开发，而不是面上分散开发，以便让更多土地得到休养生息。根据我国的自然环境格局和特点，国土开发的基本方针是：东部森林植被地带重点开发（其中北方的落叶林区有限度开发），中西部草原地带轻度开发，西北荒漠地带基本不开发，开发强度从东南沿海向西北内陆梯级下降。尤其在中西部草原和西北荒漠地带，更需要强调重点开发战略，在总体上保持轻度开发或基本不开发格局下，只对自然环境条件相对适宜的局部地段或地点进行集中开发，如河套平原、河西走廊、湟水谷地及沙漠中的绿洲等地，而其余绝大部分地区尽量不去扰动。同时，在各个重点开发地段内，人口和经济社会活动又主要集中在城镇上。这样，就可以大幅度降低人口及经济社会活动对自然生态环境的干扰和破坏。

荒漠化需要标本兼治，配合以上策略，还必须采取一些切实有效的措施。

一是把生态环境纳入各地国民经济和社会发展计划。要想推动生态文明建设，不断提升生态功能，促进经济社会与生态协调发展，就必须将生态环境纳入各地的发展规划尤其是政府的年度工作计划。只有这样，才能够确保生态环境质量随着经济社会发展得到稳步提升。

二是将生态环境质量作为政府主要官员政绩考核的重要指标。在我国现行的行政管理体制下，各地政府主要领导施政的首要目标，是着力提高主政期间的政绩，以利于提升自己的政治地位。如果未将生态环境质量纳入主要领导人政绩考核指标体系，或虽然纳入考核指标体系但不是重要指标，即使各地政府都将生态建设列进了发展规划及年度工作计划，也难以得到认真执行。这时，"五位一体"的发展战略就成为虚架子。所以，要想建设生态文明，就必须将生态环境质量纳入各地政府主要官员的政绩考核体系，而且是重要指标，甚至一票否决。

三是认真实施主体功能区规划。主体功能区规划的目的，就是根据各地自然环境条件的差异，划分出不同的功能空间，实施有区别的发展策略，并明确各地的发展主题，在确保全国经济社会持续发展的前提下，实现经济、社会和生态效益的协调及最大化。按照《全国主体功能区规划》，我国的国土空间划分为四大类型功能区，即优化开发区、重点开发区、限制开发区和禁止开发区。其中，禁止开发区就是纯生态功能区，而限制开发区则是重要生态功能地区。这两类地区的划设，在很大程度上可以确保我国最基本的生态需求。因而，应认真实施《全国主体功能区规划》，明确各地区的主体功能和发展定位，正确处理好经济社会发展与生态环境建设的关系，确保二者协调发展。

四是划设基本生态功能区（生态红线）。在严格执行《全国主体功能区规划》的基础上，将荒漠区、荒漠化严重地区、重要生态功能区及生态环境脆弱地区等，划为基本生态功能区，并设立界限标志（生态红线）及围封设施，禁止开发。任何人和任何单位，均不得以任何理由进入该地区内从事任何活动。基本生态功能区外的任何开发建设活动，也不得突破生态红线。不过，有些重要的生态功能区，尤其是适宜人们观赏和体验的生态地区，可建立国家生态公园，允许人们进入划定的有限区域内进行游览活动。基本生态功能区应以占到全国国土面积的1/3为宜。

五是继续加强荒漠化治理。对于荒漠化活跃地区，尤其是靠近城市、村镇及重要设施，严重危害到人们的生产、生活和建设活动的地段，必须采取有效措施进行治理。根据以往的经验，治理以围封和育林育草为主，辅助以工程措施。

六是加强绿化建设。对于荒漠化地区，总体上要靠自然恢复和自然繁育为主，原则上不进行人工造林和育草等措施。但是，对于荒漠化地区的城镇、村庄、道路、工程设施、施工工地等内部空地及周边地带，应采取措施进行植树种草，绿化环境，以改善人们的工作和生活居住环境。这是人们生活水平逐步提高对美好生态环境的需要。

七是加强水资源管理。荒漠化地区最紧缺的要素就是水（正是由于水资源供给不足才导致植被稀薄甚至地表裸露成为荒漠），水资源特别珍贵。不仅人们的生产、生活和建设活动离不开水，树木生长、牲畜饮用、生态维持及荒漠化治理也需要水。所以，荒漠化地区应加强水资源的管理，统一规划和调配利用，兼顾好生产、生活、建设和生态等各方面、各领域、各地区对水的需求，以实现区域总体的经济、社会和生态效益的最大化。

八是建立全国荒漠化监测网。要想考核各地在治理荒漠化方面的进展和成效，就必须对荒漠化地区的生态状况进行及时准确的把握。为此，有必要建立全国性的荒漠化监测体系，并进行定期评估，以及时反映荒漠化演变态势。荒漠化监测的重点主要有三个方面：一是植被（包括生产力、生物多样性、覆盖度等）及土地裸露情况；二是水生态（包括河湖水系及地下水）；三是沙尘天气。虽然现在林业系统已建立了荒漠化和沙化监测体系，但监测周期长，也比较粗略，难以满足现实需求。所以，还必须建立更加全面、系统且年度动态观测的监测体系。在此基础上，加强荒漠化基础研究及荒漠化评估工作，定期向社会发布荒漠化动态信息，以支持荒漠化防治工作走向深入。

九是增加中央财政对荒漠化地区的转移支付力度。荒漠化地区的领导干部及广大人民群众长期处在治理荒漠化第一线，做出了很大牺牲。为了国家的生态文明建设，今后他们还将继续做出更大努力，并承受着巨大压力。为此，在建立并完善不同地区之间横向生态补偿机制的同时，国家应在财经政策上向荒漠化地区倾斜，以支持其经济转型和生态建设。尤其是中央财政应

加大对荒漠化地区的转移支付力度，而且转移支付与各地在生态建设方面的成效挂钩。

十是加强党对荒漠化防治工作的组织领导。荒漠化防治是一项关系全局的事务，需要调动全社会的力量，重在调节人地关系，不是简单的植树种草就能够解决的问题。然而，目前涉及防沙治沙和生态建设的部门众多，包括国家发改委、财政部、林业草原局、自然资源部、生态环境部、农业农村部、水利部等，"七龙治沙"、政出多门、职能交叉、项目重叠，很容易造成部门之间及区域之间"利益相互竞争、责任相互推诿"的现象，不利于提高荒漠化防治工作效率。而且，目前的荒漠化防治工作重心是上项目，实际上各自的目的主要是通过项目争取中央的财政资金，而对荒漠化治理及生态建设成效并不太关心。所以，荒漠化防治工作机制亟待调整和加强。在当前生态文明建设已上升为国家战略的大背景下，有必要加强党和国家对荒漠化防治工作的组织领导。为此，建议将现在的"中国防治荒漠化协调小组"提升为"中国防治荒漠化工作委员会"，由一位国务院副总理主抓荒漠化防治全盘工作，办公室设在国家发改委，林业、农业、水利、环保、国土、财政等相关部门共同参与。在加强组织机构建设的基础上，有必要整合现有各项防沙治沙和生态建设项目，包括"三北"防护林建设、京津风沙源治理、公益林保护、退耕还林、退牧还草、草畜平衡、草原生态保护奖补、水土保持、石漠化治理等，统一为荒漠化综合治理项目，并由国家发改委统管，以加强协调。同时，还要将那些生态效益低的项目予以取消或归并，整合起来的资金集中用于荒漠化地区的生态建设，以及产业结构调整和农牧区人口转移安置等。

B.8
我国城市棕地再利用模式及治理方法研究

付梅臣　雷雅会　王艺璇*

摘　要： 在城市产业结构转型升级的推动下，大面积遗留的棕地带来了土壤污染、生态系统紊乱、景观异质化等诸多问题。本文通过收集国内外有关棕地开发的文献和案例资料，结合我国棕地再利用实例，对棕地再利用的城市公共空间、文化产业区、新型居住区、都市工业区、商业街区五种典型模式进行了分析，归纳了地形、土壤、水系和植被等场地造景元素的治理方法，以及棕地再利用模式选择和设计的研究思路。从研究结果看，当前我国棕地再利用主要是以城乡规划为指导，据其区位、自然条件和演变历程来定位其赋有的城市职能，确定能发挥最佳潜在效益、激发城市活力的再开发模式，再依据棕地分区功能，运用生态化、多样化的修复技术来逐步提升造景元素的社会价值。总体上看，我国棕地再利用工作稳步推进，棕地修复过程不断深入、完善，修复体系也愈加健全，但相关的政策保障措施和融资体制等方面的研究深度还需要加强。

* 付梅臣，中国地质大学（北京）土地科学技术学院，教授，博士生导师，研究方向：土地利用规划，土地复垦；雷雅会，中国地质大学（北京）土地科学技术学院，硕士研究生，研究方向：土地利用规划；王艺璇，中国地质大学（北京）土地科学技术学院，硕士研究生，研究方向：土地利用规划。

关键词： 棕地　棕地治理　棕地再利用

一　引言

随着后工业化时代的城市规模加速扩张，城市原有部分工业用地的区位已经与周围用地性质产生冲突，如噪声、三废排放、交通干扰等。在退二进三的城市规划政策支持下，许多城市进行了产业结构调整，所遗留的工矿废弃用地（又称"棕地"）亟须治理与转型。其中，在海河流域的北京和天津、东北老工业带、长江三角洲、珠江三角洲等地区的工业企业的搬迁都已经大大加快①。目前，我国的棕地治理主要依托于生态美学、风景园林和大地艺术等设计理念，基于城乡规划展开棕地开发、整治和修复设计等系列工作，旨在优化城市空间结构布局、提高空间效用、改善人居环境，重构恢复工矿废弃用地的最佳潜在价值，实现这些问题场地的有机更新②。在生态文明理念和景观都市主义思想的影响下，棕地改良以污染土地的生态修复和景观设计为基础，尊重保护场所精神，发挥场地利用的多层次服务职能，如广州岐江公园、北京798艺术区等改造方案变废品为珍宝，体现了对土壤环境、人文生活的最小扰动。虽然近年的棕地治理取得了一些可观的成绩，但与国外相比，我国对棕地治理模式、方法的研究起步较晚，居民对棕地带来的环境风险认知能力受限③，相关的法律体系、监督机制尚未健全，以及开发经验不足等导致棕地再利用存在的痼疾。本文通过归纳国内棕地治理的典型模式，总结再生设计中采用的修复方法，推广实现生态系统的可持续发展的多样化、自然化的棕地再生设计方法，实现地形、土壤、植被、道路和水系的协同发展。

---

① Jian Xie, Fasheng Li. overview of the current situation on brownfield remediation and redevelopment in china. *THE WORLD BANK*, 2010.

② Cao Kang, Guan Hua. Brownfield redevelopment toward sustainable urban land use in China. *Chinese Geographical Science*, 2007, 17（2）：127 – 134.

③ 陈东军、陆满兰、谢红彬：《城市居民对棕地环境风险的认知及其影响因素分析——以福州市为例》，《福建师范大学学报》（自然科学版）2017年第6期，第108～116页。

二 棕地及治理现状

我国城市棕地形成可以追溯到 20 世纪 60 年代，一直到"大跃进"期间建成的高污染工业时代。最初这些工业用地处于城市边缘，随着城市规模增加，其区位也发生变化，场地污染也随之日益严重。城市棕地可按主要污染物类型分为四类：重金属污染场地、持久性有机污染物（POP）污染场地、有机污染场地、电子垃圾场。

据统计，2010 年我国棕地面积已超过 10 万平方公里，主要有废弃工业用地和采矿用地两类。其中，废弃工业用地多位于城市的中心地带且都存在不同程度的污染，污染类别有重金属、持续性有机污染物、无机污染物和电子废弃物等；采矿废弃地多位于矿业城市边缘。由于土地的开发程度、利用方式以及污染物质不同，二者采用的修复模式和设计方案也有所区别。城市棕地一般由于受到大面积建设活动的危害或生产遗留、排泄物的刺激作用而引起土壤表层理化性质发生变化，土壤出现酸化、盐渍化和水土流失等问题，大幅降低生态系统的经济价值和社会价值。总体来看，我国棕地呈现新老污染物并存、无机有机多重污染的局面，尤其长江三角洲、珠江三角洲、东北老工业基地等区域土壤污染问题较为突出，重污染企业用地、工业废弃地和采矿用地等典型地块的污染点位超标率分别是 36.3%、34.9% 和 33.4%[①]，明显超出土壤环境背景值。

自 20 世纪 90 年代以来，国家鼓励制造业、纺织等重污染企业多层次退出城区，取代以商业、服务业等新兴行业来促进产业结构升级转型。长期看来，退二进三的产业调整政策对推动棕地治理进程起到了明显效果。东北重工业城市哈尔滨市计划 2020 年搬迁改造老工业区范围达 36.25 平方公里，沈阳市 2009 年外迁污染企业已超过 370 家，范围达到 8.6 平方公里；北上

---

① 陈能场、郑煜基、何晓峰等：《〈全国土壤污染状况调查公报〉探析》，《农业环境科学学报》2017 年第 9 期，第 1689～1692 页。

广的搬迁企业均超过 150 家，其中北京至 2005 年共计置换出土地面积达 10.81 平方公里；成都、重庆、常州等至 2007 年共搬迁 280 家工矿企业；大连、杭州至 2010 年的外迁企业也达到 100 家；河北省计划 2020 年将 67 家城市工业企业"退城搬迁"。另外，我国矿业城市周边也存在着大量采矿废弃地，严重影响城市的有序扩张，如唐山市、济宁市、徐州市、淮南市、淮北市、大同市、鞍山市、阜新市、双鸭山市、七台河市等，少则几平方公里，多则几十平方公里，甚至上百平方公里，如阜新矿区因采煤产生的沉陷区范围 101.38 平方公里，唐山市开滦煤矿造成地表沉陷面积达 200 平方公里。为缓解土地资源污染加剧的趋势，政府部门接连下发关于工矿废弃地复垦试点工作、《全国资源型城市可持续发展规划（2013～2020 年)》、"土十条"等规定，旨在加强工矿废弃地的有效利用，为高效、环保、可持续的棕地发展模式保驾护航。

三　城市棕地再利用模式

棕地系统协同再生框架涉及生态系统进化、产业结构优化和社会利益维系三个方面，其设计的核心是各子系统的高效、协同利用[①]，要想实现系统整体均衡、可持续发展，首先要依据城乡规划、棕地治理目标及污染程度等来确定合理的景观修复模式。通过文献梳理与调研，对现有城市棕地再利用的案例进行归纳分析，根据场地空间更新功能的差异划分为以下几种景观恢复模式。

（一）城市公共空间模式

随着城市土地空间的延伸式扩张，利用方式由原来的粗放型向规模集约型转变，城市中仅有的健身广场、公园绿地和风景名胜区等娱乐休闲空间难

---

① 刘抚英：《浙江省城市工业废弃地系统协同再生对策研究》，《华中建筑》2014 年第 2 期，第 113～118 页。

以满足人们不断提高的生活品质要求。因此，许多城市将棕地规划为公共空间来缓解人地矛盾①。如唐山市的南湖公园、徐州市贾汪区的潘安湖、淮南市的大通区湿地公园、广州岐江公园等。公共空间发展模式要求对场所内独特的工业遗迹或美学元素有所保留，避免传统模式下大改大建后损坏生态系统引起的系列弊端，呈现具有较强工业特色和文化历史底蕴的景观格局②。针对处于城市边缘地带、遗留建筑物或构筑物难以完全清除的棕地，在运用生态修复手段对棕地的污染物质降解处理后，再对场地遗留的工业元素设施进行重组、改造和更新等，形成具有新型组合功能、可供游玩的后工业景观公园。对位于偏远地区、以生产粮棉油等为主的采矿塌陷区，以及分布在城郊、污染程度可控的闲置土地治理都需要参考破坏前的记录资料，采取物理、化学等工程技术手段修复污染地块，有层次、分步骤地恢复土地原有的生态结构和功能并优先用于农业生产，常年存在积水现象的地带常发展为生态湿地景观。针对包含大量完整连续的厂房、庞大的机器设备、工业气息浓厚的棕地，重建过程中耗资巨大且破坏性较强，在设计方案时可充分保留或部分保留场地原有的基调和风格，建立休闲、旅游于一体的工业博物馆或展览区。现今，棕地的城市公共空间再利用模式已愈发普遍，从废弃的工业设备与建筑到工业遗迹的保护，园中高炉、仓库花园、土墙攀岩和金属广场等，旧有工业遗存赋予其新的生态价值和空间职能，演变为工业价值保留和生态系统恢复并存的和谐景观，成为现代城市发展中缓和人地矛盾和解决公共空间不足的有效手段。

处于贾汪区西南部的夏桥遗址公园在设计之初，专家首先对城市总体规划解读论证，园区处在人工城市斑块与自然农田的生态交错带或边际带上，场地禀赋包括大量的工业遗存、丰富的生态群落、可塑的地形基础和充足的水资源等，充分挖掘利用这些造景元素的生态价值后，可形成别具一格的矿后工业景观，故将夏桥区定位废弃矿井主题公园，围绕着煤炭进行科学知

①　王向荣：《生态与艺术的结合——德国景观设计师彼得·拉茨的景观设计理论与实践》，《中国园林》2001年第2期，第50~52页。

②　贺旺：《后工业景观浅析》，《清华大学》，2004。

识、环境生态等思想的教育和宣传。园区西侧是广阔的农田和连绵的山脉，东南北三侧是密集的建成区，根据分区功能差异和园区整体格局的交叉，充分考虑原有矸石山的生态治理和景观绿化，形成城市公共绿地—防护林带及塌陷池塘湿地景观—田园网格肌理递级关系的绿地系统。在园区施工设计时，依据场地内土壤、植被、路网等景观空间职能不同选用与其相匹配的生态恢复策略，尽量保留原有建筑物配置格局和完整的植被景观，布置功能齐全的雨水回收管网和污水排放体系，实现污水、雨水、地下水三种不同水资源的分流和再利用。

（二）文化产业区模式

近年来，文化产业被视为促进城市都市化转型的新兴产业，高附加值、高成长性的文化产业园区也在全国各地扎根发芽。某些棕地处于大型城市中心或城乡接合部且厂房数量众多、建筑面积较大、环境污染较轻，具有周边人口密集、文化气息浓厚的特征，大跨度、广阔空间、采光良好的场地遗留建筑物为艺术展示和文化创意提供了展示空间[①]，低廉的租金吸引了一批乌托邦式文化工作者和创意人才，创意产业园成为地区中保留场所文化发展记忆进而带动文艺产业复兴的有效手段。例如北京 798 艺术区、攀枝花"三线"建设博物馆、内江糖业博物馆、自贡工业博物馆、泸州工业文化博览园等。棕地再利用的文化精神较多地融入周边居民的生活之中，文化产业的发展带动工业文明的变迁，在提供就业岗位的同时带动了周边住宿、餐饮等商业消费。在文化产业区模式设计时，首先对园区场地表层污染土壤剥离、去污处理；然后采用艺术装饰和景观设计手法对大型建筑物进行改造，将原有工业元素与现代文学艺术深度融合，使其丰富的建筑空间能满足艺术展览、创作、教育等多重需求。

北京 798 艺术区源于华北无线电零部件厂的研究所，棕地建设具有典型

---

① 张玉华：《南宁唐人文化园的空间结构体系及其优化——基于与北京 798 艺术区的比较》，《山西高等学校社会科学学报》2017 年第 8 期，第 98～102。

的包豪斯风格，是实用和简洁、工业与艺术完美结合的典范，也是我国棕地景观再生与文化创意产业结合的成功案例。场地设计初期明确作为全球重要文化创意产业中心的定位目标，斑驳的墙垣外壁、生锈的火车轨道与当代艺术相结合，强化基底、廊道及空间关系，引入生态理念和绿色生产性景观，倡导循环经济和多样化的艺术产业，大量种植向日葵等造景植物，积极将场地材料、工业产品和机器设备循环利用，总体上呈现一种与众不同的生活和工作环境，为艺术家的独立创作提供模板背景。截至 2008 年，入驻北京798 艺术区的画廊、个人工作室、动漫、出版等各类文化机构已达 400 余家，这里俨然发展成中国文学艺术的展览中心，成为国内外具有影响力的文化创意产业集聚区。

（三）新型居住区模式

新型居住区模式适用于污染程度较轻或废弃建筑物易处理的城区外围，对地质环境、地形和风向等自然条件要求严苛，周边的医疗购物设施和交通条件等较为便利，有着相当完善的城市生活环境，可缓解城市过快增长的人口压力。由于居住区开发设计利用地下空间建设停车场、排污管、电缆和通信线路等物业设施，地质构造稳固、土壤无渗透性污染是居民正常生活沟通的基本要求。一般来讲，居住区规划应以普适性和经济性为基础，强调高品质低密度建设叙事性空间①，对高楼、道路、绿化等各种物质要素运用建筑美学和景观设计等处理手法，将保留的工业构筑物改造为社区活动小品，可节省政府大笔财政投入，减少因拆除重建、推翻重造过程中对生态因子和人文环境造成的二次污染，打造布局完整、功能互补、明朗宜居的现代化都市小区。

天津水晶城位于河西区解放南路，整体被交通路网和卫津河道包围，靠近梅江生态板块高活力的城市商贸片区，区位和自然条件优越，基础设施功

---

① 王雁舒：《居住区规划设计应对工业遗存策略研究》，西安建筑科技大学硕士学位论文，2015。

能相对完善，定位城市中心区外围低容积率、环境优美的大型高品质社区①。场地保留园区旧有厂房、铁轨和路边原生树木，老厂区的几条主要道路形成了新规划的交通路网，寓旧于新，原有建筑物拆除后的残墙意象和地面肌理被融入水晶城总体规划中共同组成了一个 Y 型的景观轴线。道路系统采取"外环式 + 南北向主路"的形式建立园区路网，与放射性绿化轴相叠形成组团；组团空间采取不同联排单体相结合形式，创造出对外相对独立、对内富有变化的结构。此外，空间功能分区设计也注意到对工业遗存景观细节的处理，原工厂堆积的耐火砖与钢、木、石等材料被塑造成水泥墙、座椅，遗留的玻璃晶体废料来点缀围墙等，单体色彩、基调搭配呈现多样化，起到良好的景观修复效果，展示出强烈的工业风格和时代特色，使城市产业发展记忆得以延续。

（四）都市工业区模式

新型工业园区是以设计、中试、高科技等轻能耗研发型企业为主体代替传统的重加工污染企业，适合在城市的中心区域生存和发展、与城市规划布局和经济结构相协调的生态绿色产业集聚地。一般位于矿业城市中部城区或边缘地带的规模较大的遗留用地，有一定的工业基础，入驻的中小规模企业可共同分担周边的基础服务配套设施费用，共享资源、信息和劳动力优势，提高产业链带的聚集力和核心力。在城市总体规划方案的引导下，设计人员对场地内工业遗存进行经济和生态价值评估，确定建筑物全部保留还是部分保留，整合子系统与外部环境的交流过程，规划具有区域工业特色的分区布局。一般以场地原有道路作流线、标志性建筑物为节点划分板块，若表层土壤存在污染则将其全部换走，经异位处理后代之以无污染土壤，深层污染土壤通过植物吸收、生物降解等工程处理；全部保留的大型建筑物设计要考虑统一的色彩、粗细搭配和空间延伸性，既严谨又能使人自由思考、转换心情，可移动的遗留物经技术处理后可转为场地的景观小品，如废矿石、废石

---

① 朱光武、李志立：《天津万科水晶城设计》，《建筑学报》2004 年第 4 期，第 34～39 页。

料等用来砌筑墙体或铺设环保型路面等。废旧企业用地融合高科技手段来重建多元素、多维度的综合性产业园区，是传统工业文明发展格局与现代科技碰撞的成果。

道恩经济产业园前身是一片采矿塌陷地，地下水资源丰富，紧邻贸易港口和交通要道，地理位置优越[1]。但长期的煤矿生产使棕地东部堆积大量的煤矸石和粉煤灰，北面演变成城市主要的垃圾填埋区，中部是有潜在污染的3000亩水域。道恩集团在接手棕地复垦规划项目后，通过详细分析棕地的区位条件和用地性质，结合周围居民生活和企业多、土地少的现状，定位一个集休闲、生活、文化、养生、高科技于一体的新材料新能源产业区。由于厂区的土壤环境受到多重破坏，对污染地块的生态修复是开发塌陷地的首要条件。针对采矿塌陷地的固体废弃物处理方法主要有两种，一是再利用，过剩的煤矸石通过发电、填充材料、肥料等多途径消化，既解决污染，又降低成本；二是覆土法，如厂区北部的堆积垃圾和粉煤灰处理，覆土后种植草木等，重建绿色植被。厂区污水处理包括排污、清污等，经过重建排污管道将处理后的生活污水排入大海，修建人工湿地、治理河床淤泥、种植芦苇等促进水体净化。植被修复选取月季、海棠等本土植物品种，构造多层次发展的复合式群落，使植物种类间的配置协调而紧凑。经过多年的治理修复，这里已变成一批高顶尖产业集聚、绿化环境良好的生态新园区，受到社会各界人士的赞誉。

（五）商业街区模式

位于主城区或居民聚居区内的棕地，周围客流量密集、零售业发达，交通和市场条件比较优越，地价升值幅度迅速，修复后土壤质量难以达到住宅用地的要求，经改造重建后适合发展商业街区。环保部门或代理机构对棕地污染情况调查记录，政府部门依据环评报告将棕地治理委托给土地复垦、整治公司等，采用多种修复手段使其恢复到可供利用状态后再以招拍挂的形式

---

[1] 乔良：《城市棕地规划设计的可持续性发展研究》，齐鲁工业大学硕士学位论文，2015。

出让给房地产企业开发建设。商业街区开发需要依据区位条件、消费水平和辐射范围等做出定位，利益维系的原则使其对外部环境有强烈的依赖性，所以独特的景观设计会使其优于同级别的服务中心，更能展示景观美学的价值。地域文化特色强烈或周围有代表性古筑的地区适合发展传统型商业街区，依托文化资源展开布局设计，考虑造型、色彩、尺度、材料等，使外观呈现浓郁的商业氛围，立足于本土特色工艺，用商业来弘扬区域文化。而现代型商业街模式分布于以高科技为主产业的城市，注重提高立面设计、激活地下层、通透性等方面的性能，主体框架的凹凸性还能改善微气候环境①，营造一种前卫时尚、熙攘的市场氛围，更能体现现代化都市发展的理念。

长江饭店位于合肥市中心的商业核心区，属于传统的老苏式建筑风格，记录着一代又一代合肥人的生活风貌。长江饭店改造的重点在于如何将历史性建筑文化与新时代高端商业区的时尚元素相结合，转变以往单调枯燥的宾馆住宿经营形式，重塑一座开放自由式、极具亲和力的 BLOCK 回忆型历史文化街区。新定位下的长江壹号以商务人士、知识分子、行政人员和都市白领等高档消费者为服务对象，外部的砖红小楼缀入时代元素，内部增添基础设施，设计环形步行街，建造 12 层立体停车位，成为当代设计理念下的地标性建筑之一。

四　棕地修复与治理方法

城市棕地长期闲置不仅对地表景观、生物群落带来严重破坏，而且土层污染物质经生态循环扩散到大气、水圈中还会威胁人类健康。所以，棕地再利用的主要任务就是弱化甚至消除棕地环境修复过程中的各种限制因素，修复破碎散乱的生态系统结构，经生态修复技术变棕地为宝地，激活城市消极空间，释放城市产业发展的生态效益。根据园林学对造景要素的分类，一个

---

① 李静薇、王影、赵文艳等：《基于微气候的寒地商业街设计策略研究——以大庆市经六街为例》，《沈阳建筑大学学报》（社会科学版）2017 年第 3 期，第 252～258 页。

完整的自循环生命体系包括地形、土壤、植物、水系、道路五类子系统，其中道路网等廊道生态修复通常纳入周围斑块、基质主体景观中综合考虑，本文未对其做单独分析。

（一）地形修复

地形修复需要地质监测或勘探部门对棕地安全性做出监测，地表承载能力强、地质条件稳定是进行大面积地形改造工程的客观条件，生态环境承载力达标才能保证工业建筑物的稳定性和安全性。地形修复方式往往以对地形做最小干预为标准，综合考虑棕地的功能定位、原地形的起伏程度和工程的难度系数等条件，地质构造不稳的地区往往直接利用原有地形，或稍加改造后来实现场地造景的功能。在唐山南湖公园规划之前，地震局对地质构造及潜在危险做出监测，显示塌陷区域地表稳定坚固，具备开发建设条件①。北区地表稳沉，以大型山水自然景观为主体，部分区域改造为市民广场、凤凰台等休闲场所，南区地表尚未稳沉，设计以生态保护和恢复为主，在保持现状地貌的基础上结合沉降量来堆叠地形，形成富有变化的湿地景观。相比采矿用地，工业废弃地高差变化不大，主要借助各种元素进行微地形改造，如缓坡设计会使水系景观更富有流动感，天津桥园将高差不同的洼地设计成储水泡②，展现景观的自然之美。紫云公园在保留地震遗址景观的基础上，运用原工业废渣堆砌成七座山峰，与湖泊水景相辅相成。

除此之外，地表痕迹也寄托着设计师对大地艺术的认知和思考，成为极富生命力和创造力的作品，来彰显地域文化的独特性。彼得·克鲁斯卡在平坦的采石场荒地段纵深挖出的细长谷地，谷地的水面和植物引来游人参观，经艺术加工后成为阿尔卑斯山前的一道风景线。哈格里夫斯在原垃圾填埋场以泥土堆成多个土丘，供游客观赏休息。

---

① 胡洁：《唐山南湖：从城市棕地到中央公园的嬗变》，《风景园林》2012 年第 4 期，第 164～169 页。
② 俞孔坚：《开启自然过程　城市废弃地的生态恢复　天津桥园生态恢复工程》，《城市环境设计》2009 年第 7 期，第 90～95 页。

（二）土壤修复

土壤修复是技术单位以环评报告中的土壤污染组分为参考，采用物理、化学、生物等技术手段使土壤质量恢复正常，实现土壤无害化和稳定化。棕地固有的恶劣环境会影响土壤酶的活性，降低土壤抵御污染物质侵扰的能力，从而使安全性土壤受到污染、污染性土壤难以恢复。对于土壤污染物的性质，环境监测站可记录其深度、位置和面积等详细信息，为土壤的精准修复提供资料。此外，专业人员也需对棕地土壤质量进行现场调研，获得足够全面系统的土壤数据，便于后期土壤修复过程的预实验。从现有资料来看，土壤污染按修复场地分为原位修复和异位修复；按操作原理分为物理修复、化学修复、生物修复、植物修复（见表1）。

表1 土壤污染技术修复方法

分类	修复方式	技术方法
按修复场地划分	原位修复	原位物理修复法、原位化学修复法和原位生物修复法
	异位修复	异位物理修复法、异位化学修复法、异位热处理法和异位生物修复法
按操作原理划分	物理修复	土壤蒸汽提取技术；玻璃化技术；固化/稳定化技术；热力学修复技术；电动力学修复技术；客土、换土等
	化学修复	化学淋洗技术；原位化学氧化技术；化学脱卤技术；溶剂提取技术；土壤性能改良技术等
	生物修复	泥浆相生物反应器；生物堆制法；土地耕作法；翻动条垛法；生物通气法；生物注气法等
	植物修复	植物提取技术；根际降解作用；植物稳定化作用；植物挥发作用

传统的排土克土法就是在污染土层上覆盖无污染土壤，封闭污染物质达到降低污染浓度的目的，适用于表层污染浓度较轻的区域。在杜伊斯堡公园的生态修复过程中，以多环芳烃等有机物为主的污染物会导致土壤通透性降低、含氧量减少，通过覆盖沥青层隔离污染物，再覆盖土层种植新生植物以吸附有毒物质。以易扩散、渗透性污染物为主的重度污染区通常铲除表层土壤全部替换为清洁土壤，深层土壤则通过吸附性微生物或腐殖酸类肥料来处理。菌类、固

氮植物以及细菌产生的酶都能有效降低重金属污染浓度[1][2]，并且有利于提高土壤有机质含量。另外，一些肥料和添加剂类等化学物质也是稳定土壤污染物的重要原料。美国西雅图公园深层土壤污染物主要是石油和二甲苯，引入吸油性酶和矿物质加以处理，多年后取得良好的生态效果。以废治废也是目前土壤去污常用的方法，将植物枯叶、生物残体、人畜粪便等铺散在土层表面，其分解产物不仅能促进植物生长，也有利于土壤的蓄水保肥。

（三）植物修复

植物修复是运用农业技术消除植物生长受到的重金属和石油污染物等[3]，通过种植乡土植物增强生态系统的自恢复能力，重构自然景观和生态环境。一般来说，需要依据棕地的定位和分区来布局植物带，商业区一般只要求简单规则的绿化带，公园则要求大面积、多品种的特色植物。例如，某一工业园西部遗留大量矸石，植物配置选用适合矸石特质的抗性强、耐瘠薄的乡土品种；北部居住区绿地以花灌木和秋景为主，增强组团间的识别性。矿区优势品种可依据技术手段测定的污染因子富集系数来选取，首选超累积或耐受类的原生植物，能迅速适应矿区地贫瘠恶劣的生存条件[4]。此外，还需要根据生态结构的稳定性适当引入外来品种，构建乔、灌、藤、草一体化的植物群落和水生—沼生—湿生—中生水系植物群落带。工业废地植物种植在选择耐旱性强的先锋植物后，裸地迅速被植物所覆盖，形成草丛群落，土壤逐渐得以改良，后引入先锋灌木，生境开始丰富并逐渐统一。上海江湾机场在充分保留自生植物的基础上，分级控制现状植被，并引入潜

---

① 廖强、刘爱菊：《土壤重金属污染状况与修复技术研究进展》，《山东理工大学学报》（自然科学版）2018 年第 4 期，第 7～11 页。

② 张金婷、孙华、谢丽等：《典型棕地修复前后土壤重金属生态风险变化——以江西贵溪冶炼厂为例》，《生态学报》2017 年第 18 期，第 6128～6137 页。

③ 惠云芳、王鸿飞：《石油污染土壤的生物修复研究进展》，《西北农业学报》2018 年第 4 期，第 451～458 页。

④ 邢丹、刘鸿雁、于萍萍等：《黔西北铅锌矿区植物群落分布及其对重金属的迁移特征》，《生态学报》2012 年第 3 期，第 796～804 页。

在优势物种，加快新城绿地生态系统的形成①。另外，一些特殊的景观型植物在园林设计中有重要的美学价值，经常用来装饰造景元素，如藤蔓类植物常能起到强化场地特质、美化裸露外墙的作用。

（四）水系修复

水系修复坚持消除污染、河道修复、蓄排自由的原则，采用植物修复和根际过滤等生态手段削弱水体污染和水循环失衡现象，实现城市水源的收集、净化。水体治污方面，依据污染物的性质、面积和工程难度等确定合适的治污措施，主要以湿地修复法为主，兼有化学沉淀法、电解法、活性污泥法和厌氧生物处理法等②。常规的水系修复是在保留原有水系景观后，充分利用水体系统的自净能力，废水引入池塘经初步沉淀后，再注入高程不同的湿地过滤系统，经吸污抗污的挺水或浮水湿地植物过滤后恢复水体健康。而地下水污染治理单纯靠自然修复是不可行的，要结合有针对性的化学或生物修复技术来实现。此外，在改造河流段构建循环生态系统方面，形成微生物—藻类—浮游生物—水生植物—鱼类之间紧密配合的生物链，提高水质多层污染物质的降解效率。

完整的雨水蓄积、排泄和循环系统能提高水系循环的连接度，也是水系景观治理的重要内容。开挖、疏浚场地中的积水坑道或工业渠沟将地表水与自然水源连接，实现污水、雨水、地下水的分流和再利用。对于逢雨必涝、供水不足等问题突出的棕地，应用植被浅沟、下沉绿地、雨水花园等源头收集设施以及植被缓冲带等径流传输设施和生态堤岸等汇集设施的 LID 管理技术，实现集渗、阻、滤、蓄等多功能于一体的水循环利用方式。海盐中兴公园为解决雨量充沛、水网密集、交错纵横等问题，延用海绵城市的设计理

---

① 杨永川、王娟、达良俊：《城市化进程中上海植被的多样性、空间格局和动态响应（Ⅱ）：城市废弃地上海江湾机场的植物组成》，《华东师范大学学报》（自然科学版）2008 年第 4 期，第 40～48 页。
② 邵媛媛、周军伟、母锐敏等：《中国城市发展与湿地保护研究》，《生态环境学报》2018 年第 2 期，第 381～388 页。

念，分别设雨水花园、生态缓冲带、地下水箱和渗透塘等来实现生态调蓄空间的弹性释放，减轻市政雨水管网的泄洪压力。

五　城市棕地再利用模式选择

城市棕地除会带来污染物下沉辐射、生物迁徙受阻和地质环境隐患外，还会造成景观元素割裂、整体基调失衡等严重的景观异质化问题，成为阻碍产业结构转型升级和城市都市化更新的首要因素。随着生态文明理念和场所精神的发展，棕地治理由"拆除—重建"的传统模式蜕变为以生态恢复和景观设计为主，利用低干扰的生态修复技术重构紊乱的区域生态系统功能布局，推动存量建设用地挖潜增效的工作进度，对促进城市土地精细化管理、释放污染地块的再生动力具有重要意义。设计棕地修复思路应以清晰可行、完善系统为标准，坚持先治污、再开发的原则，符合"规划先行、生态为主、效益最优"的实践要求，以多重优势发挥城市工业承载的社会和生态功能。

首先，棕地要依据其区位条件、自然条件和演变历程来定位城市功能，以城市总体规划和区域发展规划为指导，弥补产业发展动力不足带来的缺口，优化城市总体格局。棕地改商业能激活特色产业集群潜在的经济价值，改绿地保护人文遗产空间和生物多样性，保障城市低碳发展①。从分布来看，我国的采矿类棕地往往保留其自然地形，改造为湿地景观或工业遗产保护区，工业棕地根据周围环境和市场条件等改造为公园、商业、住宅或复式SOHO、LOFT 等空间混合区。

其次，依据棕地内部独特的空间分布来确定场地分区功能，以尊重保留工业遗产、丰富生态系统和提升人文价值为准则选择更新路径，通常以场地原有道路为标准划分不同组团，不同组团赋予不同的承载职能，构建完整的棕地生态网络，经设计后能实现场地系统的整体效益最佳。

---

① 俞孔坚、凌世红、方琬丽：《棕地生态恢复与再生：上海世博园核心景观定位与设计方案》，《建筑学报》2007 年第 2 期，第 27～31 页。

最后，选择适宜造景元素的技术修复手段，以对元素最小化干扰为原则，依据污染物的种类、性质等选取植物吸收、生物降解等生态技术，达到精准修复、降除污染的目的。

此外，棕地修复并不是一蹴而就的过程，"始于治地，重在养地"，要加强修复过程中对污染物质的监测力度，促进各子系统间的生态化恢复。

六 结语

棕地长期闲置带来了严重的生态污染和社会问题，成为制约城市新兴产业转型升级的巨大阻力。所以，要想实现城市的环保、生态化发展，就要完善棕地修复的过程。总体来看，我国已经在棕地治理方面取得了很大进步，出现一批土地修复成功的经典案例，受到了国内外专业人士的认可，对生态修复技术和园林景观设计等学科研究不断深入，尤其是湿地景观修复和海绵城市建设等方案设计可圈可点，棕地修复模式和修复方法等也愈加完善、多样化。但是与国外发达相比，国内棕地开发建设体系尚未成熟，研究内容比较笼统、零散，多是对国外经验的大篇幅介绍，尚未立足于国内的治理实践，对有关制度政策和社会经济方面的研究层次和深度也不够。为了使棕地修复朝着法制化、社会化的方向发展，政府应尽快出台政策来解决环境责任的认定主体和治理机构的权力划分等难题，同时将棕地的价值评估和风险评估纳入评价指标体系建设，为促进和激励棕地整治修复提供借鉴，有效解决土地修复的融资问题。另外，加强棕地治污、防污过程的动态监测，建立完善的棕地数据库系统，保证生态子系统的正常、有序恢复[1][2]。棕地生态修复还需要充分调动社会人员的积极性，共同维护受损的棕地生态系统，留住"绿水青山"，才能打造出"金山银山"，促进城乡区域持续发展。

---

① 姜明珠、蔡成林：《城市棕地信息库的构建及其应用》，《江西农业学报》2014 年第 2 期，第 148～150 页。

② 林慧颖、宋飏、王士君：《城市棕地信息识别及数据库建设方法研究——以长春市为例》，《中国土地科学》2016 年第 7 期，第 80～87，97 页。

棕地治理与再利用的中国实践

郑晓笛　卓百会　付泉川*

摘　要:　生态文明建设的推进与"土十条"等政策文件的发布,有力
促进了我国棕地治理与再利用的相关实践。工业与基础设施
闲置地、矿业废弃地和垃圾填埋场是我国最主要的三种棕地
类型,针对各类型的特征与目标用途,将棕地再生实践细分
为十一种类型,并对每一种类型的概念特征、政策背景、实
践规模、典型案例等进行梳理与解读,力争构建出中国目前
棕地再生实践的全景。文章结尾针对棕地治理过程中污染信
息缺失、修复流程不规范、项目设计施工时间紧迫等原因导
致的失败教训进行了反思,并对我国未来的棕地实践进行了
展望。我国棕地类型多样、规模庞大,未来的棕地治理与再
利用存在着巨大的机遇与挑战,已有实践可为将来的工作提
供宝贵经验。

关键词:　棕地治理　再利用　中国实践

近年来,在我国生态文明建设的大背景下,棕地的治理与再利用得到了
前所未有的重视与推进。"棕地"是20世纪西方学者提出的重要概念,各

---

* 郑晓笛,清华大学建筑学院副教授,特别研究员,研究方向:城市棕地及废弃地的景观再生、
校园景观规划设计、景观设计理论与实践;卓百会,清华大学建筑学院风景园林专业在读硕
士研究生,研究方向:城市棕地景观再生的理论与实践、景观评论和当代景观设计理论;付
泉川,清华大学建筑学院风景园林专业在读博士研究生,研究方向:城市棕地景观再生。

国的定义都不尽相同。根据全国科学技术名词审定委员会的界定，棕地是指
"已废弃、闲置或限产的工业或商业用地"，并且"其扩展或再开发受现有
或潜在的环境污染风险而变得复杂"①。

中国的棕地研究与实践起步于 21 世纪初期，与发达国家相比，我国棕
地治理与再利用虽然起步较晚，但已快速发展成为风景园林、环境工程等学
科实践与研究的前沿和热点问题。我国棕地类型多样、规模庞大，依据国务
院 2014 年发布的《全国土壤污染状况调查公报》，我国土壤污染状况令人
担忧，全国土壤总的点位超标率高达 16.1%，而其中工矿业废弃地的土壤
环境问题尤为突出。自此之后，我国相继颁布了一系列针对污染场地治理的
导则与政策文件，对相关实践起到重要引导作用，例如《污染场地风险评
估技术导则》《污染场地土壤修复技术导则》等。特别是 2016 年《土壤污
染防治行动计划》《污染地块土壤环境管理办法（试行）》等文件的出台，
极大地推动了棕地再生的项目实践。2018 年 8 月，全国人大常委会通过的
《土壤污染防治法》将于 2019 年 1 月 1 日起施行，将进一步推进棕地再生实
践的规范化发展。

目前，我国的棕地治理与再利用实践以工业与基础设施闲置地、矿业废
弃地和垃圾填埋场三种类型的场地为主。本文针对每种类型的特征与目标用
途进行细分，并对其概念范畴、实践规模、典型案例等进行梳理，以期为读
者构建出中国目前棕地再生实践的全面图景。

一 工业与基础设施闲置地

2001 年 12 月，国务院办公厅转发了国家计委有关《"十五"期间加
快发展服务业若干政策措施意见的通知》（国发办〔2001〕98 号），该
意见的出台推进了我国城市"退二进三"的发展进程，第二产业规模
（采矿业，制造业，电力、燃气及水的生产和供应业，建筑业）开始逐

---

① 全国科学技术名词审定委员会：《建筑学名词 2014》，科学出版社，2014。

渐缩小；2008 年 9 月，国务院安全生产委员会办公室颁布的《国务院安委会办公室关于进一步加强危险化学品安全生产工作的指导意见》（安委办〔2008〕26 号），更是直接提出要促进全国各地区淘汰高污染化工企业。2016 年 5 月，北京市政府印发了《关于集中开展清理整治违法违规排污及生产经营行为有关工作的通知》（京政办发〔2016〕22 号），该通知旨在通过综合整治违法违规的排污及生产经营行为以提高环境品质。据不完全统计，2004～2012 年，重庆市已搬迁 137 家污染企业；2007 年，沈阳市关停、取缔污染企业 51 家[①]；2013～2017 年，北京市累计关停退出了 1341 家一般制造业污染企业[②]。我国大批污染企业外迁导致城市中产生了大量的工业与基础设施闲置地，这些场地正面临着污染治理与再利用的双重挑战。

工业与基础设施闲置地指已废弃的、闲置的工业与基础设施闲置用地，包括工矿企业的生产车间、库房及其附属设施、铁路、加油站、码头、机场等用地。此类棕地在场地特征上具有地形平坦、高程变化不大的特点[③]。根据此类棕地改造后的目标用途，我国工业与基础设施闲置地的治理与再利用基本可以划分为三类，即文化创意产业园区、工业遗址类公园与城市综合发展区。

（一）文化创意产业园区

在我国多样的棕地治理与开发利用实践中，文化创意产业园区可谓是最常见也是最热门的形式之一。文化创意园区是创意产业园区的一个类别，是"一种具有鲜明文化形象并对外界产生一定吸引力的集生产、交易、休闲、

---

① 郑晓笛：《基于"棕色土方"概念的棕地再生风景园林学途径》，清华大学博士学位论文，2014。

② 尤园园：《北京五年关停退出千家一般制造业污染企业》，2017 年 6 月 19 日，http：//bj. news. 163. com/17/0619/13/CNA1EASF04388CSB. html。

③ 郑晓笛：《基于"棕色土方"概念的棕地再生风景园林学途径》，清华大学博士学位论文，2014。

居住于一体的多功能园区"①。需要指出的是，工业与基础设施闲置地只是文化创意产业园区的载体之一，文化创意产业园区还可以由普通工业园区升级形成，比如张江文化科技创意产业基地、北京 DRC 工业设计文化创意产业基地等。

我国由工业废弃地改造而成的创意产业园区类型丰富多样、数量众多，且相对成功的项目多分布于经济发达的主要城市。北京、上海、广州、深圳是主要的文化创意产业聚集地，青岛、大连、杭州、南京、苏州等市的园区亦有相当规模②。例如，截至 2013 年，苏州中心城市的文化创意产业园区已有 37 个，其中 20 个都是由工业废弃地改造而成的③。究其原因，是因为此类园区的开发与商业投资、市场需求、城市交通等现实条件有着极其密切的关系，工业废弃地的特殊魅力会为其增色但并非开发的充分条件。这些由工业废弃地改造而成的文化创意园区，多充分利用工业厂房高挑开阔的空间特征将其改造为独特的展览、办公及商业建筑，保留标志性的工业构筑物并将其改造为文化艺术活动空间。

根据工业遗迹的保留程度与再利用方式的不同，可以将此类棕地再利用实践分为三种类型：其一，原工业场地废弃后完整性较高或工业遗产价值较高，再利用过程中完全保留或保留了大部分的场地遗迹，如深圳的蛇口价值工厂、广州的红砖厂和珠江琵醍啤酒文化创意艺术区等；其二，采用置换或填充的方法，对厂区原有结构进行梳理精减，重新置入新的主题建筑，或利用艺术手法对原有场地进行改造提升等，此类项目改造痕迹相较于第一类会非常明显，其中一些著名的项目包括深圳的 OCT-LOFT 华侨城创意文化园、广州的信义会馆、上海的 8 号桥等；其三，由于原工业场地遗迹损坏程度较高难以保留，或工业遗产价值相对较低，在开发利用过程中，整个场地原有

① 刘嘉欣、潘珏、王雨晴、李维鹏：《上海文化创意园区旅游的可持续发展研究》，《特区经济》2014 年第 1 期，第 125～127 页。

② 张书：《我国文化创意产业园区的发展现状及存在问题》，《河海大学学报》（哲学社会科学版）2011 年第 2 期，第 81～83、93 页。

③ 陈向楠、杨新海：《苏州中心城市文化创意产业园区发展研究》，《现代城市研究》2015 年第 7 期，第 28～34 页。

遗迹全部被拆除或仅保留了少量遗迹，如深圳的南海意库和设计之都创意园区、上海的 X2 创意空间等。

在国内众多的文化创意产业园区改造项目当中，北京的 798 艺术区、上海的田子坊、广州的红砖厂、成都的东区音乐公园、昆明的创库、杭州的LOFT49 创意产业园区等都已发展成知名的旅游胜地。北京 798 艺术区可以算作此类工业遗址改造的经典案例，该片区原为国营 798 厂等电子工业的老厂区所在地。2000 年，原场地上的六家单位进行重组，一部分房产被闲置下来而不得不进行出租。自此之后，北京及其周边的艺术家逐渐进驻，其中又以创作展览、设计为主。随着时间的推移，这里逐步形成总面积达 60 多万平方米的文化艺术区。不过，由于整个区域多以进驻机构自主进行的开发模式为主，因此也不可避免地产生了可达性差、卫生环境令人担忧、缺乏整体规划等问题。但随着科学规划、产权置换、环境改造等政策和措施的推进，整个区域正逐步完善。

（二）工业遗址类公园

与文化创意产业园这类以建筑更新和新功能植入为主的开发模式不同，工业遗址类公园强调工业遗迹的保留，纪念曾经的工业生产或活动，并提供公众游览、休憩、科教等的空间与场地，是工业遗产保护与再利用的一种主要形式。从实践特征上来看，我国工业遗址类公园可以分为工业遗址公园、考古遗址公园和铁路公园三个主要类型（见表 1）。从原址工业遗迹的保护方式上来看，可能的保留形式主要包括以下三种：一是整体保留，即将工厂遗存下来的各类建筑或构筑物、工业设施、厂房道路甚至是古木绿地等全部（或大部分）保存下来，在改造后的公园中观者能够感知工厂的主体原貌甚至是生产流程，例如重庆工业遗址公园；二是部分保留，选择性的保留某些具有独特历史价值的工业建筑或是质量较好的老建筑或构筑物、工业构件等，将其作为公园的标志性景观，引发人们对过去工业生产活动的记忆与联想，例如上海的钢雕公园；三是全部拆除，完成场地污染治理后重新塑造新景观，此类方式亦经常利用原场地上的废弃材料作为新景观构筑物的来源，

如杭州的江船工业遗址公园等。岐江公园便是典型的工业遗址公园，该公园坐落于广东省中山市岐江河西岸，占地 11 公顷，公园场地为原粤中造船厂用地。1999 年，北京土人景观规划设计研究所接受了岐江公园的项目委托，并以"足下文化与野草之美"为核心设计理念，将其打造成为一处充满乡土野草气息的工业遗址公园。值得指出的是，岐江公园的设计考虑到中国人的审美倾向，对于所有保留下来的老船坞框架、龙门吊、水塔和机器设备均进行了翻新喷漆①。因此，该项目虽然保留了一定的工业遗址，但新建设的项目特征也非常明显。

除了常见的工业遗址公园外，我国工业遗址类公园还包含两个特殊的类型，即考古遗址公园和铁路公园。我国历史悠久，随着考古工作的不断进行，一些具有高度历史、审美价值的人类工程或考古地址等不断被重新发现，而古代工业遗址的改造和开发则形成了各种类型或等级的考古遗址公园，在这一类别中国家考古遗址公园最为典型。国家考古遗址公园是指"以重要考古遗址及其背景环境为主体，具有科研、教育、游憩等功能，在考古遗址保护和展示方面具有全国性示范意义的特定公共空间"②。截至目前，中国共公布两批 24 项国家考古遗址公园名单，以及两批 54 项立项名单，其中大冶铜绿山古矿冶遗址就在第二批国家考古遗址公园立项名单中。大冶铜绿山古矿冶遗址位于湖北省大冶市，于 1973 年为考古学家发现，总面积约 8 平方公里。通过挖掘，该遗址展现了西周至西汉时期的采矿井、巷多达 300 余个，并包含古代铜炉 8 座、鼓风竖炉 10 余座等。由于其巨大的历史价值，该遗址分别于 1982 年和 1987 年被列为全国重点文物保护单位和国际遗产后备名录。

铁路是工业生产的重要基础设施。随着工厂的关闭，为其服务的铁路段也逐渐荒废。但铁路段特殊的美学和空间价值，使其成为若干工业遗址类公

---

① 郑晓笛：《基于"棕色土方"概念的棕地再生风景园林学途径》，清华大学博士学位论文，2014。
② 夏晓伟：《考古与遗址公园——国家考古遗址公园建设中的两个定位》，《东南文化》2011年第 1 期，第 23~26 页。

园的核心要素,并以其为基础开发形成了公园、步道、商业街等各种类型的城市开放空间,如哈尔滨的中东铁路公园、杭州的白塔公园、天津的铁轨绿道公园、长沙的火车头公园、厦门的铁路文化公园、南京的铁路轮渡栈桥旧址等。以中东铁路公园为例,其位于黑龙江省哈尔滨市道里区,2014～2015年由哈尔滨市人民政府进行投资、哈尔滨城乡规划局进行规划设计,整个区域于2016年11月建成并向公众开放。项目规划以"追寻历史、留住记忆"为理念,通过对废弃铁路空间的转型、拓展与重构,打造连接江南经济中心、江北文化中心和江中太阳岛生态休闲中心的绿色空间系统,构建出了城市景观廊、绿色慢行线和中东铁路文化展示带,践行了城市历史文化空间与绿色生态系统修复[1]。

表1 我国主要工业遗址类公园类型、改造手法与典型案例

工业遗址类公园	遗迹保留程度	主要改造手法	典型案例
工业遗址公园	整体保留	强调工业文化遗产保护,重新设计公园流线,适当地再利用工业厂房等生产活动空间,主要改造为博物馆等文化娱乐空间	重庆工业遗址公园
	部分保留	注重工业符号的意义,以点带面,认可工业文化的价值	中山岐江公园、上海钢雕公园
	全部拆除	拆除全部或大部分场地原有遗址,重新加建各类主题性建筑或基础设施	江船工业遗址公园
考古遗址公园	整体保留	高度保护,不开发,组织流线作为景点观赏	大冶铜绿山古矿冶遗址
铁路公园	部分保留	保留铁轨,以其为重要线性要素串联公园空间,多辅助艺术的设计手法	哈尔滨中东铁路公园、厦门铁路文化公园、杭州白塔公园

---

① 哈尔滨市城乡规划设计研究院:《中东铁路公园规划设计》,《城市建筑》2017年第27期,第93～99页。

（三）城市综合发展区

　　某些类型的工厂，特别是炼钢厂和焦化厂，由于复杂的工艺流程及大量的生产设备，规模往往非常庞大。当这类工厂关闭并逐渐荒废之后，便会形成横跨多个城市地块的废弃地，它们不仅可能会阻隔城市功能区之间的联系，也浪费了大量的土地资源。如果加以合理的开发利用，这些场地往往能够如同凤凰涅槃般蜕变成一座城市重要的综合发展区。奥运会等城市大型事件的举办往往需要大型场地，除了传统的以绿地为主的增量发展模式外，这类大型废弃工业场地提供了另一种发展模式，即存量更新。在这两种因素的促进之下，一些利用废弃的大型工业生产基地改造而成的集娱乐、商业、居住、基建等为一体的综合利用发展区域便应运而生。这类综合改造不仅改善了物质空间环境，还在文化、经济、社会等多方面发挥着重要的作用。

　　首钢工业区规划与设计便是这种类型场地更新实践中首屈一指的案例。首钢位于北京市石景山区，始建于1919年，不仅具有悠久的历史，其诞生、扩张、转型也凝缩了我国钢铁工业的整体发展历程。由于环境污染、产业转型以及2008年奥运盛会的举办等原因，北京市区内的首钢厂房于2010年底全部停产，数量庞大的建筑物以及各类工业设施逐步荒废[①]。2009年、2010年首钢启动区和保护利用区先后开展了城市设计。占地8.63平方公里的庞大区域被规划成一片包含创意商务区、设计研发区、文化休闲区、开放空间区等多种功能的城市综合发展片区。如今，冬奥办公区、西十筒仓、极限公园、电厂改造酒店等多项改造项目的陆续开展将整个片区变得充满生机。《北京城市总体规划（2016～2030年）》更将首钢工业区改造定位为"高端产业综合服务区"，以及"传统工业绿色转型升级示范区、京西高端产业创

---

　　① 刘伯英、李匡：《首钢工业遗产保护规划与改造设计》，《建筑学报》2012年第1期，第30～35页。

新高地、后工业文化体育创意基地"①。可以预见,随着整个片区更新实践工作的稳步推进,首钢工业区将成为我国棕地治理与开发实践中极具里程碑意义的案例。

与首钢工业区相比,虽然占地1.48平方公里的北京焦化厂在面积上要更小一些,但其治理与开发实践在时间上却要稍早于首钢。北京焦化厂位于朝阳区境内,始建于1958年,是国庆十大建筑的配套工程,具有较高的工业遗产价值,并在2018年正式入选中国第一批工业遗产保护名录。21世纪初,在《北京市三、四环路内工业企业搬迁实施方案》以及《北京奥运行动规划》等政策的驱动下,北京焦化厂主体部分于2006正式停产。2007年,该片区启动了工业遗产资源保护与再利用城市设计的相关工作,并被定位为由首都东南门户区、综合服务功能、工业特色风貌、高尚和谐新城区组成的城市综合发展片区②。

二 矿业废弃地

矿业废弃地是指"因采矿活动所破坏和占用、未经整治而无法重新使用的土地,包括裸露的采矿岩口、废土(石、渣)堆、煤矸石堆、尾矿库、废弃厂房等建筑用地"③,采矿塌陷区以及矿场周边具有塌陷隐患的各类荒废场地也包含在内。

在我国,矿业废弃地不仅面积大,而且破坏程度往往也较国外类似场地更为严重。近年来,通过对各类工矿废弃土地进行复垦,我国矿山整体的生态环境正慢慢得到改善,《全国土地整治规划(2011~2015年)》指出,"十一五"期间,全国15%的库存工矿废弃地已经得到了复垦。但是,全国

---

① 李晓波、袁钟楚:《新首钢地区协调联动发展问题及对策》,《中国工程咨询》2018年第3期,第32~36页。

② 刘伯英、李匡:《北京焦化厂工业遗产资源保护与再利用城市设计》,《北京规划建设》2007年第2期,第67~73页。

③ 王江萍、张毅川:《从废弃地到优质地:城郊白垩土矿业废弃地的生态恢复与景观重建》,《中国园林》2015年第4期,第20~24页。

城市蓝皮书

待复垦的土地面积依然高达442.3万公顷，其中城镇工矿建设类用地可整治规模约为50万公顷。《全国土地整治规划（2016～2020年）》指出，"十二五"期间，通过开展城乡建设用地增减挂钩、工矿废弃地复垦利用、城镇低效用地再开发等，全国共整理农村闲置、散乱、粗放建设用地233.7万亩，复垦历史遗留工矿废弃地936.6万亩，加大工矿废弃地复垦和矿山生态环境治理，"十二五"期间土地复垦率提高了12.5%。

根据矿业废弃地的再生程度和开发主要特征，我国目前矿业废弃地治理再生工作主要可以分为土地复垦、矿山公园、城市公园以及园中园四种类型。

（一）土地复垦

土地复垦是矿业废弃地类型棕地治理与再利用实践最为常见的形式。我国土地复垦的相关工作受政策影响较大，相关法规政策最早出现于1988年的《土地复垦规定》之中。2011年《土地复垦条例》以及2012年的《土地复垦条例实施办法》先后陆续通过，以此为标志，我国土地复垦工作进入了新的历史发展阶段，并初步形成了"有法律可依、有制度保障、有标准支撑"的局面。从国土资源部土地整治中心公布的《全国土地整治规划（2011～2015年）》可以看出，我国生产建设活动损毁土地复垦重点区域成片分布，并且主要集中在西南、东北、华北和华南地区。

土地复垦是指"对被破坏或退化的土地的再生利用及其生态系统恢复的综合性技术过程"[①]。2016年，国土资源部土地整治中心收集并整理了全国40余个土地复垦的经典案例。根据矿源类型，主要包含煤矿、金属矿以及油气矿等。值得指出的是，我国土地复垦项目多是有针对性地对重点区域进行复垦，根据复垦对象，主要有露天矿区、废石堆场、尾矿库等，如内蒙古自治区鄂尔多斯市黑岱沟露天煤矿土地修复、江西省德兴铜矿水龙山废石堆场土地复垦、安徽省铜陵市金属矿尾矿库土地复垦等；而针对整个矿区进行综合治理或土地整治的项目则相对较少，这

---

① 白隽昂、姚顽强：《废弃土地复垦方法研究》，《乡村科技》2018年第7期，第106～107页。

类项目中的典型案例有云南磷化集团矿区土地复垦项目、中国铝业广西分公司平果铝土矿土地复垦项目、内蒙古自治区五原县废弃黏土矿土地整治项目等。

（二）矿山公园

废弃矿山是一种非常典型的棕地，我国肇始于21世纪初的矿山公园规划与建设活动便是实现棕地复兴的一种重要模式[①]。棕地的治理与再利用不仅要对棕地本身进行污染治理和生态修复，在条件允许的情况下，更要对受棕地影响的周边区域进行整体复兴。位于城市周边的废弃矿山面积巨大，与居民日常生活密切相关。不同于土地复垦模式，矿山公园的开发模式在整体环境治理和场地再生后的利用上要更加明显。矿山公园开发模式的主体功能强调的是矿业遗迹景观及矿业发展历史内涵的展示，因此具有一定的科学研究价值与生态教育功能。

我国矿山公园的种类多样，按照不同的角度可对其进行以下的类型划分。依据矿山原始的矿产种类，我国矿山公园主要有能源类矿产（如煤炭、石油）型、金属矿产（如铁矿、铜矿）型、非金属矿产（如磷矿、硅土矿）型；按照矿山开采过程中所采用的方式，我国矿山公园可以分为露天开采型和地下开采型；根据矿山公园开发利用后的主题内容则又可以划分为矿山风光与地貌景观类、矿山环境与灾害遗迹类、采矿历史与选冶技术类等。此外，由于很多矿山公园与其周边地区的森林公园、地质公园或者其他旅游点连为一体，将矿山公园与其他类型公园进行联合整体开发的模式也十分常见，这种开发模式有利于充分整合各类资源，因此也更容易取得更加快速和明显的整体效益[②]。我国已有矿山公园开发项目不仅类型多样，其开发体量也不容小觑，根据《国家矿山公园建设指南》，矿山公园设置国家级矿山公

① 李向北、黄贝琪：《棕地复兴——可持续发展背景下的矿山公园设计研究》，《矿业研究与开发》2012年第1期，第72~77页。
② 刘凤民、刘海青、张立海、张檬、张业成：《矿山公园建设现状与发展建议》，《中国国土资源经济》2006年第7期，第15~16、25、46页。

园和省级矿山公园二级。我国已于2005年、2010年、2013年和2014年分别公布了4批88座国家公园名录。

近年来,我国矿山公园开发改造实践取得了一系列的成果,一些重要的改造项目不断涌现出来,且改造种类多种多样。但主要分为两类:以矿业遗迹保护为主的浙江遂昌金矿国家矿山公园、黄石国家矿山公园等;以教育旅游项目为主的海州露天国家矿山公园、北京市四马台矿山公园、盱眙象山国家矿山公园等。由于矿山公园面积巨大,因此其开发建设基本上都采用了以局部重点开发为主、整体规划为辅的模式,并多以主题广场建设、各类遗迹展示、博物馆建设、植被群落修复等为主。

(三)城市公园

随着我国城市的不断扩张,原先位于城市周边的矿业用地逐渐演变成了城市内部的废弃矿坑。这些废弃矿坑不仅阻断了城市生态系统,也影响了城市景观,针对这类场地,国内已有个别案例成功将其转化为可供人们休息、游览、锻炼、交往,以及举办各种集体文化活动的场所。虽然相较于土地复垦和矿山公园而言,此类项目数量要少很多,在实践上也尚未形成规模和体系,但依然不乏一些经典的项目。其中较为有代表性的案例有日照市的银河公园、唐山市的南湖中央公园、广州番禺区的六大连湖主题公园、杭州市的良渚矿坑探险公园和茂名市的露天矿生态公园等。

以唐山市的南湖中央公园以及杭州市的良渚矿坑探险公园为例,两者各有特色,根据最新颁布的《城市绿地分类标准》(CJJ/T85 - 2017),前者可以算作城市综合公园(G11),而后者则是典型的城市社区公园(G12)。南湖中央公园建成于2009年,其场地原先为唐山市的一片采煤塌陷区,而随后市区排放的各种垃圾以及粉煤灰又将其塑造成了一处巨型垃圾山①。2008年,当地政府委托中国地震局与煤炭科学研究总院对其地质构造进行了详细

---

① 胡洁:《唐山南湖:从城市棕地到中央公园的嬗变》,《风景园林》2012年第4期,第164~169页。

的勘测与分析，随后，北京清华同衡规划设计研究院对场地进行了全面改造。设计师在充分分析城市、自然、场地肌理以及历史文脉的基础上，将其塑造为集休闲、娱乐、健身等功能于一体的综合性公园。2014年建成的良渚矿坑探险公园位于余杭区良渚文化村东西大道南区太璞山群山，占地面积约10公顷。在良渚文化村组团开发的大背景之下，设计师综合考虑了采石场和农业用地两个场地的历史条件，并将其打造成一处极具探险趣味的城市公园。建成后的矿坑公园成为杭州目前最大的社区公园，具有户外儿童探险中心、百亩花海、千人草坪以及文化中心等景观。

根据目前的实践项目来看，我国矿业废弃地改造而成的城市公园的场地原址基本上都是采石类废弃地。此类场地的开发利用项目数量明显较其他矿业类型为多，其原因可能包含以下几点：煤炭、金属等矿业用地多因资源开采而建，距离城市通常较远，而采石类矿业用地为了节省成本，多建在城市附近山体之上，与城市之间的交通相对便捷，开发可能性较其他类型矿业用地更高，如日照市银河公园、良渚矿坑探险公园等；采石类废弃地污染相对较轻，因此其开发改造利用难度也相对较低；与其他矿业类型相比，采石废弃地单体面积较小，空间特色明晰，改造后具有独特的空间效果。

（四）园中园

单块的棕地位于更大的环境之中，当周边环境质量较高并足以发展成大型公园绿地时，如国家公园、森林公园、植物园，这些小块棕地（多为采石废弃地）通常会被改造成其中的一个景区或者景点。本文将此类项目统一划分为园中园。

在这类项目中，特色比较突出的有上海辰山植物园矿坑花园、炮台湾湿地森林公园矿坑花园，以及河北省碣石国家公园矿坑公园。位于上海吴淞炮台湾湿地森林公园中的矿坑花园，其原场址上有一半场地是钢渣回填场，通过地形与叠石设计，该公园如今已经演变成一处具有中国古典园林山水特色的旅游景点。上海的矿坑花园则位于辰山植物园之中，该矿坑原为一处拥有上百年历史的人工采矿遗迹，通过利用现有山水条件以及瀑布、天堑、栈道

等设计元素，设计师将该花园成功打造成一幅充满意境的山水画卷。河北省昌黎县的矿坑公园是碣石国家公园的一部分，整个公园通过艺术手段和生态修复策略，对因采矿破坏的 19 处山体进行了治理，目前该项目正在施工阶段，而开发后的矿坑公园将会被打造成以生态修复、科普教育以及观光休闲为主的生态公园。

三　垃圾填埋场

垃圾填埋场是城市必不可少的基础设施。近年来，我国很多老旧填埋场逐步达到设计库容，或因新的垃圾处理设施的建设而被废弃。随着城市规模的不断扩大，越来越多的垃圾填埋场进入封场阶段，并面临着改造再利用的压力。其中一些场地在环境工程与风景园林专业的配合下，被开发改造为深受市民喜爱的活动场地。

我国垃圾填埋场的建设始于 20 世纪 90 年代，按照其使用年限与设计库容，目前正逐步进入封场期。同时，随着我国经济建设与人民生活水平的提高，日产垃圾量迅速增加，已大大超出各个城市原有垃圾填埋场的承受能力。根据住建部 2012 年的统计数据，截至 2017 年，全国计划封场的生活垃圾卫生填埋场达到 174 个，其中占地面积大于 20 公顷的填埋场有 44 个。此外，中国环境保护产业协会城市生活垃圾处理专业委员会在其发布的《城市生活垃圾处理行业 2017 年发展综述》中指出，2015 年我国各类生活垃圾处理设施共有890 座，其中填埋场 640 座，焚烧厂 220 座，其他处理设施 30 座。

根据场地改造后的功能定位，我国垃圾填埋场类棕地再生主要包括以下四类：博览园、体育公园与康乐设施用地、郊野公园及其他类型公园。

（一）博览园

目前，我国举办的博览会主要有世界园艺博览会、中国国际园林博览会、中国花卉博览会三种类型。棕地再开发利用已经成为中国国际园林博览会和世界园艺博览会景观设计中的重要实践趋势。

1. 园博会

中国国际园林博览会是园林绿化界高标准、高层次的博览盛会，由住建部和各地方政府共同举办。该类型博览园始创于 1997 年，截至目前已成功举办 11 届，加上目前正在筹办的南宁园博会一共 12 届。前四届都是在已有的公园或绿地中举办，仅仅进行花卉园艺展示，而不对场地进行大规模改造，场地规模平均在几公顷左右，面积较小。从第五届园博会开始，园博园采用了新建展园的方式，会后保留大部分的展园①。新建展园面积通常较大，场地规模（含水域面积）通常达到几百公顷，除在城市未开发用地上进行建设外，棕地也逐渐成为园博园建设的理想目标场地②。在 2015 年新修订的《中国国际园林博览会管理办法》中，申办承诺书明确规定"园博会展园范围内作为永久性城市公园绿地保留的面积不少于 50 公顷，并将其纳入城市绿地系统，划定绿线，严格管理"。垃圾填埋场、矿业废弃地等棕地类型，由于面积较大、自身的治理需求及其与城市交通的便捷联系等，成为北京、武汉和南宁三届园博会的理想举办场地。而此类场地的再生，也满足了"园博会坚持生态优先、传承文化、节约环保、规模适度、鼓励创新、永续发展的原则"③。

2. 世博会

与园博会类似，世博会也是一项由政府组织或委托部门举办的博览活动，但是其活动等级较园博会更高，因此不论是从影响力度、举办历史还是从展览内容等方面上来看，都要更胜一筹。目前，世界博览会包括综合性和专业性两种形式，其中专业性世博会分为 A1、A2、B1、B2 四个级别，其展览内容十分庞杂，交通运输、生活方式、各类产品等全都包含在内，园艺亦是其中一种十分常见的专业性博览内容。根据国际园艺生产者协会的规定，A1 等级的专业博览会不仅囊括园艺业的所有领域，其活动场地的最小

---

① 张昊天、曹艳雪、王鹤：《博览会景观中棕地再开发利用的特性》，《现代园艺》2017 年第 19 期，第 101～102 页。
② 谷康、王志楠、曹静怡：《从园博会看园林展的规划与设计》，《中国园林》2010 年第 1 期，第 75～77 页。
③ 中华人民共和国住房和城乡建设部：《中国国际园林博览会管理办法》（建城〔2015〕89 号），2015 年 6 月 24 日，http://www.mohurd.gov.cn/wjfb/201506/t20150629_222697.html。

展出面积也不得小于 50 公顷，因此园艺类博览会的场地面积需求相较于其他类型要更加严格。

自 1999 年始，我国已举办和确定待举办的世界博览会共 10 次，其中除 2010 年上海世博会外，其他几次皆为园艺或园林类博览会。对这些活动场地开发前用地性质进行分析，可以看出，有一半的博览会场地在建设前都涉及不同程度的棕地问题（见表 2）。其中，2011 年的西安世界园艺博览会及 2016 年的唐山世界园艺博览会场地都是对垃圾堆放场地进行清理并改造的成功案例。唐山市南湖中央公园的凤凰台曾经为 50 米高的垃圾堆，现在已成为城市居民登高远眺的绿地空间。

表 2　中国世界博览会历届信息统计（作者自绘）

年份	地点	名称	原场地用地性质	主题
1999	昆明	昆明世界园艺博览会	垃圾堆放场地	人类与自然——迈向 21 世纪
2006	沈阳	沈阳世界园艺博览会	—	我们与自然和谐共生
2010	上海	上海世博会	工业废弃地	城市，让生活更美好
2010	台北	台北国际花卉博览会	—	彩花、流水、新视界
2011	西安	西安世界园艺博览会	垃圾堆放场地	天人长安·创意自然 城市与自然和谐共生
2013	锦州	锦州世界园林博览会	废弃盐碱地和虾池	城市与海，和谐未来
2014	青岛	青岛世界园艺博览会	—	让生活走进自然
2016	唐山	唐山世界园艺博览会	采煤塌陷区、垃圾填埋场地	给养地球
2019	北京	北京世界园艺博览会	—	绿色生活　美丽家园
2021	扬州	扬州世界园艺博览会	—	绿色城市，健康生活

（二）体育公园与康乐设施用地

垃圾填埋场类棕地的地形变化相对丰富且顶部坡度相对舒缓，为体育活动提供了有利条件，因此也有部分此类棕地被改造再利用为体育公园。依照住建部城建司 1994 年印发的《全国城市公园情况表》中的界定，体育公园是指"以突出开展体育活动，如游泳、划船、球类、体操等为主的公园，并具有较多的体育活动场地及符合技术标准的设施"，且"该类公园应保证绿地与体育场地的平衡发展"①。近年来，国内外将棕地改造为体育公园逐渐发展成一种趋势，如韩国著名的兰芝岛世界杯公园和蓝天公园便是很好的例证。

国内利用棕地改造成体育公园的实践活动，既有已建成的南充市营山县体育公园，也有正在筹建的江门市体育公园、北神树垃圾填埋场等。其中，南充市营山县体育公园的前身是面积达到 57 亩的兴隆山垃圾场，由于沉降不均匀、超期服役等原因，垃圾填埋场对周边生态环境产生了长期的负面影响。2016 年，营山县启动兴隆山垃圾场封场建设项目，规划设计后的营山体育公园占地约 400 亩，总投资 3.5 亿元，并包含了大量的运动设施，如标准跑道、足球场、网球场、乒乓球场、儿童运动场、极限运动场地及慢跑道、骑游道等。此外，香港特别行政区由于用地紧张，在利用区内垃圾填埋场改造成体育公园和康乐设施场地上也形成了鲜明的特色。截至 2017 年底，全香港地区共有 13 个已封场的堆填区。为了降低这些堆填区对周边环境产生的潜在不良影响，其修复工程在 1997～2006 年完成。已修复的堆填区被陆续发展成康乐设施，包括游乐场、运动设施、休憩公园等②。

（三）郊野公园

我国《城市绿地分类标准》（CJJ/T85 - 2017）将郊野公园归属为其他绿地，并且在其他绿地当中郊野公园和垃圾填埋场恢复绿地处于并列地位。郊野公园译自"Countrypark"，英国最早提出这一概念，并于 1968 年建立了最早的郊野公园。香港地区过去受英国影响较大，根据《港澳大百科全书》，郊野公园是指那些"远离市中心区的郊野山林绿化地带"，并且"开辟郊野公园之目的是为广大市民提供一个回归和欣赏大自然的广阔天地和游玩的好去处"。

---

① 柳春梅：《中国城市体育公园发展再认识》，《科技信息》（学术研究）2008 年第 34 期，第 642～643 页。
② 香港政府一站通：《都市固体废物》，2017 年 12 月，https：//www.gov.hk/tc/residents/environment/waste/msw.htm。

一些大型垃圾填埋场在早期规划建设阶段，为防止气味扩散，通常都远离城市中心。随着城市建设由增量发展转变为存量再生，虽然部分垃圾填埋场已经被城市建成区所包围，但依然有一些填埋场位于城市郊野地区。伴随垃圾填埋场封场修复和城市郊野公园建设风潮的双向驱动，由垃圾填埋场改造而成的郊野公园虽然不多，但也已经步入了当前的社会生活之中。其中，比较典型的由垃圾填埋场改造而成的郊野公园有北京市南海子郊野公园、正在规划阶段的上海市老港郊野公园，以及太原市东山郊野公园等。

（四）其他类型公园

按照垃圾填埋场的属性，可分为建筑垃圾填埋场和生活垃圾填埋场两大类。建筑垃圾填埋场改造成的公园多将建筑垃圾堆放成山体形式，形成别具特色的山体公园，既实现了垃圾循环利用的经济效益，也塑造出山体地形等景观空间特征。而由生活垃圾填埋场改造成的公园，则多以生态为主题，利用现有地形，辅助以材料循环利用，形成各类主题公园。例如，2010年建成的杭州天子岭生态教育体验公园便是在垃圾堆体上进行造山造景，成为国内首座在生活垃圾堆体上改造而成的生态公园。位于天津市南开区的南翠屏公园，其原场址则是一座建筑垃圾填埋场。2002~2009年，通过对211.5万立方米的建筑垃圾和45万立方米市政淤泥构成的山体地形进行整理和设计，该场地被逐步打造成以山体地形为核心特征的城市公园。与之类似的项目还有深圳市的大沙河公园等。

我国利用垃圾填埋场改造成城市公园的进程处于快速发展阶段，近年来各城市纷纷报道未来几年内规划的改造项目。例如，武汉环投集团宣布，将在两年内陆续将岱山、北洋桥、紫霞观三大垃圾填埋场，通过生态修复变成生态公园，为武汉再提供90万平方米的"城市绿肺"①。中铁十七局四公司指出，该公司承建的重庆长生桥垃圾填埋场生态修复工程已于近日开工，经

---

① 薛涛：《武汉：三大垃圾填埋场将变身生态公园》，2017年10月22日，http://www.xinhuanet.com/2017-10/22/c_ 1121838335.htm。

过修复治理，这个全国最大垃圾填埋场将变身生态主题公园。可以预见，在未来的 10 年中，我国垃圾填埋场生态改造将掀起一股热潮。

四 总结与展望

我国棕地治理与再利用的相关实践工作在过去的十余年当中取得了显著的成就。开放的景观空间具有造价低、周期短、功能可以动态调整等优势，成为棕地再利用的主要目标用途。除了上述在工业与基础设施闲置地、矿业废弃地以及垃圾填埋场三类场地上开展的治理与再利用实践之外，还有一些项目由于数量较少、不成规模或是特征模糊等原因，难以归结为一种主要实践类型进行描述，限于篇幅，本文不再对其进行展开介绍。不过商业或居住类项目依然可圈可点。例如，上海佘山世茂深坑酒店，就是一个建在深达 80 米的废弃采石场内的五星级酒店。

除去以上一些相对成功的实践之外，由于污染信息缺失、修复流程不规范、项目设计施工时间紧迫等原因，我国棕地治理与再利用过程中也出现了一些需要警惕的误区。例如，2015 年天津滨海新区塘沽开发区的大爆炸便是一个引起全世界关注的惨痛事故，该事故共导致 165 人死亡。然而，爆炸事件发生不到一个月，将事故地改造为海港生态公园的概念规划方案便出现在网络之上。姑且不论一个月的时间内能否做出一个纪念逝者、反思惨痛教训的景观设计，单就勘测事故场地的污染分布与成分分析都是非常紧张甚至是难以完成的任务。棕地再生项目在前期场地分析与踏勘阶段的工作比一般性场地要复杂得多，设计过程中也要求与环境工程专业的场地修复工作密切配合，项目周期需要遵循科学客观规律①。

总体来说，我国棕地数量巨大。在生态文明、城市双修与存量更新等政策的引导下，未来的棕地再生实践是一个充满前景的领域。棕地既是一种不

---

① 郑晓笛：《近年来风景园林行业中的棕地再生：热潮、误区与展望》，《中国园林》2017 年第 5 期，第 10 ~ 14 页。

能回避的土地与环境问题，也是一种重要的城市开发资源。在已有经验和教训的基础上，希望未来中国的棕地实践能够达到更高的水平，科学严谨地进行场地修复，充分利用棕地资源，为城市发展提供更多的可能性，塑造健康宜人的城市空间，丰富城市居民的日常生活。

B.10

农用地土壤污染治理的现状与进展

丛晓男 单菁菁*

摘　要： 我国化肥农药使用量在全球处于高位，导致严重的土壤污染问题，给食品安全、土地安全、生态安全造成较大隐患。加快推进农用地土壤污染的生态化治理、保护好土壤环境是实现乡村振兴、促进农业高质量发展、推动生态文明建设和维护国家根本安全的内在要求和必然选择。为此，应从加强农田土壤环境保护立法、加大土壤环境监督执法力度、制定和完善绿色农业标准体系、鼓励支持企业发挥创新主体作用、建立健全生态农业技术推广示范体系等角度推进治理工作。

关键词： 土壤污染　农用地　化肥　农药　生态安全

中央历来高度重视"三农"问题，改革开放以来，先后发布20个"一号文件"对"三农"问题进行指导，引领我国农业发展取得了举世瞩目的辉煌成绩。然而，在农业发展取得巨大成就的同时，化肥、农药的长期不合理使用，也使我们付出了沉重的资源环境代价，农用地污染严重，土壤性状恶化，农产品质量下降，食品安全事故屡有发生，直接威胁我国的土地安全、粮食安全和生态安全。土地为万物之母，五谷为万民之命，加强农用地

---

* 丛晓男，中国社会科学院城市发展与环境研究所副研究员，博士，研究方向：经济地理、城市经济与环境等；单菁菁，中国社会科学院城市发展与环境研究所规划室主任，研究员，博士，研究方向：城市与区域发展战略、城市与区域规划、城市与区域管理等。

污染治理、推动农业绿色转型发展是实现乡村振兴、促进农业高质量发展、推动生态文明建设、维护国家土地安全和粮食安全的内在要求和必然选择。当前，加快推进农用地污染的生态化治理已成为当务之急。

一 我国化肥、农药使用和农用地污染现状

进入 21 世纪以来，我国农业发展成就显著，至 2015 年，全国粮食产量实现历史性的"十二连增"，2016 年、2017 年总产量虽较 2015 年有所减少，但仍分别是历史第三和第二高产年。在农业持续增产的同时，由于化肥、农药等的过量使用，农用地土壤污染问题日益凸显，农业安全与生态安全面临重大挑战。

（一）我国化肥、农药使用总量大、强度高、效率低

当前，我国化肥、农药使用存在着总量大、强度高、效率低等特征。

一是使用总量大。中国化肥、农药产销量巨大，生产和投入总量都是世界第一。就化肥而言，2016 年中国化肥总使用量为 5984.1 万吨，较 21 世纪初增长了 44.3%，其中包括氮肥 2310.5 万吨、磷肥 830.0 万吨、钾肥 636.9 万吨、复合肥 2207.1 万吨，以复合肥的用量增长最快（如图 1 所示）。从国际上来看，我国化肥年使用量占世界的约 1/3，相当于美国、印度的总和。就农药而言，2016 年我国农药使用量达 174.1 万吨，较 21 世纪初增长了 36.1%（如图 2 所示），虽较高峰年 2014 年有所减少，但总量仍处相对高位。

二是使用强度高。除了使用总量大外，我国还面临着化肥、农药使用强度高的问题。在同样面积的耕地上，我国所投入的化肥和农药量居世界前列。化肥使用方面，2015 年我国化肥使用强度为 362.0 千克/公顷，比 2000 年提高了 35.4%，是世界平均强度（137.6 千克/公顷）的近 3 倍，在全球排名第 21 位，不仅远超同为金砖国家的俄罗斯、南非、印度和巴西，也超过法国、日本、美国等农业发达国家（如图 3 所示）。以氮肥使用为例，我

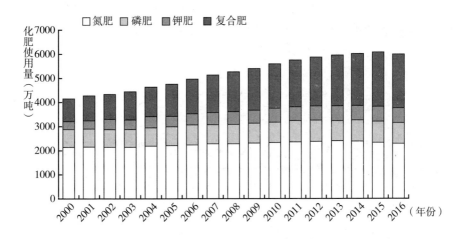

图1　2000年以来我国化肥使用量增长情况

资料来源：《中国统计年鉴2017》。

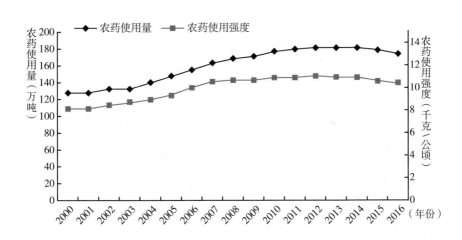

图2　2000年以来我国农药使用量及使用强度变化情况

资料来源：据《中国农村统计年鉴2017》及《中国统计年鉴2017》计算。

国大部分地区的使用强度均超过225千克/公顷这一国际公认的上限。值得注意的是，日本、法国等国家的化肥使用强度在2008年后出现较为明显的下降，这既与全球金融危机导致的化肥需求下降有关，也与两国长期致力于改变化肥不合理使用有关。农药使用方面，2016年我国农药使用强度为

10.4 千克/公顷，较 2000 年增长了 27.6%（见图 2），比国际警戒线（7 千克/公顷）高出 48.6%，使用强度同样远超世界平均水平，约为后者的 2.5 倍。

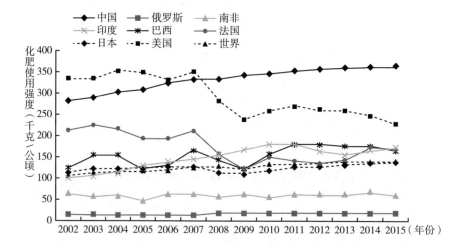

图 3　我国同金砖国家及法、日、美的化肥使用强度对比（2002～2015 年）

资料来源：世界银行，其中，中国数据根据《中国统计年鉴》计算。

三是利用效率低。盲目施肥、滥施肥导致我国化肥利用率低。2017 年，我国三大粮食作物水稻、玉米和小麦的化肥利用率仅为 37.8%，[①] 虽然利用率开始逐年提高，但总体仍处较低水平，与欧美发达国家相比还有很大的差距。目前，就氮肥利用率而言，美国主要粮食作物大约在 50%，欧洲大约在 65%，比我国高出 15～30 个百分点；就农药利用率而言，西方农业发达国家的小麦、玉米等粮食作物约在 50%～60%，比我国高出 15～25 个百分点。

（二）土壤污染严重影响食品安全、土地安全、生态安全

化肥、农药的超量使用给我国的食品安全、土地安全和生态安全带来严

---

① 农业农村部：《加强农业生态环境保护　全面打好农业污染防治攻坚战》，http://www.moa.gov.cn/xw/bmdt/201807/t20180727_6154847.htm。

重危害。

一是导致土壤性状恶化。高强度使用化肥，易使化肥中的氮、磷、钾等成分大量残留在土壤中，被土壤固结、积累，进而形成各种化学盐分，导致土壤养分结构失调、土壤生态系统物质流不畅或者断裂，直接表现在养分循环和供给能力的降低。例如，过量使用氮肥会使农作物的抗性下降，过量使用磷肥、钾肥会使农作物养分失衡等。此外，超量使用化肥对土壤酸度有较大影响，过磷酸钙、硫酸铵、氯化铵、氯化钾等生理酸性肥料导致土壤酸化板结。当前，我国已有21.6%的耕地酸化严重，pH值降低了0.85[1]，土壤酸化板结，有机质减少，土壤养分结构失调，耕地质量下降，导致农业生产的投入成本不断增加，而农产品产量不增加且质量下降。

二是导致土壤重金属污染。化肥中含有较多的有害重金属，过量使用会在土壤中不断积累（重金属很难被分解），而土壤酸化会进一步提高重金属的活性（促进重金属的溶解释放），增加作物对重金属的吸收累积，加剧对生态环境和人类健康的危害。此外，我国每年大量使用的农药也造成土壤重金属和激素污染。2015年，环境保护部和国土资源部发布《全国土壤污染状况调查公报》，显示我国土壤总体超标率达到16.1%，耕地点位超标率更是高达19.4%。全国耕地面积的10%以上（约1000万公顷）受到重金属污染，其中，西南地区、中南地区的土壤重金属超标情况较为严重，镉、砷、汞、铅4种重金属含量呈现由西北到东南、由东北到西南方向逐渐升高的空间分布态势[2]，严重影响我国的农产品安全和土壤生态安全。

三是导致水体严重污染。超量使用化肥、农药使农业面源污染成为除工业污染和生活污染之外的第三大污染源。我国每年大约有50%~70%的化肥通过各种途径流失到地下水、地表水和大气等环境中，土壤中的水溶性养分等物质随雨水和灌溉用水淋溶至地下水及河湖中，造成地表水富营养化和地下水硝酸盐污染。这不仅严重威胁人畜饮水安全，也打破了河湖生态系统

---

[1] 国土资源部中国地质调查局：《中国耕地地球化学调查报告（2015年）》。
[2] 环境保护部、国土资源部：《全国土壤污染状况调查公报》，2014。

平衡。据统计，2015 年我国废水中氨氮排放量为 229.9 万吨，其中农业源氨氮排放量为 72.6 万吨，占到 31.6%；① 2017 年，我国在开展营养状态监测的 109 个湖泊（水库）中，呈现富营养化状态的多达 33 个，地下水"三氮"（亚硝酸盐氮、硝酸盐氮和铵氮）超标现象仍较为严重②。

四是导致农产品及食品安全问题。大量使用化肥、农药导致各种有害化学成分、重金属等在土壤中残留严重，并经过农作物和食物链逐级传递、不断蓄积，直接危害人体健康。2011 年，农业部对湖北省、湖南省、江西省、四川省的重点污染区的 237.2 万亩水稻田开展调查，发现重金属超标率高达 67.8%，以镉污染最为严重，砷、镍、铜、汞等重金属污染也不容忽视。2013 年中国环境监测总站对我国蔬菜种植区的监测发现，超标点位近 1/4（24.3%），其中重金属污染占 17.5%。在农药残留方面，近年来我国农产品农药残留超标率虽然总体呈下降趋势，但某些地区的超标现象仍然比较严重，例如，有研究表明 2010 年开封市有机磷农药残留率高达 14.5%③。

二 农用地污染治理及其进展情况

粮食和土地是经济社会可持续发展的物质基础，而农用地污染治理关乎国家的粮食安全、土地安全和生态安全。

党中央、国务院高度重视农地污染治理问题。2015 年，《中共中央、国务院关于加快推进生态文明建设的意见》明确要求加快农业污染治理，开展土壤污染防治行动和修复试点，加强农用地土壤环境保护，推进农业现代化和生态化。2015 年 4 月，国务院出台《水污染防治行动计划》，提出"控制农业面源污染"。该计划要求制定实施全国农业面源污染综合防治方案，

---

① 环境保护部：《中国环境状况公报（2015 年）》。
② 生态环境部：《中国环境状况公报（2017 年）》。
③ 梁玲、张来振、刘淑梅等：《2006～2011 年连云港市蔬菜农药残留情况分析》，《现代农业科技》2012 年第 3 期。

开展低毒、低残留农药使用补助试点推广，实行测土配方施肥，到 2020 年，测土配方施肥技术推广覆盖率达到 90% 以上，化肥利用率提高到 40% 以上。2016 年 5 月，国务院出台了《土壤污染防治行动计划》（即"土十条"），要求尽快开展普查，摸清土壤污染和环境质量现状，对农用地实施分类管理，加强对未污染土壤的保护，做好农用地污染的防治和修复工作。2016 年 10 月，国务院发布《全国农业现代化规划（2016～2020 年）》，要求走"产出高效、产品安全、资源节约、环境友好的农业现代化发展道路"，并把农用地的污染治理作为重要任务。2017 年 1 月，国务院印发《全国国土规划纲要（2016～2030 年）》，将农村土壤污染防治作为推进农村土地综合整治的重要内容来抓，该纲要提出要开展土壤污染调查，掌握土壤环境质量状况，加强污染源监管，开展污染治理与修复，改善区域土壤环境质量，并在受污染耕地集中的区域优先组织开展治理与修复。2018 年 1 月，《中共中央国务院关于实施乡村振兴战略的意见》出台，提出要"推进乡村绿色发展，打造人与自然和谐共生发展新格局"，并将农村环境综合治理作为实现这一目标的重要工作内容。该意见提出要加强农业面源污染防治，实现农地投入品减量化，推进有机肥替代化肥、病虫害绿色防控，开展土壤污染治理与修复技术应用试点。上述一系列指导意见或规划的出台基本实现了农用地土壤污染治理的顶层设计，为深入开展治理提供了坚实的保障。

农用地土壤污染治理是一项涉及农业农村、生态环境、自然资源等不同部门的系统性工程，在国家的高度重视下，各部门在分别制定治理计划的基础上，加强协同能力建设，将农用地污染治理力度提升至前所未有的高度。农业部于 2015 年开启农业面源污染治理攻坚战，先后出台《到 2020 年化肥使用量零增长行动方案》及《到 2020 年农药使用量零增长行动方案》，提出到 2020 年实现"一控两减三基本"的目标任务，即农业用水总量控制、化肥农药使用量减少以及畜禽粪便秸秆地膜基本资源化利用。2017 年，农业部进一步关注重点领域和关键环节，启动实施了畜禽粪污资源化利用、果菜茶有机肥替代化肥、东北地区秸秆处理、农膜回收和以长江为重点的水生

生物保护行动等农业绿色发展五大行动。[①] 2016 年 12 月，环保部、财政部、国土资源部、农业部、卫生计生委共同编制并联合印发了《全国土壤污染状况详查总体方案》，启动对全国土壤污染状况的详细调查，详查目标是确保在 2018 年底前查明农用地土壤污染的面积分布及其对农产品质量的影响，2020 年底前掌握重点行业企业用地中污染地块的分布及其环境风险情况。2018 年 7 月，生态环境部审议并原则通过《农业农村污染治理攻坚战行动计划》，明确实施"一保两治三减四提升"行动，即保护农村饮用水水源地，治理农村生活垃圾和污水，减少化肥、农药使用量和农业用水总量，提升农业面源污染超标水体水质、农业废弃物综合利用率、农村生态环境监管能力和农村居民生态环境保护参与度，推进"农业投入品减量化、生产清洁化、废弃物资源化、产业模式生态化"。[②] 综上可见，减少化肥、农药使用量，加强农用地污染治理是下一阶段农业农村工作的重点。

当前，我国农用地土壤污染治理顶层架构已经初步完成，各项治理工作稳步推进。绿色农业、生态农业发展理念深入人心，农产品消费升级模式初显。我国化肥、农药投入量在于 2014～2015 年达到峰值之后，已开始下降，初步呈现了较好的治理效果。2017 年，我国三大粮食作物水稻、玉米、小麦的化肥利用率为 37.8%，比 2015 年提高 2.6 个百分点，农药利用率为 38.8%，比 2015 年都提高 2.2 个百分点。化肥农药零增长目标已提前三年实现。此外，我国有机肥料、生物农药等产业日益壮大、研发能力持续提升、产品种类日益多元，对传统化肥和农药的替代能力不断增强。

三　农用地污染治理的产业创新实践和发展困境

企业在推进农用地污染治理当中能够发挥重要作用。国际经验表明，在

① 农业农村部：《加强农业生态环境保护　全面打好农业污染防治攻坚战》，http：//www. moa. gov. cn/xw/bmdt/201807/t20180727_ 6154847. htm 新。
② 中华人民共和国中央人民政府，http：//www. gov. cn/xinwen/2018 - 07/24/content _ 5308739. htm。

市场经济条件下，企业由于贴近市场、了解市场需求，具备将技术优势转为产品优势、将创新成果转为现实生产力的天然优势，因而在创新转型发展中更具成效。因此，在推动农业污染防治和农业绿色转型发展过程中，发达国家普遍重视发挥企业的积极作用，并在立法、政策、推广等方面给予大力支持。2016年国务院印发《全国农业现代化规划（2016~2020年）》，把"创新强农，着力推进农业转型升级"作为首要任务。"土十条"也特别提出要加强土壤污染防治的研发与创新，鼓励和引导企业积极参与农用地的污染治理，推动土壤污染治理和修复的产业化发展。2016年5月，习近平总书记在哈尔滨调研期间更是明确要求：创新要以企业为主体、市场为导向、政府搭平台。随着国家"农业双减增效"及"有机肥替代化肥"等利好政策的出台，有机肥料、生物农药等产业发展面临着重大的发展机遇，企业界也紧跟国家政策脚步，着力探索农用地污染防治和绿色农业发展对策。

在实际调研中，我们发现中国企业在推动农用地污染治理和农业绿色转型发展中做了大量积极探索，一些企业长期耕耘于生态农业和农用地污染生态化治理领域。在长期的实践探索中，这些企业通过自主投入、联合高校和科研院所等方式，建立了各类农业生物技术实验室或工程研究中心，开展农用地污染防治研发和产品创新。特别是在发酵工程、缓控释肥、固氮微生物、功能微生物、新型肥料、土壤调节剂、水肥一体化、海洋资源利用、自动化阳光温室等方面开展了广泛探索，获得了一系列具有自主知识产权的科技成果，一批质量优、效果好的产品先后投放市场，取得了良好的经济和生态效益，为减少化肥使用、治理土壤污染、改良耕地质量、促进可循环农业做出积极贡献，在国内外业界产生了较大影响。

整体而言，我国有机肥料与生物农药产业起步相对较晚、发展潜力有待提升。以有机肥料产业为例，数据显示，2010~2017年，我国有机肥料及微生物肥料制造销售行业收入逐年增长，2017年，有机肥料和微生物肥料制造企业增至553家，行业销售收入达到822.98亿元，较2010年增长3.72%。经过多年发展，我国有机肥料生产以及应用已形成一定规模。从产品结构看，形成了复混肥、精制有机肥、生物有机肥三足鼎立的局面，58%

的企业以生产复混肥为主，31% 的企业以生产精制有机肥为主，另外的11% 的企业则以生产生物有机肥为主。[①]

然而，必须看到，农业和土壤污染防治的先进适用技术和产品在实际推广应用中却面临重重困境，企业发展活力仍有待进一步激活。

一是研发和推广农业和土壤污染防治的新技术、新产品需要投入大量人力、物力、财力，如果没有政府的支持，企业往往不堪重负。有机化肥和生物农药往往具有原料复杂、工艺要求高等特点，企业需要在研发方面投入大量资金，在技术转化效益较低的情况下，很难保证较高的研发强度。

二是产业集中度低，无序竞争明显。以有机肥料产业为例，生产企业仍以中小型规模为主，统计数据显示，有 66% 的企业年产量小于 2 万吨，年产量 5 万吨以上的企业仅有 4%。[②]规模较小的企业很难投入足够的研发成本，而多从事技术门槛较低、市场竞争激烈的产品，不利于高端产品的研发和生产。

三是广大农民文化水平普遍较低、环保意识不强，接受农业新技术、新产品的主动性和能力较弱。社会各方面认识的不足，导致新技术、新产品推广难度较大，很大程度上制约了有机肥料和生物农药产业的快速发展。

四是相关法规缺位、标准相对滞后。例如，土壤污染防治法缺失，土壤环境质量标准有待提高，污染种类和浓度限值标准缺乏，部分农业投入品的标准过低、过粗等，导致农业科技市场鱼龙混杂，"劣币驱逐良币"现象较为普遍。

五是政府对农业企业的科技创新扶持力度不够，特别是在一些重大农业项目或农田土壤治理项目招标中，科技研发型企业往往由于注册资金、企业规模等条框限制被拒之门外，先进农业技术和产品无法得到推广应用。

---

①② 前瞻产业研究院：《2018～2023 年中国有机肥料行业产销需求与投资预测分析报告》。

四 加快推进农用地污染治理的对策建议

加大科技研发投入、推进农用地污染治理和农业绿色转型，是保障农业安全和可持续发展的必由之路。在推动农用地污染防治和农业绿色转型发展过程中，发达国家普遍重视发挥企业的能动作用，并在立法、政策、推广等方面给予大力支持。在我国，虽然也有很多企业在农用地污染治理和生态农业方面进行了大量探索和创新，但在其技术产品的实际推广过程中却面临着重重困难，使得大量先进适用技术难以得到及时的推广和应用，这种现象值得我们反思。事实上，在全国农用地污染治理和农业绿色转型发展中，企业只能发挥"点"的作用，却很难解决全国范围"面"的问题。在这一过程中政府必须发挥主导作用，出台政策，搭建平台，对企业和科研机构研发的先进技术和产品的推广应用给予支持，以制度和技术推动农用地污染治理，进而促进农业绿色转型。

第一，加强农田土壤环境保护的相关立法工作。在 2018 年 8 月 31 日通过的《土壤污染防治法》的基础上，尽快研究制定相关实施细则、国家标准和地区标准，明确各部门的职责，具体指导和规范各地的农业生产活动，因地制宜加强土壤污染防治。借鉴欧美国家的先进经验，在国家层面制订"农药管理法"和"化肥管理法"，强化农药的登记和再登记管理，实施农药生产、经营、使用全过程监管。参考欧盟做法，实行化肥总量控制，优化化肥的科学、合理投入，鼓励多施有机肥料，提高化肥有效利用率。参照美国、巴西等的做法，采取国家立法形式，在大豆等豆科作物种植中强制推广普及根瘤菌接种，大幅减少氮肥的使用①。制定相关措施和行动计划，大力推行农业生物技术，推广畜禽粪污综合利用技术，推行秸秆还田，开展秸秆

---

① 生物固氮是一种低能耗、无污染、廉价的植物生长氮素供应方法，通过豆科植物与根瘤菌的共生固氮作用，可将空气中分子态氮转化为植物直接利用的氮，替代氮肥，减少污染，提高产量。这项技术在国际上属于常规种植技术，美国、澳大利亚、巴西、阿根廷等农业发达国家均采取立法形式，在相关作物种植中予以强制推广。

肥料化、饲料化、基料化、原料化和能源化"五化"利用，持续强化和完善测土配方施肥的技术与产品，确保土壤改得好、肥料减得了、氮磷控得住、品质提得高，从数量和质量方面确保我国农产品的双重安全。

第二，加大农业面源污染和土壤环境监督执法力度。结合国家生态文明体制改革"1＋6"方案，将农业面源污染和土壤环境质量监测纳入国家生态环境监测网络建设，补充完善监测点位，根据各地不同情况增加特征污染物监测项目，提高监测频次，准确把握各地区农用地的土壤污染情况（主要污染源、污染类型、程度、面积、分布等）及其对农产品质量的影响。建立土壤生态环境质量基础数据库，搭建全国性土壤环境信息化管理平台，为开展及时性、精准化的土壤安全管理、土壤污染防治、土壤综合改良乃至测土配方施肥等提供基础。加大对农业面源污染、土壤生态破坏、农产品安全等的监督执法力度，将减少农业污染、保护土壤安全纳入地方领导干部的政绩考核和自然资源资产离任审计当中。

第三，制定和完善绿色农业标准体系。借鉴国外发达国家"双指标"和"分级标准"的经验，由政府部门组织制订土壤环境质量标准以及土壤污染因子的"全量"和"可溶态"双指标标准体系，为土壤污染风险评估和管理提供科学依据。① 在制定"双指标"的基础之上，根据国情和各地区的实际情况制订适宜的分级标准体系，为土壤的分级开发利用和土壤污染的修复治理提供标准性、科学化依据。及时制定或修订农业投入品生产、经营、使用，以及节水、节肥、节药等农业生产技术标准和规范体系，如肥料、饲料、灌溉用水中有毒有害物质限量，可降解农膜标准、农药包装标准、根瘤菌产品标准等。通过完善绿色农业标准体系，规范市场秩序，提高企业产品技术准入门槛，避免在激烈的市场竞争中出现"劣币驱逐良币"现象，保护企业的创新积极性。

第四，鼓励支持企业发挥创新主体作用。借鉴国际经验，以政府政策倾

---

① 陆泗进、魏复盛、吴国平、许人骥：《我国农产品产地生态环境状况与农产品安全研究进展》，《食品科学》2014 年第 23 期。

斜为引导，建立有利于绿色发展的农业政策体系，尽快从增产导向转向可持续、高质量导向，从主要依靠资源消耗转向资源节约、环境友好。首先，完善激励政策，扩大税收优惠范围、信贷扶持、专项资金支持等政策措施，调动龙头企业发展绿色农业的积极性，鼓励企业在农业绿色转型发展过程中更好地发挥创新引擎作用。其次，以市场机制为牵引，大力培育绿色农产品品牌，采取绿色产品认证、生态标志、农超对接、农市对接、政府采购优选等方式为绿色农产品打开销路、提升附加值，通过市场机制刺激绿色农业生产，形成良性循环。

第五，建立健全生态农业技术推广示范体系。完善科技成果转化机制，搭建科技成果转化平台，规范各类农业科技重大项目的招投标管理，由基层政府的农业部门或科委牵头，借鉴美国、澳大利亚、巴西、阿根廷等农业发达国家的先进经验，成立由政府、农业协会、科研院所、大学和企业共同组成的农业科技推广体系，组织开展面向广大农民、农企和经销商的农业先进适用技术推广培训，加快科研成果的推广示范和转化应用。此外，可探索建立一批不同类型的化肥、农药减量增效示范农田和示范区，充分发挥其引领、示范和标杆作用。

城乡改革篇

Urban and Rural Land Reform Chapter

B.11
中国土地二级市场改革

王建武*

摘　要： 本文系统梳理了中国土地包括转让、出租、抵押在内的二级
市场发展历程，阐述了土地二级市场发展的意义，重点分析
了土地二级市场存在的问题，提出了未来中国土地二级市场
发展方向以及政策建议。

关键词： 二级市场　转让　出租　抵押

　　中国土地市场改革是随着经济社会发展逐步推进的，其中最重要的一项
改革是土地二级市场建设。党的十八届三中全会通过的《中共中央关于全

---

　　* 王建武，自然资源部不动产登记中心市场处处长，研究员，博士，研究方向：土地市场和房
　　地产调控。

面深化改革若干重大问题的决定》提出："加快完善现代市场体系……建立城乡统一的建设用地市场……完善土地租赁、转让、抵押二级市场。"

依照《宪法》，中国的城市建设用地属于国家所有，由此才产生了土地初次供应经过由政府到土地使用者，再次供应由土地使用者到其他土地使用者的过程，进而才出现一级市场和二级市场两个市场的分化，并由两个市场共同组成完整的土地市场体系。区分一级市场和二级市场，应以交易主体为主要依据。如交易行为在作为土地所有者的政府与土地使用者之间发生，都属于一级市场的范畴，如政府初次出让新增建设用地、土地使用权到期后续期、政府收回或收购土地、划拨土地补办出让（不改变土地使用权人）、出让土地变更规划条件和补交出让金等。如果交易的主体是不同的土地使用者，则属于二级市场的范畴，如土地转让、租赁和抵押等。

一 中国土地二级市场的发展历程

（一）中国土地二级市场发展阶段

改革开放以来，中国的土地市场的发展大致经历了以下四个阶段，土地二级市场也相应经历了四个阶段。

第一阶段：1978~1990年，重点探索发展土地一级市场，二级市场尚未受到关注和重视。这一时期是土地市场萌芽阶段，重点是冲破土地无偿、无期限、无流动的禁区，探索土地有偿使用。总体来说，是以推进一级市场发展为主。其标志性事件为1979年7月国家颁布《中外合资经营企业法》，规定可以出租批租土地给外商使用。深圳、广州、抚顺探索收取场地使用费。同时，在深圳、上海等地开始实施了土地批租制度，一级市场得到快速发展。1988年，《宪法修正案》明确"土地使用权可以依照法律的规定转让"，为二级市场的发展奠定了法律基础。

第二阶段：1990~2000年，一、二级市场均快速发展，但二级市场发展较为盲目。国家1990年发布的《城镇国有土地使用权出让和转让暂行条

例》、1994年颁布的《城市房地产管理法》和1998年修订的《土地管理法》对土地使用权的出让和转让等做出明确规定，上述法规和条例确立了国有土地出让使用权的交易方式、产权制度和交易规则，为我国土地市场基本制度框架的建立奠定了重要基础。在此背景下，特别是1992年邓小平南行讲话以后，一、二级市场得到了迅速发展，但是二级市场秩序比较混乱。尤其在1992~1993年的房地产热期间，各地大搞开发区，土地投机盛行，炒卖土地现象比较严重，隐形交易、非法转让土地、多头供地现象较多，严重影响了房地产市场的健康发展和土地的节约集约利用。

第三阶段：2000~2010年，一级市场持续繁荣，二级市场发展受到一定抑制。2001年，国务院出台了《关于加强国有土地资产管理的通知》，明确要求"有条件的地方要试行土地收购储备制度"。2003年以后，国务院先后出台了《关于深化改革严格土地管理的决定》、《关于加强土地调控有关问题的通知》以及《关于促进节约集约用地的通知》等文件，多次对土地市场进行专项清理整顿。针对过热的房地产市场形势，中央明确提出实行土地调控制度，严格制止非法炒卖土地等行为。在此大背景下，从中央到地方，相继提出"一个池子蓄水，一个龙头进水、一个龙头出水"的土地供应模式，各级政府逐渐扩大土地储备范围，加大土地储备力度，不少地方还出台了加强土地转让、抵押和租赁管理的办法，对二级市场交易采取了一系列限制性措施，事实上垄断了土地的供应，客观上抑制了二级市场特别是转让、租赁市场的发展。

第四阶段：2010年至今，一级市场不断完善，二级市场自发发展并逐渐受到新的关注。随着宏观调控的不断深入和政策的日益完善，新增建设用地的使用逐渐受到严格限制，而房地产等行业的火热发展又迫切地需要用地，一些市场主体逐渐开始关注存量建设用地，相应的，二级市场交易的案例也开始逐渐增多。同时，受地方政府债务的限制，政府也逐渐发现，土地储备并无法在存量土地领域"包打天下"。如何妥善处理土地一、二级市场的关系、妥善处理政府与市场的关系，越来越受到关注。2013年11月党的十八届三中全会通过的《中共中央关于全面深化改革若干重大问

题的决定》明确提出，"建设统一开放、竞争有序的市场体系，是使市场
在资源配置中起决定性作用的基础""完善土地租赁、转让、抵押二级市
场。"这对完善我国土地市场体系、推进二级市场建设起到了重要的推动
作用。

（二）中国土地二级市场改革意义

从土地市场的发展历程可以看出，当前中国土地市场正面临着新的发展
机遇，尤其是发展和完善土地二级市场具有重要的历史和现实意义。

发展和完善土地二级市场，有利于盘活存量土地，促进土地节约集约利
用，更好地满足经济社会发展需求。当前中国正处于加快发展方式转变、促
进经济转型升级的关键时期，其中，盘活存量建设用地，不仅是缓解土地供
应压力和保护耕地的重要手段，也是促进经济转型发展的重要手段。相对于
政府收储土地再次组织供应来说，发展二级市场，不仅有助于调动市场主体
的积极性，而且有助于缓解政府收储土地的资金压力，加快盘活存量用地的
步伐，更好地保障经济社会发展。

发展和完善土地二级市场，有利于提高城市土地资源的配置效率，促进
节约集约用地。相对于一级市场主要侧重政府力量的行政配置，二级市场主
要是侧重市场化的配置方式，供应多少土地、供应哪些土地，都是依据市场
信号，通过市场手段进行配置。不仅有利于提高土地的配置效率，而且有利
于实现土地价值的最大化，保障国有土地资产保值增值。

发展和完善土地二级市场，有助于推进土地市场体系以及中国统一市场
体系的建设，为构建社会主义市场经济体制和增强经济活力奠定重要基础。
土地市场不仅是重要的生产要素市场，而且与其他市场密切相关。土地资产
已经成为中国最大的国有资产，土地抵押市场的发展，直接影响资本市场建
设。习近平总书记在党的十八届三中全会中指出，"生产要素市场发展滞
后，要素闲置和大量有效需求得不到满足并存"，严重影响了社会主义市场
经济体制的形成。因此，发展完善土地市场，特别是二级市场，对于构建统
一的市场体系、促进经济持续健康发展具有重要意义。

二 土地二级市场当前存在的突出问题

土地二级市场的交易形式多样，涉及对象较多，为更好地理清思路，明确未来改革方向，本文用"宏观层面、管理层面、操作层面"的分析框架来分别梳理土地转让、租赁、抵押这三种交易形式当前存在的突出问题。

宏观层面的问题，主要是指从资源分配的角度，分析政府和市场各自在资源配置中所发挥的作用，重点判断在资源配置过程中，市场是否发挥了决定性作用。管理层面的问题，主要是从政府职责的角度，分析政府在资源配置中过程中发挥了哪些作用。重点判断政府在资源配置中是否起到了应有的作用。操作层面的问题，主要是从具体工作的角度，分析转让、租赁、抵押这几种交易形式中实际存在的操作性问题。

（一）宏观层面的问题

从资源分配中政府和市场关系的角度看，当前二级市场在宏观层面的突出问题可以概括地表述为：转让市场——政府作用过强而市场作用不足；租赁市场——政府作用过于薄弱而市场配置无序；抵押市场——政府过多干预市场配置。具体有以下三方面问题。

1. 土地转让

作为存量建设用地的分配方式之一，土地转让市场发育不足，市场的决定性作用没有得到充分的发挥，不利于存量建设用地的盘活利用和节约集约用地。

主要表现：在存量土地资源配置方面，政府占据主导作用。转让市场交易量小，市场活力不足。产生原因：一是国家层面，现有制度设计、法律体系、政策框架等都偏向政府主导，重收储轻转让，对转让以从严管理为主，"收"大于"放"，限制了转让市场的发展。二是地方层面，地方政府缺乏发展和培育土地转让市场的动力，甚至采取一些手段抑制转让市场发展。三是市场层面，通过转让方式获得土地的成本高、风险大、限制多，市场主体积极性不高。

继续延续原有资源分配方式将造成的结果一是政府主导资源配置的方式对政府的要求很高，易增加政府负担和债务风险。二是部分存量土地无法得到充分利用，容易造成资源浪费。三是增大新增建设用地供应的压力，不利于耕地保护目标的实现。

2. 土地租赁

市场配置无序，政府疏于监管，国有资产流失的情况较为普遍，不利于国有土地资产价值的显化和政府土地所有权的实现。

主要表现：划拨土地部分出租，用于经营性用途，但未及时足额缴纳政府收益金。产生原因：国家层面，缺乏可操作性的依据；地方层面，管理成本高，操作难度大。

继续延续原有的资源分配方式将导致部分国有资产流失，政府作为土地所有权人的权利无法得到保障，同时不利于土地资产价值的显化以及土地市场的统一管理。

3. 土地抵押

政府对抵押权人、抵押物价值的干预过多，市场的决定性作用未能充分发挥，不利于土地资产价值的充分体现和流通。

主要表现：政府对非金融机构作为土地抵押权人申请土地抵押登记的存在歧视，相关权利人办理抵押登记较难。政府禁止超额抵押。产生原因：政府对土地资产管理的重视程度不足。政府对市场风险的管控未能跟上市场发展的步伐。

继续延续原有的资源配置方式将容易导致金融和土地市场秩序混乱。不利于不动产权利的实现。

（二）管理层面的问题

对照当前中国二级市场中政府实际发挥的作用，总体来说，政府没有发挥应有的作用。具体有以下表现。

一是政策体系不健全。主要体现在部分规定老旧化；一些规定细碎化；

部分规定缺乏法律依据。

二是服务功能不完善。缺乏信息发布平台和渠道，信息披露不充分；不动产查询机制不成熟，影响交易安全；缺乏交易平台，没有询价、议价的机制；缺乏价格指导机制，价格形成不充分，不能充分保护各方利益；缺乏纠纷调处机制。

三是监管工作不到位。首先，交易监管不到位。例如《房地产管理法》规定了限制和禁止土地转让的若干条件，但是由于交易和登记之间的衔接存在问题，一些问题发生后，交易部门没有很好的审核把关，登记部门也予以了登记。其次，合同监管不到位。《房地产管理法》规定，"房地产转让时，土地使用权出让合同载明的权利、义务随之转移"，但由于监管手段的缺乏，土地转让后对出让合同的监管实际较为薄弱。最后，抵押登记监管不到位。如一些市县违规办理抵押登记，为公益性用地办理抵押登记等。

四是宏观调控不给力。政府无法准确掌握二级市场的交易信息，无法准确研判市场形势，也就无法根据一、二级市场的整体情况对整个土地市场实施有效调控，不仅不能有效调控二级市场，还可能形成错误调控，影响市场。如当市场偏冷时，二级市场供应较为充足，政府却继续加大一级市场供应量，导致供过于求。

五是管理体制不顺畅。职能交叉、多头管理的现象明显，既容易造成管理混乱，也容易形成管理真空。例如，土地转让，法律规定国土部门负责统一管理，但实际上，司法裁决、抵押权实现、企业资产打包、股权转让等均会涉及土地使用权转让，司法部门、房产部门、建设部门、金融部门、国资部门都有一定的管理权限，各部门职能交叉，规则不一，甚至存在一定矛盾，问题较多。各部门之间信息共享也不充分，影响对市场的监管和研判。

（三）操作层面的问题

1. 租赁层面的问题

中国土地租赁存在的主要问题是法律规定比较笼统，缺乏实际操作的细则。《城市房地产管理法》第五十六条规定："以营利为目的，房屋所有权人将以划拨方式取得使用权的国有土地上建成的房屋出租的，应当将租金中所含土地收益上缴国家"，一是怎么认定"以营利为目的"，目前没有明确规定；二是对于征收的主体，由谁负责征收，没有明确是税务部门还是房管或土地部门；三是征收形式，即怎么收，按什么税率征收都没有明确规定。

2. 转让层面的问题

一是股权转让涉及的土地使用权转让。该行为是否真的影响了国家应有的税费收入？该行为是否会对土地市场及相应的开发利用监管产生影响？二是因司法处理和银行抵押处理引起的土地转让，是否强行按照司法处理和银行抵押过户，如果土地闲置，转让和过户后如何处置？三是因财政或国资部门处置国有资产引起的土地转让，如果转让后的主体不具备相应的资格，是否会造成国有资产流失？四是非市场化出让地块的转让管理，如划拨和协议出让的土地，如果受让的主体不具备划拨土地资格，转让行为是否有效？

3. 抵押层面的问题

一是不同权能的土地对应的抵押权。主要是以划拨、作价出资、授权经营等方式取得的土地使用权能否直接抵押。二是违规办理抵押登记。如重复抵押登记，为非经营性的公益用地（如学校、医院、养老机构等）办理抵押登记等。三是不动产统一抵押。在抵押市场上，房地关系看似清晰实际模糊，容易造成物权混乱。在实际操作中，建筑物在法律产权上的可分割性以及物理上的可分割性都更强，而土地的可分割性较差。

三　土地二级市场的改革思路解读

2017 年 1 月 22 日国土资源部印发了《关于完善建设用地使用权转让、出租、抵押二级市场的试点方案》的通知，对全面开展完善建设用地使用权转让、出租、抵押二级市场试点做出部署。

（一）试点指导思想

一是试点遵循的基本依据。即"全面贯彻党的十八大和十八届三中、

四中、五中、六中全会精神，深入学习贯彻习近平总书记系列重要讲话精神，紧紧围绕统筹推进'五位一体'总体布局和协调推进'四个全面'战略布局，牢固树立创新、协调、绿色、开放、共享的发展理念"。这是改革试点工作的总指导、总遵循。二是试点的出发点。以"使市场在资源配置中起决定性作用和更好发挥政府作用"的要求为基本出发点，研提政策措施。在试点过程中，要坚持问题导向，立足省情、市情、县情，深入分析本地区土地市场存在的问题，积极探索实践、破解难题。三是试点的总体思路。该方案用了"四个以"来阐述。第一个是"以建立城乡统一的建设用地市场为方向"，即未来土地市场建设的重点和关键是形成城乡统一建设用地市场，土地一级、二级市场均要统筹城镇国有建设用地与农村集体建设用地，在遵循统一规则、实行统一规划、建设统一平台、强化统一管理，逐步形成统一、开放、竞争、有序的建设用地市场体系。第二个是"以促进土地要素流通顺畅为核心"，试点要着力降低交易门槛，增加交易机会，降低交易成本，促进要素流通。第三个是"以提高存量土地资源配置效率为目的"，要通过试点让存量建设用地充分流通起来，促进土地资源的节约集约利用，同时，要"以用为先"，防止投机炒作。第四个是"以不动产登记为基础"，建设用地使用权是用益物权，物权法规定：不动产物权的设立、变更、转让和消灭，经依法登记，发生效力。不管是转让、出租、抵押，都要以不动产登记为基础。指导思想还提出，要"与城乡规划、土地利用总体规划及相关产业规划相衔接"。最后，完善土地市场规则、健全监管体系，切实提升土地集约利用水平，为经济社会可持续发展提供用地保障。

（二）试点基本原则

试点提出了包括把握正确方向、规范市场运行、维护合法权益、提高服务效能、注重改革协同五条基本原则。

1.把握正确方向

即"落实放管服总体要求，强化监管责任，不断健全和发展城乡统一建设用地市场"。简政放权、放管结合、优化服务，是全面深化改革，特别是供给侧结构性改革的重要内容，是转变政府职能的重要抓手，也是处理好政府与市场关系的关键所在。在土地二级市场发展建设过程中，既要努力破除影响土地资源市场化配置的障碍，该放的放；也要承担必要的监管责任，该管的管。要发挥好市场和政府"两只手"的作用。

2. 规范市场运行

即"建设统一开放、竞争有序的市场体系，是使市场在资源配置中起决定性作用的基础"，在土地二级市场试点中，要坚持市场经济改革方向，建设市场主体交易的公开、公平、公正的环境，着力完善土地市场交易规则。

3. 维护合法权益

一是"充分尊重权利人意愿，保障市场主体合法权益"。推进试点工作，要始终把实现好、维护好、发展好市场主体的合法权益作为出发点和落脚点。要加强产权保护，充分保障市场主体的合法权益。市场主体想交易，"法无禁止即可为"，不仅不能阻拦，设置障碍，还要想尽办法为其提供便利、保障交易安全。市场主体不想交易，更不能强迫，强买强卖。二是"切实维护土地所有权人权益"。在土地交易时，政府要按照出让合同约定或划拨决定书规定的内容，加强监管，促进土地节约集约利用，防止国有资产流失。

4. 提高服务效能

试点要求要在法定职责内开展工作，事事以服务为先。要增强服务意识，优化交易流程，多想办法，多出实招，切实降低交易成本，提升服务效能。

5. 注重改革协同

一是与相关领域改革紧密衔接、协同推进，包括农村集体经营性建设用地入市、不动产统一登记等改革领域。二是加强部门协作。

二级土地市场的试点涉及自然资源部、住建部、国资、工商、财税和金融监管等多个部门的协作，无论在中央还是地方，都需要各部门通力协作，才能更好地推进试点工作。

（三）试点目标

试点方案提出了明确的试点目标，即到 2018 年底在相关地区建立符合城乡统一建设用地市场要求，产权明晰、市场定价、信息集聚、交易安全的土地二级市场。

关于土地二级市场的建设目标，一是产权明晰。相对于土地一级市场，土地二级市场交易中的权利体系更加复杂，涉及所有权人、使用权人和其他利益相关人，不同取得方式的土地权能不同，各方需要承担的法律责任和收益预期也各不相同，因此，交易一定要确保产权明晰，才能保障各方利益，避免不必要的矛盾纠纷。二是市场定价。价格机制是市场机制的重要组成部分，要发挥市场对资源配置的决定性作用，避免政府对价格的过多干预。三是信息集聚。只有实现信息集聚，才能增加交易机会，促进供需双方信息对称，降低交易成本，提高土地资源的配置效率。因此，信息集聚也是试点的重要目标之一。四是交易安全。在土地二级市场交易时，要通过规范交易秩序，保障交易资金安全、合同安全、产权过户安全等。

（四）试点范围

试点的范围包括建设用地使用权的转让、出租和抵押，重点针对土地交易，以及土地连同地上建筑物、其他附着物一并交易的情况。范围的界定基于两方面考虑，一是与有关法律法规的规定相一致，二是兼顾了地方的需求和可操作性。

（五）试点地区

试点方案共选择了 34 个市、县开展试点，涉及东中西部不同地区，具有一定的代表性。具体分成两个部分。一是重庆、南京、长沙、厦门、三亚等 28 个大、中城市，这些地区主要开展国有建设用地二级市场试点。二是上海市松江区、浙江省湖州市德清县等 6 个地区同时开展国有和集体土地二级市场试点（如表1所示）。这些地区正在开展集体经营性建设用地入市改革试点，已得到全国人大常委会的法律授权，且集体经营性建设用地入市的量相对较大，有一定工作基础，因此被纳入土地二级市场改革试点，这些地区试点工作将为探索城乡统一的建设用地市场提供更多更丰富的实践经验。

表1　《关于完善建设用地使用权转让、出租、抵押
二级市场的试点方案》的试点地区基本情况

试点主要内容	试点地区
开展国有建设用地二级市场试点（共28个试点地区）	北京市房山区、天津市武清区、河北省石家庄市、山西省太原市、内蒙古自治区二连浩特市、辽宁省抚顺市、吉林省长春市、黑龙江省牡丹江市、江苏省南京市、浙江省宁波市、安徽省宿州市、福建省厦门市、江西省南昌市、山东省临沂市、河南省许昌市、湖北省武汉市、湖南省长沙市、广东省东莞市、广西壮族自治区南宁市、海南省三亚市、重庆市主城九区、四川省泸州市、云南省昆明市、陕西省西安市、甘肃省天水市、青海省西宁市、宁夏回族自治区石嘴山市、新疆维吾尔自治区库尔勒市
开展国有和集体土地二级市场试点（共6个试点地区）	上海市松江区、浙江省湖州市德清县、广东省佛山市南海区、四川省成都市郫都区、贵州省遵义市湄潭县、甘肃省定西市陇西县

（六）试点主要任务

《关于完善建设用地使用权转让、出租、抵押二级市场的试点方案》提出五项试点政策措施。

一是完善交易机制。包括完善建设用地使用权转让机制、出租机制和抵押机制，放宽对抵押权人的限制。建设用地使用权转让机制方面，主要是对不同权能建设用地使用权转让、土地分割转让明确政策，实施差别化的税费优惠。

二是创新运行模式。搭建土地二级市场交易平台，为二级市场的交易提供服务场所；建立"信息发布—促成交易—签订合同—监管"的交易流程；加强交易与不动产登记的有机衔接。

三是健全服务体系。积极发挥中介组织在二级土地市场交易中的作用，

加强中介组织的培育和规范工作，做好咨询和调解，提高服务效率。

四是加强监测监管。完善土地二级市场监测监管信息系统，健全监测监管制度；加强市场调控，形成一、二级土地市场联动机制；加强价格监管，完善土地二级市场的价格形成、监测、指导、监督机制；加强合同履约监管；严格责任追究。

五是强化部门协作。加强自然资源、住建、国资、工商、财税等部门的协作、联动机制，落实相关责任。

（七）思路解读

1. 完善土地收储与二级市场关系

各地自 2000 年以来推行并一直贯彻实施的"一个口子进水，一个池子蓄水，一个龙头放水"的土地收储政策，对优化土地供应、加强市场调控、维护市场秩序以及保护耕地等发挥了重要作用。但是随着市场经济的不断完善和推进，政府收储土地的模式碰到了一系列问题：一方面，土地收储成本越来越高，而中央对政府性债务的管理也日益趋紧，单纯依靠收储方式盘活存量用地的难度不断加大。另一方面，土地收储范围过宽，总量过大，也不利于市场机制对于资源配置作用的发挥，与党的十八届三中全会倡导的"市场在资源配置中起决定性作用"的要求也不相符。

在存量土地保持稳定的条件下，土地转让与土地收储是一种此消彼长的关系，因此，土地转让市场的发展与变化与土地收储紧密相连，正确处理二者的关系是完善土地二级市场的重要内容。为了落实《关于完善建设用地使用权转让、出租、抵押二级市场的试点方案》，完善土地二级市场，有必要对土地转让市场和土地收储的范围及规模做出合理界定与划分。

从国际经验看，土地收储制度往往是房地产市场正常运作的有益补充，土地收购整理后的用途主要是政府资助居民住房、城市基础设施和公用设施建设等。没有必要也不可能将所有土地都纳入土地收储的范围。初步考虑，土地收储的范围可界定为：依法应当由政府收回的土地、市场主体无法处置的存量土地、因公共利益目的按规划必须征收的土地。其他凡是能由市场自行配置的土地，则应交由市场配置。也就是说，政府收储土地应以调节市场上建设用地的空缺，以及提供公共产品用地为主，应进一步控制土地收储范围，扩大土地权利人自行交易的范围。探索推进部分旧城区改造、城中村改造、旧厂房改造等项目，可以不纳入土地储备范围，允许并鼓励土地权利人自行改造或联合开发。

2. 处理好一级市场与二级市场的关系

二级市场是一级市场的延伸，二者互相关联互相影响。目前中国一、二级市场存在相互割裂的现象，土地交易和利用信息传导机制不够顺畅，政府对土地利用的合同约定得不到有效传递和履行，不仅不利于土地的节约集约利用，也制约了土地调控政策的发挥。

因此，必须加强一、二级土地市场的有效衔接和互动发展。一是完善合同履约监管的手段，确保土地出让人对土地利用的要求落到实处。针对土地转让后一些企业不按照出让合同约定利用土地等问题，必须建立一、二级市场的联动管理机制。二是土地转让过程中要加强对土地限制条件和出让优惠条件的审核，确保土地市场的公平性。三是将二级市场交易纳入统一的交易平台，实现一、二级市场土地信息整合，实现信息对称，促进科学调控。

参考文献

中国指数研究院：《中指点评土地二级市场新规要点解读!》，搜狐网，2017 年 2 月 10 日，https://www.sohu.com/a/125897873_415900。

闫岩：《浅谈土地二级市场的规范》，《管理观察》2010 年第 23 期，第 69 页。

B.12
宅基地"三权分置"探析

岳永兵*

摘　要： 本文从落实集体所有权、保障农户资格权、适度放活使用权三个方面介绍了宅基地"三权分置"的实践进展情况。分析了关于资格权和使用权性质的争议以及所有权落实、资格权认定、使用权流转过程中面临的问题。从组建集体经济组织、出台指导意见、按原用途管理作为经营性用途的宅基地、推进宅基地县域范围内流转和加快相关领域改革五个方面提出了推进宅基地"三权分置"的建议。

关键词： 三权分置　宅基地　农村土地制度

一　宅基地制度及宅基地"三权分置"的意义

（一）现行宅基地制度

我国宅基地主要以保障农民居住权利为主，在耕者有其田的同时，保证居者有其屋。宅基地所有权归集体，使用权归集体成员，实行"一户一宅"制度。随着经济社会的快速发展，宅基地财产收益功能逐渐显现，社会上关于赋予宅基地财产权能的呼声日渐增多。宅基地"三权分置"正是在这种背景下提出来的，在保障农民住有所居的前提下，进一步优化土地资源配

＊ 岳永兵，中国国土资源经济研究院副研究员，研究方向：土地经济与政策。

置、增加农民财产性收入。

现行宅基地制度下，满足宅基地取得条件（资格）的农民集体成员才能取得宅基地使用权，形成宅基地使用主体和资格主体严格相互依存的情况，宅基地也只能在本集体成员之间转让，以起到保障农民居住权利的目的。如何在宅基地居住保障和财产收益功能之间实现平衡成为宅基地制度改革的焦点和难点。宅基地"三权分置"不失为平衡宅基地居住保障功能和财产收益功能的有效途径。

（二）宅基地"两权分离"到"三权分置"

目前我国宅基地所有权、使用权二权分离。使用权取得包括初始取得（从所有权人取得）和二次取得（从使用权人取得）两种方式：初始取得主要是符合宅基地申请条件的集体成员，向村集体申请后，由村集体分配获得宅基地使用权；二次取得是从其他宅基地使用权人手中取得宅基地使用权，包括通过继承、赠予等方式继受使用权和夫妻二人共有使用权两种途径。这两种宅基地取得方式中的使用权取得人都必须是农民集体成员。也由此形成了宅基地所有权构成主体、取得资格主体和使用主体的身份一致性。为了进一步放活宅基地使用权，打破宅基地资格权和使用权必须重叠的现状，我国开展了宅基地所有权、资格权、使用权"三权分置"改革探索。

（三）宅基地"三权分置"的意义

中央一号文件明确提出探索宅基地"三权分置"后，在社会上引起强烈反响。一致认为，宅基地"三权分置"是继承包地"三权分置"之后，我国农村土地产权制度的又一次重大创新。当前研究主要从宅基地"三权分置"对土地流转、人口流动、乡村振兴的积极作用方面来阐述改革的意义：一是丰富了宅基地产权体系，创新了农村宅基地管理方式，有利于重塑城乡土地权利关系、凝聚农村土地制度改革共识（董祚继，2018）；二是推进宅基地"三权分置"，适度放活宅基地使用权，有利于增加农民财产性收入、增强乡村经济实力与发展活力，遏制乡村衰败（朱启臻，2018）；三是

宅基地"三权分置"与土地承包权延长 30 年将加速以"县镇"为核心的"就近城镇化"（张宏伟，2018）。

总体来看，对于宅基地"三权分置"改革意义的认识，更多将关注点放在了突破宅基地"流转范围"限制，优化土地资源配置、增加农民财产性收入方面。这与长期以来对于是否应该赋予宅基地财产收益权能、放开自由流转的争议有关。随着农村人口向城镇转移，宅基地财产收益功能逐渐显现，但在农村多样化的住房保障制度建立之前，宅基地依然是农民居住保障的基础。目前宅基地"三权分置"改革探索是对现有宅基地制度的继承与发展，继承的是农民居住保障的核心作用，巩固其居住保障功能；发展的是用益物权的完善，健全收益权能。资格权的设置可有效衔接现行宅基地制度，在夯实宅基地保障功能的基础上，适度放活宅基地使用权，逐渐实现农民住房财产价值功能。

二 宅基地"三权分置"实践探索

浙江省义乌市率先提出宅基地"三权分置"概念，并进行了相关的探索，其他地区尤其是农村土地制度改革试点地区关于宅基地"三权分置"在实践中或多或少有所涉及，主要体现在以下几个方面。

（一）落实宅基地集体所有权

一是很多农村土地制度改革试点地区以乡规民约的形式，对本村宅基地面积标准、分户条件、有偿使用费收取标准与使用方式做出明确规定；在村级土地利用规划编制过程中，发挥村集体的主体作用，保障村民的参与权、表达权和监督权，都是所有权人对宅基地管理权的体现。

二是对超面积标准、一户多宅、非本集体成员使用的宅基地，以及具有实际作为经营性用途的宅基地收取有偿使用费，体现了宅基地所有权人对宅基地的收益权。

三是按集体成员人口数量核定村庄建设用地规模，并根据新增宅基地使用权主体数量，及时供给宅基地，是所有权人对宅基地占有权的体现，如义乌市按可以享受宅基地资格权的集体经济组织成员人均100平方米的标准核定村庄规模，保障宅基地供应。

（二）保障宅基地农户资格权

一是浙江义乌、陕西高陵、江苏武进等地在城镇建设用地规模范围内，通过建设高层公寓、农村新型社区等方式保障农民户有所居，替代原来的"一户一宅"，探索农民住房保障的多种实现形式。

二是福建晋江、湖南浏阳、浙江云和等地符合宅基地申请条件的农户可以跨集体取得宅基地使用权，探索宅基地农户资格权的跨集体实现。

三是江西余江符合宅基地申请条件，但暂时放弃申请宅基地进城落户的村民，保留其在原村庄的宅基地取得资格，15年以后可自愿选择是否回村取得宅基地，尝试建立宅基地资格权保留制度。

四是浙江义乌、河南长垣等地规定退出现有宅基地并承诺放弃宅基地申请资格的，可以获得现金补偿或置换国有土地上的房屋、商铺。

（三）适度放活宅基地使用权

1. 扩大宅基地流转范围

将宅基地使用权流转给没有资格权的农村村民，浙江义乌、湖北宜城、新疆伊宁等多地开展了宅基地使用权有条件跨集体流转试验，流转范围分为三类：第一类，将流转范围限定在乡镇内；第二类，将流转范围限定在县域内；第三类，城市规划范围内外区别对待，城市规划范围内宅基地的流转限定在县域内，城市规划范围外宅基地的流转限定在乡镇内。

2. 拓展宅基地使用功能

一是村民自发的宅基地使用功能拓展，除了农房出租之外，还包括农民利用宅基地及地上房屋创办小型加工厂、小型作坊等工业用途，或开办农家乐、小型超市等商业用途。二是集体主导下的宅基地使用功能拓展，河南长垣、湖北宜城等地集体经济组织将闲置宅基地及地上房屋有偿收回

后，再将使用权让渡给社会主体从事乡村旅游经营活动。三是政府引导下的宅基地使用功能拓展，四川泸县在规划和总量管控下，允许住有所居的一户或多户农户，以合法宅基地使用权与社会资本结合，通过产权分割登记方式，让出资方获得一定年限的土地使用权；贵州湄潭在保障宅基地使用权人基本居住条件的前提下，经村股份经济合作社同意、本人申请并缴纳土地收益金后，允许将剩余实际用于经营用途的原宅基地分割登记入市。

三 宅基地"三权分置"实现形式及改革探索启示

（一）宅基地"三权分置"实现形式启示

从已有实践探索可以看出，宅基地所有权、资格权、使用权"三权分置"的实现形式或权利体系包括以下几方面内容。

1. 落实宅基地集体所有权

一是农民集体对于宅基地的占有权，按享受宅基地资格权的集体成员人均用地标准核定村庄规模，不足标准的增加建设用地指标，保障农民集体居住用地需求。二是农民集体对于宅基地的监管、收益和处分权利。监管包括农户资格权认定、申请审核、批后监管、参与规划编制等；收益一方面体现在农民集体对宅基地实行有偿使用，另一方面体现在宅基地征收和跨集体流转时，所有权人对收益的分享；处分权体现在通过集体决策，决定闲置宅基地使用权收回、出让、用途变更等。

2. 保障宅基地农户资格权

一是农户资格权实现，对符合"一户一宅"等建房条件的农户建房用地应保尽保，在本集体没有后备土地资源的情况下也可以跨集体取得，或以建设农民公寓等形式保障农户资格权的实现。二是农户资格有偿退出，符合宅基地分配条件的农户放弃资格权实现时，或取得宅基地使用权的农户放弃宅基地使用权时可以获得相应的经济补偿。三是农户资格权保留，满足宅基地申请条件的农户暂时不申请宅基地时资格权保留；农户出售、出租住房后不再享有申请宅基地的权利，但可以通过流转的方式从其他使用权人手中取得宅基地。四是农户资格权重获，暂时将不用的宅基地退还给集体，待将来需要建房时有权力重新申请获得宅基地。

3. 适度放活宅基地使用权

一是扩大宅基地流转范围，包括存量宅基地在县域范围内集体经济组织成员之间流转和跨集体初始取得宅基地两种途径。二是拓展宅基地使用功能，在符合规划、不改建、不扩建的前提下，由宅基地所有权人或使用权人将闲置宅基地用于经营性用途，具体包括自己经营或以出租、入股联营等方式让渡与他人经营。三是推进宅基地复合利用，将宅基地变为商住综合用地并对产权进行分割登记。

（二）对推进宅基地"三权分置"的启示

我国幅员辽阔、各地情况千差万别，宅基地"三权分置"必然存在多种实现形式，在改革探索中应遵循以下原则。

1. 宅基地对于农民的居住保障功能不能减弱

农村住房保障制度尚未建立，宅基地仍发挥着住房保障作用。一方面，随着城镇化进程，大量农村居民进城工作，但其中有很大一部分不能真正融入城市，随时可能回乡居住。另一方面，农民人口总量较大，即使人口不断减少，仍保有一个庞大的群体需要依靠宅基地来解决居住需求，当前阶段，宅基地对于保障农民居住权益仍发挥着不可替代的重要作用。

2. 宅基地"三权分置"应注重对已有改革成果的吸纳与完善

一是宅基地"三权分置"涉及宅基地取得、保有、退出各个环节，除了有效衔接现行宅基地制度以外，33 个农村土地制度改革试点取得的经验都可以融入"三权分置"改革框架，地方自发开展试点的一些游走在制度边缘的改革成果，只要实践证明有效，也可以考虑纳入合法化制度框架。如农民集中居住过程中的跨集体申请取得宅基地在多地早已存在，由于不是利

用本集体所有土地建设的住房，在确权颁证的时候一直存在障碍①，正好借宅基地"三权分置"的机会，统筹解决这些问题。二是对于一些在理论上存在争议的问题，如宅基地财产收益和住房保障功能如何取舍和平衡？应坚持问题导向，鼓励地方结合实际情况大胆探索与尝试，在不增加农村建设用地总规模的情况下，盘活农村闲置宅基地，实现集体土地财产权益。

3. 宅基地"三权分置"应坚持农民主体地位

一是宅基地"三权分置"落实过程中很多事项需要农民集体自主决策和组织实施，农民集体自我管理能力的高低，直接影响改革进度及成效。二是宅基地"三权分置"涉及资源盘活与资产经营，需要有市场意识、懂经营，又善于跟农民打交道的乡村能人参与，需要更多的乡村在外创业成功人士回乡创业和发展。

四 宅基地"三权分置"观点争鸣

对于宅基地"三权分置"有关的讨论主要集中在资格权及使用权性质方面。

（一）关于资格权的性质

目前，对于资格权有不同的解读，一种观点认为，资格权是基于人、不是基于物的一种权利，因此不属于物权范畴；另一种观点，参照从农用地承包经营权分离出"两权"，将宅基地资格权解读为从宅基地使用权中分离出的权利；还有一种观点认为，只要拥有宅基地的人（包括继承农房的城镇居民）就有资格权。

根据《物权法》，承包经营权和宅基地使用权均为用益物权，资格权限

---

① 根据2008年住建部出台的《房屋登记办法》规定，申请村民住房所有权初始登记的，应当提交申请人属于房屋所在地农村集体经济组织成员的证明。申请农村村民住房所有权转移登记，受让人不属于房屋所在地农村集体经济组织成员的，除法律、法规另有规定外，房屋登记机构应当不予办理。

与承包权相似，只是获得宅基地使用权的资格，而并非真实存在的物体，视其为物权恐难服众。"中央一号文件"要求保障"农户资格权"，因此"只要拥有宅基地的人就有资格权"也不符合实际。此外，宅基地使用权只有占有和使用权能，没有收益权能。承包经营权是对原用益物权的拆分，宅基地使用权则是对原用益物权的完善，引入资格权并健全收益权能。两者既有相同也有不同的地方。作者认为将资格权作为依附"成员权"而存在的一种权利更合适，是成员权在宅基地配给制度上的具体表现。

（二）关于使用权的性质

承包权和经营权分离后，对于经营权的性质存在着独立于承包权的一种债权和用益物权两种观点。宅基地"三权分置"后，使用权也面临着同样的分歧。作者认为宅基地使用权还可根据现行法律规定是用益物权。通过引入资格权之后，可以完善宅基地收益权能，宅基地使用权包括占有、使用和收益。

五 推进宅基地"三权分置"面临的问题及建议

通过已有实践探索可知，宅基地"三权分置"的实现形式基本明朗，在改革推进过程中，有些配套改革还未完成、有些争议还未达成共识，需要进一步加大相关配套改革力度、加快改革实践探索步伐、加强理论研究支撑，全方位推进宅基地"三权分置"改革。

（一）关于所有权落实问题，建议加快集体经济组织组建和村级组织自治能力建设

我国法律规定，宅基地属于农民集体所有，具体由集体经济组织或村民委员会代理行使所有权主体职能。在放活宅基地使用权实现宅基地财产收益功能的时候，集体经济组织更具可操作性。但目前，全国60%的村未建立集体经济组织，由村民委员会代行其职能，村民委员会不是市场法人，运营

集体土地资产会遇到很多障碍。《民法总则》赋予了农村集体经济组织"特殊法人"地位,但"特殊法人"的内涵和外延有待进一步明确。

建议:一是尽快完善农村集体经济组织组建和相关的法律安排,健全自然村或村民小组的主体资格,进一步明确集体经济组织的法人地位,负责集体资产管理运营。二是加强村级组织建设,强化村级两委管理职能,选好村两委带头人,充分发挥村民自治作用,切实担负起集体土地的管理职责。三是按照尊重历史、兼顾现实、程序规范、群众认可的原则,科学确认农村集体经济组织成员身份,解决成员边界不清的问题,为宅基地农户资格权认定夯实基础。

(二)关于资格权的内涵和认定问题,建议早日出台指导意见

宅基地"三权分置"中,资格权属于新提出的权利,现行法律无相关概念可供参考。实践中不乏"三权分置"的实例,但对于资格权的内涵尚未有统一的认知,具体到资格权主体、认定标准、权能结构等更是鲜有涉及。宅基地"三权分置"来源于实践,其内涵、权能和实现形式也必定来自对实践做法的提炼和总结。建议在系统总结地方改革经验的基础上,国家早日出台宅基地"三权分置"指导意见,明确改革的原则和方向,鼓励加大实践探索力度,为明确资格权内涵、认定等相关问题提供实践经验与政策储备。同时,加大宅基地农户资格权的法理研究,逐步理顺"三权"权能、权利边界和相互关系。

(三)拓展宅基地使用功能与集体经营性建设用地入市关系问题,建议规划范围内的存量宅基地转为经营性用途可按原用途管理

闲置宅基地收回后以集体名义租赁用于旅游开发,以及农民把自家的宅基地用作商铺、旅店等经营性用途,实质相当于集体经营性建设用地入市,尤其使用权主体还是公司法人并非个人的情况下,仍按照宅基地进行管理是否合适,存在争议。

该问题可从两个方面来看,一是在"一户一宅、面积法定"的前提下,

能转为经营性用途的宅基地多是节约出来的宅基地或集体收购回来暂时没有分配的储备宅基地，其优先满足本集体成员居住需求的属性没有改变，而且存在将来转为宅基地的可能。二是存量宅基地中能作为经营性用途的比例很小，将其转为集体经营性建设用地进行管理，从管理成本考虑是否可行，值得思考。总之，这是一个公平与效率的平衡问题，建立宅基地与集体经营性建设用地转换机制就能有效化解该问题。笔者认为，在集体建设用地没有实现精细化管理之前，村庄规划范围内的存量宅基地，在不改建、不扩建的前提下，集体主导用作经营性用途时可以按照现状管理，这也符合中央提出的"盘活空闲农房和宅基地"的要求；个人合法取得的宅基地及地上房屋，在不改建、不扩建的前提下自发用作经营用途时，也可按照现状管理，村集体可以收取有偿使用费。

（四）关于使用权流转问题，建议县域范围内"农对农带指标"流转

扩大宅基地流转范围是放活宅基地使用权的重要途径之一，社会各界在放开宅基地流转方面存在较大争议。赞同者认为，宅基地流转可显化宅基地财产价值，增加农民收入。反对者认为，宅基地制度本质上是一种保障性住房制度，不能自由流转。而且，村集体宅基地总量是根据成员数量核定的，流转给外来人口，必然冲击现有村民的居住用地需求。

我国村庄平均人口规模较小，不利于公共基础设施配套，将分散的、小规模的村庄进行合并，是改善农村居住生活环境的有效措施。建议结合宅基地"三权分置"工作，适度扩大宅基地流转范围，在坚持"城镇人口不得购买宅基地"的前提下，鼓励宅基地在县域范围内集体经济组织成员之间流转（包括跨集体申请取得宅基地）。建立与农民跨集体取得宅基地配套的人地挂钩政策，农民在原来村庄退出的宅基地指标可以调整到取得宅基地的村落地。

（五）夯实宅基地"三权分置"基础，推进相关领域改革

一是加快历史遗留问题解决、推进农房确权颁证，以建立不动产统一登

记制度为契机，做好与农房登记工作的衔接，对宅基地和地上房屋实行统一登记；完善与宅基地"三权分置"相关的不动产登记制度，明确资格权的确权办法。二是明确宅基地与集体经营性建设用地之间相互转换的条件、程序，逐步实现集体建设用地的精细化管理。三是搭建宅基地流转服务平台，健全宅基地使用权交易服务体系。四是加强与农村集体产权、农房抵押、乡村治理、户籍、财税、社保、金融等相关领域改革的融合，实现改革政策的叠加效应。

参考文献

岳永兵：《宅基地"三权分置"：一个引入配给权的分析框架》，《中国国土资源经济》2018 年第 1 期。

岳永兵、刘向敏：《宅基地有偿使用改革的探索与思考》，《中国土地》2017 年第 12 期。

陈泳：《难题与破解：农村土地使用改革的探索与思考》，《福建论坛》（人文社会科学版）2017 年第 10 期。

董祚继：《"三权分置"——农村宅基地制度的重大创新》，《中国土地》2018 年第 3 期。

张宏伟：《宅基地三权分置与就近城镇化将成楼市新风口》，金融界网站，2018 年 1 月 25 日。

朱启臻：《宅基地"三权分置"：绝不可出售给城里人》，央广网，2018 年 1 月 17 日。

国际经验篇

International Experience Chapter

B.13

主要发达国家的空间规划
体系与发展趋势

苗婷婷*

摘　要：　在不同的国家、不同的政府体系或不同的社会发展阶段，空
间规划体系的法律基础、制定形式、内容和效果都存在很大
差异。以德国、荷兰、法国、英国、美国和日本为例的发达
国家经过约一个世纪的空间规划历程，其规划体系各具特色
且体系成熟。本文对这六个发达国家空间规划的法律制度、
行政体系、编制管理、目标和效果等进行了系统总结，并探
讨了他们近些年和未来的规划走向与趋势。

关键词：　空间规划　发达国家　发展趋势

---

* 苗婷婷，中国社会科学院城市发展与环境研究所，博士后，研究方向：城市与区域经济。

一 引言

空间规划是一个国家或地区经济、社会、文化和生态政策在地理层面上的反应。除了是一门科学学科，空间规划更是一种行政管理技术和政策形式，它旨在依据国家或组织的整体战略，运用一种跨学科、综合性的规划设计和管理方法来实现区域发展目标。空间规划是政府工作重心转移的助推器，当政府工作重心发生转变时，规划的内容框架也会发生变化，从而可以科学地引导资源和劳动力的分配以及不同层面的经济社会活动。20 世纪以来，根据国土治理与开发建设的实践需求，很多发达国家走过了近百年的空间规划历程，规划体系已经相对成熟。本文有针对性地选取英国、德国、法国、荷兰、日本和美国六个国家，从他们空间规划的法律制度、行政体系、编制管理、目标和效果等方面进行了系统总结，归纳了各国空间规划体系的特点，探讨了近年和未来的走向和趋势，希望能够为我国空间规划体系改革提供些许参考。

二 主要发达国家的空间规划体系

在不同的国家、不同的政府体系或不同的社会发展阶段，空间规划体系的形式、内容和效果都存在很大差异。每个国家或地方都有自己一套独特的规划系统，其规划制定主体、价值理念和制度框架都有所不同。欧洲国家向来注重空间规划，但受到自然地理、历史、政治、经济等因素的影响，欧陆不同国家的空间规划体系虽框架相对一致，但内容和风格各异。美国受新自由主义的影响，地方政府及公民和其他利益团体在规划中起主要作用。日本的规划体系自成一体，内容完整且体系复杂。他山之石可以攻玉，借鉴发达国家的国土空间规划经验，对我国空间规划体系制度改革具有重要的参考价值。

（一）德国

1. 法律制度

作为空间规划的先行者，联邦德国空间规划的历史较长。早在 20 世纪初期，德国政府甚至包括纳粹政权就已制定区域规划以解决城市化、工业布局、国土整治和交通布局等问题。20 世纪 60 年代之后，德国的空间规划制度建设逐步完善。1965 年《联邦空间规划法》（Federal Spatial Planning Act）出台，规定了空间规划的制定步骤和宏观框架，各个层级的空间规划都配有相应的、具体的规划法律。2006 年《联邦德国基本法》（Basic Law for the Federal Republic of Germany）修订之后，联邦层面框架立法的传统被取消，空间规划被归入联邦和州的联合立法范畴，州政府在规划立法领域拥有更大的权力。除了专门的空间规划法，联邦德国其他有关规划和建设的法律还有《建设法典》（Code of Construction）、《建设法典实施法》和《规划图例条例》等。由此可见，德国在空间规划领域的法律体系非常完善，法律保障健全而可靠。

2. 行政体系

从德国空间规划的行政体系来说，基于其行政联邦体制，德国的空间规划也相应地沿着其行政层级及其权力进行设置，呈现一种"层级式"（hierarchical）的组织模式。联邦政府位于德国空间规划金字塔的顶端，但只具有制定规划指导框架的权力，不能直接制定规划。联邦层面的规划性文件主要是《空间规划政策指导纲要》，该纲要是指导性文件，对空间利用和发展方向、土地布局、交通和环境等方面进行阐述。相较之下，市、县（其中 Gemeinden 主要覆盖城市化的地区，本文翻译为市；Landkreise 主要存在于乡村地区，在本文翻译为县）是空间规划的最主要制定主体，可制定最基本的、最实际的空间规划，包括预备性土地利用规划（Preparatory Land Use Planning, F Plan）和约束性土地利用规划，即建造规划（Building Planning, B Plan）。前者是在区域规划的基础上，制定整个城市的土地空间布局，包括居住区、商务区及开放空间等；后者主要是对一些建设指标加

以规范，如使用建筑的性质、种类、高度、密度等。除此之外，州政府在其辖域内具有制定州发展规划和区域规划的权力。州发展规划旨在确定本州空间协调发展的原则与目标、居住区和开放空间的布局、基础设施建设等。区域规划是州规划和地方规划之间的桥梁，是州空间秩序目标的进一步明确化和具体化，目的是确保市县之间的空间协调发展。这样，德国的空间规划体系就形成了涵盖联邦、州、区域和地方的四级规划（见图1）。除此之外，在交通、农业、国防、环境和生态保护等不同的专业领域也存在不同的专业部门规划，这些规划与德国纵向层级式的规划体系互动交叉、贯穿始终。

德国层级式的空间规划贯彻了两个原则：一是"市县规划自治"（municipal planning autonomy）；二是"相互影响"（mutual influence）。市、县是高度自治的，他们可以依据高一层级政府制定的规划原则和指导路线自行制定其辖域内的空间规划，且在更高层级的规划的制定过程中有知情权、参与权和听证权。同时，德国联邦政府和州政府在制定指导文件或规划时有义务考虑市和县的地方利益。由此可见，德国的每个行政层级各司其职，自上而下分工明确，层级关系联系紧密。

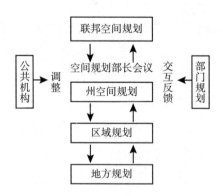

图1 德国空间规划体系

资料来源：Federal Office for Building and Regional Planning, Spatial Development and Spatial Planning in Germany。

3. 编制管理

虽然德国的空间规划职能主要隶属于政府，沿袭层级治理的原则，但是各级政府都比较注重社会意见的输入和政策协调。第一，市镇当局通过设置美学委员会（包括规划、建造部门的专业和非专业人士）对相关的规划项目进行评议，并提出改进建议。第二，除了专业人士，德国的城市规划也会通过公告的形式向公众公开，在规划编制过程中征求社会团体或公众的意见，议会根据公众会议（Public Meetings）的意见修改规划，按照法律程序审批后正式公示。第三，在地方规划之间的统筹协调层面，部长联席会议承担各州之间空间规划的协调任务。在1967年，区域规划部长联席会议制度（Ministerial Conference for Regional Planning）得以设立，联席会议的主要任务在于强调空间规划的基本理念，并针对某些规划问题组织州政府开展协商。第四，由于各州之间的空间规划内容不同，跨州的大都市区也需要相关各州之间的互动协调。比如柏林和外围的勃兰登堡州就制定了《柏林-勃兰登堡联合全面空间发展规划》（Berlin-Brandenburg Joint Comprehensive Spatial Development Plan）用以协调两州之间的土地利用和空间布局。

4. 目标和效果

随着全球竞争的日益加剧、欧洲一体化的逐渐深入及德国东西部融合步伐的不断加快，20世纪90年代以来德国的社会经济环境出现了结构性变化，比如东西区域分化问题、人口老龄化与低出生率问题、城市拓展对周边土地的侵蚀、城市生态环境质量下降等。为了应对这些变化和挑战，德国先后制定了多部规划性文件，为统一后的德国进行空间发展指导。联邦政府在空间规划层面最近的政策文件是《德国空间发展理念和战略（2006）》，在文件中可持续性、欧洲维度等备受关注，其中最主要的三个重心为：实现增长和创新；确保公共服务的有效供给；节约资源并保护文化景观。

总体来说，在德国空间规划的指导下，其空间地理布局具有"分散式集中"（decentralised concentration）的特点。在德国存在大量的中小城市，这些城市依据中心地（central places）和发展轴（development axes）呈现既分散又集中的分布特点。相较于聚集了大量人口、工商业活动和服务的大都

市来说，德国的空间布局一般以中等城市为核心，周边环绕沿交通设施发展轴分布的小城市中心，从而创造了众多涵盖不同功能的城市网络。因此，德国的城市在全国范围内布局较为均衡，人口、工作地点和基础设施都聚集在规模不一但又均匀散布的城市之中。

（二）荷兰

1. 法律制度

荷兰的空间规划也在国际上享有很高的声誉。不同于德国的联邦制，荷兰是一个单一制国家，其两级地方政府——省和市，在国家授权下行使行政权力。所以，在空间规划层面，荷兰历来注重国家整体综合空间政策的作用，利用全国一盘棋式的规划对国家整体空间资源进行调节，比如1916年洪水之后开发围垦土地的国家空间发展政策和1953年洪水之后的三角洲规划。从法律层面来讲，荷兰空间规划的历史源自1901年的《住房法案》（Housing Act）。20世纪60年代以后，由于战后发展重心转向重建，原来以解决住房短缺为主的空间政策逐步发生转变。1965年制定的《空间规划法案》（Spatial Planning Act）成为《住房法案》之外规范空间规划和城市规划的专门法律。自彼时起，荷兰政府开始出台空间政策和以市场为导向的城市政策，注重大都市区之外的其他增长中心的发展。随着时代的发展，《空间规划法案》进行了多次修改，简化了荷兰的空间规划制定程序，提高了规划执行效率。2008年7月，《空间规划法案》在大规模基础性修订之后使用延续至今。

2. 行政体系

2008年之前，荷兰传统的空间规划行政体系是，国家政府制定核心规划策略；省政府制定省内大范围的区域规划；市政府制定结构规划（Structural Plans），并在省政府的批示下制定土地利用分区规划（Land Use Zoning Plans）。2008年版的《空间规划法案》实行之后，荷兰的空间规划体系发生了重要改变，基层地方政府被授予更大的权力，以提高决策制定的速度和效率（见图2）。新法案实行之后，国家、省和市层面的政府规划都被《结构愿景》（Structural Visions）所取代，结构愿景规定空间政策的基本原则以及政策执行的基本方式。不同于以前，国家和省层面的结构愿景都是指导性文件，不具备法律约束力。在市政府层面，除了未开发地区的土地利用分区规划，新法案规定荷兰市政府可在所有地区制定和更新分区规划（Zoning Scheme）。同时，新法案允许市政府在制定规划时不必经过省政府的批准，且国家和省政府需根据分区规划制定相应的适应性、配套性规划政策。

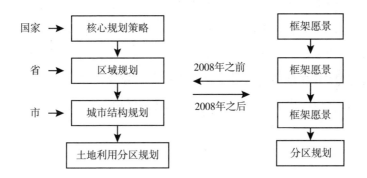

图2 荷兰空间规划体系

资料来源：荷兰空间政策概述，日本国土交通省国土政策局。

3. 编制制定

第一，荷兰的空间规划比较重视政策协调和公民参与。比如阿姆斯特丹都市区（兰德斯塔特北翼，包括荷兰的首都阿姆斯特丹和史基浦国际机场）在2007年编制了《阿姆斯特丹都市区发展方案2040》，以应对气候变化的问题并提高地区的国际竞争力。虽然该发展方案是由36个小城市、1个大都市和2个省共同协作编制的非正式文件，但根据新的空间规划法，该方案是各个城市制定结构愿景的基础性政策文件。第二，荷兰也特别重视公民在空间规划中的参与，所有相关民众都有权在规划的制定中表达自己的意见。比如德荷边界地区的空间规划可能会影响整个地区的人民生活质量，当边界地区涉及建设风力农场、工厂化饲养场、电厂以及新的道路规划与建设时，荷兰政府即授予边界地区所有相关居民对区域发展的知情权，并可提交建议

甚至反对意见。

4. 目标与效果

在国家层面，荷兰通过制定国家空间政策指导方针来引领发展目标。2012 年 3 月，荷兰出台了《基础设施和空间发展结构愿景》以取代原来的的国家战略。该愿景规定了到 2028 年的中期发展目标以及建设"有竞争力、开放、宜居、安全"的长期发展目标，通过调整空间经济结构提高荷兰的竞争力，为居民打造升级开放空间，创造可持续和安全的环境以保持荷兰丰富的自然、历史和文化价值。众所周知，荷兰的空间规划历来注重可持续发展和环境保护。近几年来，荷兰将空间规划法与环境立法进行了整合，出台了《环境与规划法》（Environment and Planning Act），以便简化项目开发的行政审批程序并注重环境因素在规划开发中的分量。目前国会议会已经批准了该项法案，荷兰内阁正根据该法案起草解释性立法，法案预计 2021 年正式施行。

相较于欧洲其他国家来说，荷兰的区域分化问题较小，这是因为传统上荷兰的区域政策普遍向城市郊区、边缘倾斜。2006 年之后，荷兰政府决定调整这种均衡式的区域政策，更加重视效率，将重心转向对国家经济发展有重要贡献的区域，从而促进地区国际竞争能力和创新能力的提升。

（三）法国

1. 法律制度

法国也是单一制国家，且中央政府在空间规划的制定过程中一直扮演着十分积极的角色。二战后，国家经济规划（基本上采取国家五年规划的形式）和很多大型基础设施项目的涌现使得法国得以实现战后重建。随着法国社会、经济、制度的发展和战后重建的顺利完成，地方分权受到重视。五年规划在 20 世纪 90 年代废除，中央政府开始尝试一种更加弹性的规划方式。1995 年出台的《空间规划和发展法》（Spatial Planning and Development Act）和 1999 年出台的《空间规划和可持续发展法案》（Spatial Planning and Sustainable Development Act）构成了目前法国空间规划的法律框架。《空间规划与发展法》对大区尺度上的《大区国土规划纲要》和特殊地区的《国土规划指令》做出了相关规定。《国土规划与可持续发展法》则注重利用部门导则管理全国规划政策，要求编制《公共服务发展纲要》，实现"服务为民"的技术目标。

2. 行政体系

法国是一个长期实行中央集权的国家，其传统的政治制度特点是加强中央政府的权力，排斥地方自治。1950 年以来，随着权力下放改革的开展，法国的地方政府也获得了更多的权力。法国的地方政府分为大区、省和市镇三个层级，其中市镇的数量多达 35885 个，构成了法国地方制度与众不同的特点。具体到各个行政层级，分权后法国国家政府层面没有空间规划，《空间规划指导方针》（Spatial Planning Directives）确立国家针对某一特定地区的特定政策，可以算作中央层面制定的以地方为导向的规划性指导文件，用以促进区域空间发展和市镇规划的科学性。在地方政府层面，20 世纪 80 年代以来法国分权化的结果主要体现为大区权力的提升。大区制定《大区空间规划和发展计划》（Regional Spatial Planning and Development Scheme）以及本区的经济发展规划作为地方中期发展计划。大区作为一级自治单位可以与国家签订合作协议，针对其优先发展战略确定合作项目及其财政支持手段。比如大巴黎地区的空间规划就是由大区政府和国家政府合作制定。合作协议的方式有效地促进了国家和大区的合作。在市镇层级，单一市政府或联合市政协会制定地方级土地利用规划，提供详细的分区规定。由于法国市镇的数量很多，市镇间协作组织（市镇共同体）在法国地方治理中发挥了重要作用。比如法国大城市地区的城市间协会可制定国土凝聚方案，确定战略空间发展的方针政策，并兼顾住宅、运输和城市规划问题。整体而言，国土凝聚方案具有很强的现实约束力（法国的空间规划体系见图3）。

3. 编制管理

回顾法国空间规划体系的演变过程，中央规划权的不断分化是其主要趋势。法国早期的城市规划体系完全由国家政府控制，20 世纪 60 年代以来，随着法国战后恢复和中产阶级的扩大，城市公民的民主参与意识不断加强，

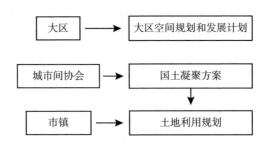

图3 法国的空间规划体系

引发了公民参与运动。法国的城市居民呼吁在城市建设中的民主日常参与，反对技术政治型政府，这迫使法国政府开始调整其规划体系。公共政策的合约化是这一时期法国规划体系的重要创新，即法国政府通过签订合约的方式与地方集体及私人投资商进行对等合作，从而为地方发展提供更为灵活的投资方式。进入80年代后，《地方分权法》将编制《总体规划纲要》的权利交给地方，中央政府自上而下的控制逐步减弱。21世纪以来，在《社会团结与城市更新法》的规定下，《总体规划纲要》改为《国土协调纲要》，该纲要主要针对城市密集区的空间规划，属于区域城市规划的范畴，它以省或市镇联合体为编制单元，但由相关市际合作公共机构或混合公司承编，体现了以多元参与和协商为主的治理理念。

4. 目标与效果

2000年颁发的《社会团结与城市更新法》标志着法国的空间规划进入新的时期。该法案主要侧重地方分权产生的社会冲突和资源环境等问题，具体来说，社会团结旨在促进多样化社会角色的和谐发展；城市更新则意在推广空间和能源政策的节约利用、衰败地区的复兴等，同时进一步统筹国家和地方规划，且对交通、商业、住宅等不同领域的公共政策进行协调。

虽然法国的国土整治行动在不同的时期侧重点不同，但基本方针总体上重视均衡化，采取"以大区权限提升为基础，以多极城市和城市圈建设为核心，以国家综合公共服务规划为主导"的空间开发模式，政府通过调整全国城市空间结构，促进地区均衡发展。比如，在大都市尺度，法国对巴黎市的人口控制一直较为严格，还在巴黎周边地区开发了多个卫星城或副中心避免其经济的过分膨胀。在中级城市尺度，法国注重中级城市或大区行政经济中心，比如里尔鲁贝、南锡－梅兹、斯特拉斯堡、里昂－圣太田－格勒诺布尔、马赛－埃克斯、图卢兹、波尔多、南特－圣纳泽尔等的开发建设，这些多极城市中心或城市圈打造了法国较为平衡的城市空间格局。法国还注重加速推进小城市发展，积极推进不同层次城市开发的有序化。

（四）英国

1. 法律制度

在 1947 年，英国颁布了《城镇规划法案》（Town and Country Planning Act，TCPA），继而确立了在代议制民主基础上的现代城市规划制度。在此后的半个多世纪中，英国的空间规划框架发生了很大变化。1990 年版的《城镇和乡村规划法案》及相关法律对英国的规划体系进行了大尺度修改。1990 年之后，该规划法案在不同地区也分别进行了相应修改（英国实行单一制，但有的学者称为地区制，由英格兰和苏格兰、威尔士、北爱尔兰组成，四个不同的地区都有制定自己法律的权力，其内部空间规划体系也存在很大不同），本文以英格兰地区为主探讨英国的空间规划制度和规划实践。

2. 行政体系

以 2011 年为界，英格兰的空间规划体系进行了重大调整（见图 4）。2011 年之前，工党政府十分重视中央层面宏观战略和区域规划在整个规划体系中的作用。2011 年的政党更迭后，新的保守党和自由民主党联合政府鼓吹地方主义，认为原来的规划体系采取了一种自上而下的科层官僚制，不能在地方住房供给等方面更好地发挥作用，主张规划的重心向地方分权（Devolution）转变。

改革之前英格兰地区的空间规划分为三个层级：首先，中央政府制定的《区域空间战略》（Regional Spatial Strategy）阐明国家针对所有区域的空间发展政策；《规划政策声明》（Planning Policy Statements）以议题的形式确定英国空间规划的发展原则和发展目标。其次，区域制定《区域空间战略》

（Regional Spatial Strategies），在环境、交通、就业、住房、贸易投资等不同的专业领域制定有针对性的策略及实施方案。最后，地方政府制定《地方开发框架》（Local Development Frameworks），颁布专项政策文件，指导地方规划部门的审批工作并发放规划许可。

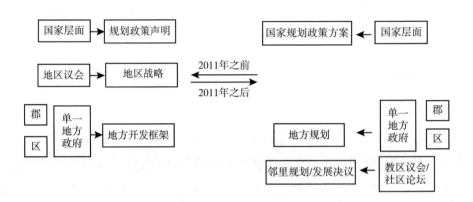

图4　英格兰空间规划体系

资料来源：英国空间政策概述，日本国土交通省国土政策局。

2011年11月政党更迭后，联合政府出台《地方主义法案》（Localism Act），取消广域规划，并创立一种自下而上的规划形式，英国的空间规划体系经历了巨大改变。改革后的规划体系仍包括三个层级，但是区域层面的规划被取消（除大伦敦地区的《大伦敦规划》），邻里规划作为一种新的规划层级被新创立出来。改革后，中央政府层面公布《国家规划政策方案》（National Planning Policy Framework），将原本若干主题规划政策文件合并起来，从社会经济、生态环境和社会公平等方面规定英格兰的规划原则和依据。地方规划由地方规划部门制定，在住房建设、经济、环境、社区公共服务设施等方面规定其短期发展目标，这一规划过程必须有公众参与。基层的规划包括邻里规划和邻里发展决议。邻里规划由教区议会（Parish Council）和社区组织（neighbourhood forum）编制，在国家规划框架下细化社会发展战略，并作为规划体系的补充性文件或硬性规划条件纳入地方规划部门。邻里发展决议（Neighbourhood Development Order）由社区组织提出社区所需的建设项目、项目条件及土地范围，如有开发商申请此类项目，地方规划部门可简化批准程序以推动项目的加快落实。

3. 编制制定

2011年的《地方主义法案》规定了"合作原则"，即在发展规划制定过程中，针对跨区域的战略问题（住房和就业、商业发展、基础设施建设、健康、安全、文化、气候移民等）规划主体必须与相邻的规划主体和相关组织单位合作。而邻里规划的设定更具里程碑意义。在邻里规划的产生过程中，公众参与从较低层级的"咨询意见"上升到较高层级的"自我掌控"和"公民权力"。在传统的规划制定程序下，规划师制定方案，然后向公众征求意见。在邻里规划的制定过程中，公众能够自己制定规划并参与调控政策编制。社区成员自主的、全流程的规划参与编制过程大大提高了社区成员在城市规划工作中的话语权和决策权。

4. 目标与效果

从20世纪50年代开始，英国确立了自身的规划理念，即分散、限制和更新，并通过区域平衡的手段缓解失业率过高的问题。20世纪80年代后，英国城市规划理念出现了明显的转变，经典的、区域平衡的空间规划思想被迅速抛弃，以自由经济为导向、地方自主的空间规划思潮开始流行，以没有规划的规划为理念的伦敦道格兰区更新是这个时期的代表作。而到了20世纪90年代，区域规划的理念又因欧陆新区域主义思想的传播实现了复兴，英国政府也开始重新关注区域规划。2011年的政党更迭后，新的保守党和自由民主党联合政府鼓吹地方主义，规划的重心向地方分权（Devolution）转变。

从空间布局上来说，工业革命的推动加速了英国城市化的发展，形成了密集的城市区域。都市区、扩展都市区或者都市连绵区成为英国经济布局的主要形式，在英格兰存在着大小规模不同的23个都市区。与此同时，英国城市发展规模过大、速度过快，城市病问题严重。随着经济社会的发展、行政区划的变更和政党的更替，为应对不同时期的问题与矛盾，英国的规划体系在结构和内容上经过了多次调整，并与其行政体系对应，在长期的自我发展中不断完善。

（五）美国

1. 法律制度

美国是一个高度分权的国家，其地方政府比欧洲各国拥有更高的自治权，高度自治的联邦制和宪政传统决定了在联邦层面很难出台全国性的规划立法。在这种分权而治的政体背景下，1922 年出台的《州分区规划授权法案标准》和 1928 年出台的《城市规划授权法案标准》奠定了美国空间规划的法律基础。其中，《州分区规划授权法案标准》为地方政府的分区规划提供了法律依据。地方政府须将辖区内的土地按用途分区，对同一类型的分区采取统一的控制标准。《城市规划授权法案标准》则为州政府的授权模式和授权内容建立了参考模式。

2. 行政体系

规划在美国被视作发展问题，而发展很大程度上被认为是私人行为，即理应由个人或企业提出发展倡议，而地方政府仅负有批准的权力，更高层级的政府只能通过环境等方面的相关法律施加间接干预。产权在美国备受重视，即开发权被认为是排在产权之后，所以政府往往很难主导发展。细化到各个政府层级：美国联邦政府层面没有统一的规划战略或规划步骤。各个州拥有制定规划的权力，但根据各个州的法律，州以下的地方政府往往不会允许州政府直接制定规划事宜。在各州以下，美国的地方政府包括郡（县）和市、镇、村。受地方主义、守法主义和个人主义的影响，地方政府享有高度自治权，但在规划上也往往缺乏约束力。举例来讲，在绝大多数的市，地方有权制定分区规划、土地利用规划和综合规划。土地利用规划规定开发地点，理论上讲具有法律约束力，但在实际上，有关土地利用规划的政治反弹非常强烈，有时甚至会丧失执行力。在实践中，当规划与个人权利相矛盾时，地方政府用来捍卫其规划的依据通常包括安全、健康、市民福祉等，但是这些辩护依据往往比不上个人权利，个人权利在法院的判决前往往占据上风。综合规划主要阐述城市的发展方向、重点发展区域、发展类型以及环境和乡村基础设施等，综合规划缺乏足够的法律效力，也往往被视为一种未来发展的预测。在美国西部有些州,镇作为最基层的地方政府并不在市的管辖之中,他们自行负责地方的道路、消防、应急设施建设,甚至自行修建学校。这种在美国旧西部存在的自我组织、自我依赖的小社区模式常常是反政府、反规划的,不过郡规划有时会对其产生影响和约束。

3. 编制管理

在美国,地方参与从一开始就与欧洲不同,这是因为美国本来就缺乏一套完整的空间规划体系。总体来说,与欧洲公民相比,美国公民对其城市的空间规划更有影响力。由于思想观念、高度的私有产权意识和全能的市场力量,产权所有者往往能做任何自己想做的。换句话说,在美国新自由主义的传统下,市民在规划中的参与往往是通多参与政策决策和不动产市场来实现的。不过,这并不意味着个人参与在空间组织或空间规划中占据绝对主导地位,相比之下,市场的力量,尤其是大公司、大开发商和大实业家的主导作用更大。如果大开发商想要在某地投资,个人和地方政府往往很难阻止他们。

4. 目标与效果

美国空间规划的目标与其时代诉求密切相关。在战后的恢复和繁荣期,其空间规划主要侧重于自然资源的开发,以此提高贫困地区的经济发展水平,缩小区域差距;在经济危机和振兴期,空间规划的主要内容是产业结构调整和国力振兴;90 年代以来,美国空间规划的目标转变为提高人民的生活水平。1980 ~ 2015 年,美国人口大幅增加,城市化水平由 73.7% 增加到 81.6%。也正是在这一段时间,美国进入新自由主义经济时代,具体的经济社会发展目标更多由地方政府拟定,政府干预减少,与市场相关的城市设计更加受到重视。

从空间布局上来说,美国的人口和产业分布比较不均匀,其制造产业带主要分布在东北部的 14 个州,从西北太平洋沿岸到大湖区形成了连绵不断的城市群,而西部、南部和中部则主要以农业和采掘业为主。由于缺少国家层面的空间规划,美国的这种空间分布特征主要是由自然地理因素和经济市场因素决定的,规划只在地方尺度有效。对地方规划来讲,美国的空间发展

正从物质规划转为技术性、社会性和艺术性相结合的精细化规划，新城市主义与可持续城市等成为空间规划的主流理念。

（六）日本

1. 法律制度

日本国土空间规划的明显特征即法律先行，即在制定一项空间规划之前，日本往往先制定有关该规划的法律体系。2005 年，日本制定了新的《土地形成法案》以取代《综合土地开发法》（Comprehensive Land Development Law），对土地规划的理念和模式进行了重要修改。这样，《土地形成规划法案》和《土地利用规划法案》成为规范日本空间国土规划主要的法律代表，《农业土地法》、《土地征用法》和《农业土地利用促进法》是有代表性的补充性法律。

2. 行政体系

从垂直方向看，日本的国土规划包含四级：国家、区域、都道府县、市町村，其中区域不是一级政府机构，只是中央部委的派驻机构。从水平方向看，日本的国土空间规划按内容划分也有不同的类别，包括《土地形成规划》、《土地利用规划》、《土地利用基础规划》和《土地利用法规》（见图 5）。所以其规划体系具有水平和垂直上的多层性，各个层级、不同类别的规划相互作用、相互协调，具有"网络型"规划（network-based planning system）的特征。不同的规划类别并非存在于每一个层级。第一类规划是中央层面制定《国土形成规划》（Land Formation Planning），确定国家土地政策的基本原则和目标；区域层面制定《广域国土形成规划》（Wide-area Land Formation Planning），广域规划往往覆盖两个或更多的都道府县，在国家层面《国土形成规划》的基础上进一步细化特定区域的国家土地政策、原则和目标。第二类规划是《土地利用规划》。这类规划分别由国家、都道府县和市町村每级政府制定，主要包括土地使用的权限、目标、用途以及具体措施，地方规划必须服从上级规划的指导。第三类规划是《土地利用基础规划》，国家层面没有此类规划，这类规划主要由地方政府依据地方民意制定，通过将辖域内的土地分成不同的区来进行区分管理。第四类规划是《土地利用法规》，这类规划是在区域法律和各项规划的基础上制定的精细版本的土地利用规划，其内容需参照城市规划、农业土地振兴规划、森林保护规划等。

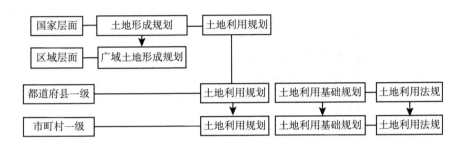

图5　日本的国土空间规划体系

资料来源：Xiaoping Zhou, Meng Zhao. Comparison of Territorial Spatial Planning System between China and Japan and Its Enlight。

3. 编制参与

日本国土空间规划十分依赖其政府行政系统。在中央政府层面，日本国土交通省国土政策局编制国家层面的《国土形成规划》和《土地利用规划》，编制完成后日本议院先进行第一次审核，然后内阁决定是否通过。都道府县制定土地利用规划之后，先上交到内阁部长，由内阁部长与相关行政单位的负责人进行商议，听取土地政策审核委员的意见，然后再将修改意见反馈到制定部门。在基层，国土空间规划工作主要由工业建设局（Industrial and Construction Departments）的农业或林业部门负责，规划制定后上报上级行政长官审核批准。与此同时，日本也注重公民参与在空间规划制定中的作用。在第六次国土规划中，日本政府提出向新公共领域拓展，使各级政府、规划机构和民众都积极参与到国土空间规划中，实现规划主体的多元化。

4. 目标与效果

日本是世界上制定国土空间规划较早的国家。其规划体系发展经历了不同的发展阶段，每个阶段发展背景不同、内容不同、效果不同，值得我们借

鉴。如前所述，日本从二战后就开始制定国土空间规划，基本上7~10年一部，到目前已制定了七部，有学者称为"七全综"。

第一部国土空间规划称为《第一次全国综合开发规划》，制定于1962年，其目的是在日本摆脱战后经济萧条的背景下，新增工业布局，缩小地区差距，促进国民经济的均衡发展。"二全综"主要是解决高速工业发展之后人与环境的矛盾问题。在"三全综"时期，日本的阶段性发展目标是在发展经济与关注人居环境和社会福祉并举，通过大型国际活动提升日本的国际软实力。"四全综"致力于调整人口和资源向东京的过度集中，培育多级城市群，完善均衡的国土开发布局。"五全综"时期是日本的国土开发向国土成形的过渡时期，彼时日本的国家空间布局和功能分区已经成形，而日本也开始进入后工业化和后城市化时代。在"六全综"时期，日本提出发展八个广域空间经济增长引擎，通过鼓励各个地区的区域经济竞争力以促进日本在亚洲包括世界的国家竞争力。2015年，日本制定了最新的"七全综"（《国土形成规划》），本次规划正视了日本人口减少、全球经济加剧、通讯革命以及资源和环境等问题，主张建立"紧凑型+互联网"社会，发展文化特色和协作交流，从而构建国民与国土的新型关系。

归纳来讲，日本的国土空间结构很大程度上受到其国土政策的影响。从20世纪50年代中期开始，随着日本工业化的完成，日本各地的人口不断向三大都市圈（东京、名古屋和大阪）集中，形成了以都市圈为中心、以大城市为骨干、都市圈间产业结构相对独立的城市化。为了提高单位土地的人口和产出密度，日本追求大城市化，在大规模城市化下尽可能实现对土地的集约利用。与此同时，日本也非常注重居住环境和生活圈域的整治，其国土开发重点具有经济和人文兼具的特征。

综上所述，发达国家的国家空间规划体系受政治体制、经济制度和文化观念等方面的影响，分别具有自己的特征。很显然，各国的规划层级基本上以行政层级为单位，按"一级政府，一级规划"的原则打造空间规划体系。国家主权结构形式作用于空间规划体系，比如联邦制下，不同的联邦组成单位之间规划体系往往不尽相同，而单一制往往是全国一盘棋的格局，国家规划体系是一个整体，地方和区域的规划体系也具有相通性。同时，经济体制和文化观念对一国空间规划体系有着重要的影响。日本是行政主导型的市场经济国家，不仅规划体系完善，政府与各类规划的关系也十分密切，属于强干预型；德国是社会市场经济国家，国家层面的规划较为宏观，而地方特别是市镇层级的规划更加具体，属适度干预型；美国是自由市场经济国家，地方主义、守法主义和个人主义的影响深入社会生活的方方面面，因此缺乏国家级的空间规划，部分州县也只有针对性而非通盘的区域规划。

三 发达国家空间规划体系的新趋势

随着全球化、区域化、市场化和信息化进程的不断深入，世界形势发生了重大变化。这些变化要求在空间规划领域注重可持续发展、地方竞争力的提升、环境保护、政府机构重组以及公民的广泛参与等，换句话说，空间规划的性质、内容、编制、形式等都需做出一定的调整。在成熟的理念和规划体制的基础上，为应对新时期的新变化，国外发达国家的空间规划出现如下趋势。

（一）新自由主义倾向与去中心化

在全球化和个人主义化的背景下，新自由主义倾向在上述各发达国家都有所体现。新自由主义化的主要宗旨即社会经济监管模式的转变，即原先的福利国家、分配政策、直接的公共服务供给模式，向一种更加依赖市场的或以市场为导向的方式转变，从而实现竞争力重构和国家的经济增长。新自由主义在很大程度上沿袭了经典自由主义的主张，比如社会在市场逻辑下会运作的更好，而不是国家导向逻辑或任何其他逻辑，因此，这就需要开创一个更加开放的、自由的市场，尽可能地减少政治和行政阻力。在国家空间规划体系层面，美国历来重视市场的作用，而在欧洲和日本，新自由主义化的过程在空间规划领域也都有体现。一方面，这些国家开始将规划重心转向促进经济发展和区域竞争力建设，放松管制、降低行政管理的复杂性，更加注重

私有部门、市民社会的参与，从而提高政策效率。另一方面，新自由主义化在空间规划实践中倡导空间规划权力的去中心化和职责重新分配，这在政治或行政框架上体现为政府治理改革，即在国家层面和区域层面减少甚至取消空间规划，不断深入推进地方化，鼓励地方发挥主动性和创新精神，进而实现国家将部分权力从中央向区域和地方政府机构的转移。

（二）全球化背景下注重地方竞争力的提升

在全球化、区域化和地方化的背景下，地方和区域成为世界经济竞争力的重要尺度，在很大程度上，地方的国际竞争力代表国家的全球竞争力。因此，对发达国家来说，他们的空间规划开始考虑全球化的影响因素，如何提高地方的国际竞争力成为当前很多国家面临的重要课题。欧洲国家提高地方和区域的国际竞争力，一方面是注重加强对具有地方特色的资源禀赋和传统的保护，通过开发地方产品和市场、改善经商环境、加强培训、培育有凝聚力的社区等促进地方经济的发展。保护好地方特色和保留地方当地的创新能力，可以降低地方对全球经济的敏感性和脆弱性。另一方面，欧洲国家也注重将发展地方经济放在经济部门全球整合的背景下，虽以地方为基础培育社会资本、地方资源、创新发展和智能专业化，同时也注重与全球化过程的相互强化和融合。在此基础上，欧洲国家通过制定空间规划和空间政策的形式将这些理念融入其中，从而支撑地方竞争力的提升和区域发展。

（三）重视空间规划的协调与整合

分割性的或不协调的规划往往会造成空间发展管理的混乱，很难达到预期的规划效果，因此，对不同的规划进行统筹协调成为发达国家规划制定过程中的侧重点。依据发达国家的经验，各国协调不同部门、地区和层级规划的方式主要有三种。第一，针对不同地区的国土空间规划，发达国家往往会通过专门政策的制定或开发项目的设立进行协调，比如针对某一跨地区的交通问题或环境问题，专题政策或项目是最常见的解决方案。第二，针对不同部门间的空间规划，发达国家通常会采用两种组织方式进行协调，一是比较正式的组织重构，即通过机构调整、合并的方式来对空间规划进行整合，二是通过成立部门间协调组织的非正式方式对跨部门的空间规划进行整合，后一种方式效率较高且改革成本较低，为发达国家时常采用。第三，针对不同层级的空间规划，更高层级的规划往往具备更高的约束力和协调作用。国家、区域和地方等不同层次的空间规划具有不同的目标、框架、实施手段和工具，缺少任何环节，其他层次的规划效果都将大打折扣。因此，地方层面的规划固然是社会管理和经济发展的关键，但如果没有更高层次规划的协调和干预，地方之间的竞争和无序必然会破坏规划的指导作用。

（四）注重可持续发展

20 世纪 90 年代以来，可持续发展成为世界主流的发展理念和发展战略。2007 年，欧盟通过《莱比锡宪章——欧洲可持续发展城市》，环境保护、城乡协调和基础设施建设成为近些年来欧洲国家空间规划关注的重点。在发达国家，当其社会经济发展到一定的阶段和水平之后，环境保护便成为其区域规划和政策关注的重点。因此，发达国家率先改变了以增长为主要目标的社会发展方式，转而追求一种注重生态和环境的可持续发展方式。在空间规划的内容上，这一改变主要体现为关注生态问题，着力解决国土空间开发与资源环境承载力的不匹配问题。欧洲国家也十分注重城乡地区的协调发展。一方面，城市被认作可持续发展和包容发展的引擎，是生活、工作、投资和旅游的理想之所，城市合作和城市网络可大大促进城市区域的智能开发和城市发展的高度统一；另一方面，欧洲也关注城郊地区、外围乡村地区与城市间的多样化链接，鼓励城乡地区通过伙伴合作的方式整合其治理和规划体系，增强其互相依存度。在此基础上，欧洲国家认为大城市或大都市区有责任带动广大周边地区的发展，所以他们关心乡村到市中心的可通达性，主张在空间规划中侧重基础设施建设，以确保乡村地区的公民在城市工作的便利性或享受高质量的公共服务。

（五）注重公众参与

发达国家十分注重政策制定中的民主参与。在空间规划领域，不同形式的公众参与在各国均有体现。如前文所述，美国十分注重产权的保护，不仅公民在规划的制定过程中起主导作用，其他利益主体，尤其是市场主体能在很大程度上参与规划的编制。英格兰的邻里规划制度将规划权力下放到社区，授权社区居民直接参与决策社区规划事务，这种自下而上的规划制定形式大大提高了规划的民主性和透明度，保证了规划的科学性和可操作性，同时也提升了规划的法律效力。德国的美学委员会也将很多不同利益团体容纳进地方的空间规划过程中来。在亚洲，日本允许利益相关方参与区域规划制定的各个阶段，在其第六次国土规划（2006～2020年）中，日本政府就特别提出规划要向新公共领域拓展，开放参与空间，使社会公众更大限度地参与到国土空间规划中来。

（六）注重信息技术应用和智能发展

这是一个信息化的时代，所有人和事物皆能通过不同模式的通信设备互联成网，海量信息都可贴上地理位置标签并加以使用。随着信息化社会的到来，信息技术和智能城市理念对空间规划提出了更高的要求，发达国家已开始在空间规划体系中对这一领域的技术进步加以引进。比如，美国IBM公司率先提出智能城市的概念，即建立一个智能运营平台，通过复杂的数据处理和分析技术来帮助城市管理者更好地预测问题和解决问题。进入21世纪以来，欧洲国家纷纷在信息和通信技术的基础上，拓宽了智能城市的应用维度，在经济、交通、环境、生活和管理等诸多领域对传统城市规划提出新的要求。此外，日本在其"七全综"中也专门提出"紧凑型+互联网"社会的理念，试图通过整合无限的信息资源来维持高质、高效的社会公共服务水平。这一理念利用先进的互联网技术，规划搭建区域间、城市内的互联互通平台，通过互联网创新技术，发展互联网金融、在线教育、在线医疗、网上租车等分享经济模式，实现人流、物流、信息流的信息资源集聚和利用，进

而创造出新的价值和成果。由此可见，信息技术和智能城市理念已融入发达
国家的空间规划体系，在未来这一趋势也将为更多的国家所认同。

参考文献

欧洲理事会：《欧洲区域/空间规划宪章》，1983。

Royal Town Planning Institute. Shaping and Delivering Tomorrow's Places：Effective Practice in Spatial Planning, 2007, http：//discovery. ucl. ac. uk/10828/1/10828. pdf.

日本国土交通省国土政策局：《德国空间政策概述》，http：//www. mlit. go. jp/koku dokeikaku/international/spw/general/germany/index_ e. html。

曲卫东：《联邦德国空间规划研究》，《中国土地科学》2004 年第 2 期，第 58 ~ 64 页。

谢敏：《德国空间规划体系概述及其对我国国土规划的借鉴》，《国土资源情报》2009 年第 11 期，第 22 ~ 26 页。

System of Spatial Planning in Germany，http：//www. special-eu. org/assets/uploads/4_ Strauss_ Planingssystem_ Germany_ Modul_ 2. pdf.

张莹、尹彤、陈衡军：《国外空间规划用地分类研究及其对我国的启示》，《测绘标准化》2017 年第 4 期，第 1 ~ 5 页。

蔡玉梅、陈明、宋海荣：《国内外空间规划运行体系研究述评》，《规划师》2014 年第 3 期，第 83 ~ 87 页。

Germany-Planning System，http：//www. special-eu. org/knowledge-pool/module-2-spatial-planning-frameworks/policies-and-objectives/germany-planning-systems/.

李倩、窦筝：《国外宏观空间规划编制与实施》，《城乡建设》2017 年第 4 期，第 69 ~ 73 页。

孙斌栋、殷为华、汪涛：《德国国家空间规划的最新进展解析与启示》，《上海城市规划》2007 年第 3 期，第 54 ~ 58 页。

日本国土交通省国土政策局：《荷兰空间政策概述》，http：//www. mlit. go. jp/koku dokeikaku/international/spw/general/netherlands/index_ e. html。

Government of the Netherlands. https：//www. government. nl/topics/spatial-planning-and-infrastructure/spatial-planning-in-the-netherlands Revision of Environment and Planning Laws，https：//www. government. nl/topics/spatial-planning-and-infrastructure/revision-of-environment-planning-laws.

蔡玉梅、何挺、张建平：《法国空间规划体系演变与启示》，《中国土地》2017 年第

7 期，第 32～34 页。

任进:《中欧地方制度比较研究》，国家行政学院出版社，2007。

日本国土交通省国土政策局:《法国空间政策概述》，http：//www.mlit.go.jp/kokudokeikaku/international/spw/general/france/index_ e.html。

蔡玉梅:《空间规划体系，看看国外怎么建?》，《中国自然资源报》2018 年 6 月 2 日。

卓健、刘玉民:《法国城市规划的地方分权——1919～2000 年法国城市规划体系发展演变综述》，《国外城市规划》2004 年第 5 期，第 7～15＋6 页。

刘健:《法国国土开发政策框架及其空间规划体系——特点与启发》，《城市规划》2011 年第 8 期，第 60～65 页。

《空间规划要多考虑民生——德国、法国、荷兰实施国土开发战略与规划的经验和启示》，《中国经济导报》2011 年 3 月 22 日，http：//www.ceh.com.cn/ceh/jryw/2011/3/22/76915.shtml。

Healey，P. Collaborative planning：Shaping places in fragmented societies：UBc Press，1997.

弗朗兹·肖斯伯格:《欧洲治理的地区与地方维度》，载《社会治理创新——第二节中欧政府高层论坛文集》，国家行政学院出版社，2006，第 334 页。

郑玥、余亦奇:《地方主义背景下的英国邻里规划及其对于中国的启示》，载《规划60 年：成就与挑战 2016 中国城市规划年会论文集》，2016，第 11 页。

McKay，D. H. and Cox，A. W.（1979）The Politics of Urban Change. Croom Helm，Beckenham.

Hall，P.（1989）London 2001. Unwin Hyman，London.

杨滔:《新区域主义在新大伦敦空间总体规划中的诠释》，《城市规划》2007 年第 2 期，第 19～23 页。

齐爽:《英国城市化发展研究》，吉林大学硕士学位论文，2014。

蔡玉梅、高延利、张建平、何挺:《美国空间规划体系的构建及启示》，《规划师》2017 年第 2 期，第 28～34 页。

Krzysztof Gawroński，Kristof Van Assche，Józef Hernik. Spatial Planning in the United States of America and Poland. *Infrastructure and Ecology in Rural Areas*. 2011－11，page 53－69.

Sies M.，C. Silver Eds. 1996. Planning the twentieth century American city，Baltimore：Johns Hopkins University Press.

Elliot D. 2008. A better way to zone. Ten principles to create more livable cities，Washington.

Platt D. 2003. Land use and society，Washington：Island Press.

张弢、陈烈、慈福义:《国外空间规划特点及其对我国的借鉴》，《世界地理研究》

2006 年第 1 期，第 56～62 页。

钮小杰、王筱春、王小军：《国外国土空间规划实践的异同与启示》，《云南地理环境研究》2013 年 12 月第 6 期，第 97 页。

姜雅、闫卫东、黎晓言、鲍荣华、侯一俊、袁志洁、周起忠：《日本最新国土规划（"七全综"）分析》，《中国矿业》2017 年第 12 期，第 70～79 页。

胡安俊、肖龙：《日本国土综合开发规划的历程、特征与启示》，《城市与环境研》2017 年第 4 期，第 47～60 页。

蔡玉梅：《国际空间规划体系对我国国土空间规划的启示》，https：//wenku. baidu. com/view/ef90194c804d2b160b4ec0c9. html。

Allmendinger, P. & Haughton, G. The Evolution and Trajectories of English Neo-liberal Spatial Governance, 'Neo-liberal' episodes in planning, Planning Practice and Research, 27, 2012. Bas Waterhout, Frank Othengrafen & Olivier Sykes. Neo-liberalization Processes and Spatial Planning in France, Germany, and the Netherlands: An Exploration, Planning Practice & Research, Vol 28, 2013, page 141 – 159.

Olesen, Kristian. The Neoliberalisation of Strategic Spatial Planning, Planning Theory, vol. 13, 2014, page 288 – 303.

张伟、刘毅、刘洋：《国外空间规划研究与实践的新动向及对我国的启示》，《地理科学进展》2005 年第 3 期，第 79～90 页。

Sustainable spatial planning: the Netherlands and South Korea, retrieved from https://www. netherlandsandyou. nl/about-the-kingdom/sustainable-urban-planning/south-korea http://www. mlit. go. jp/kokudokeikaku/international/spw/general/netherlands/index_ e. html.

申玉铭、毛汉英：《国外国土开发整治与规划的经验及启示》，《世界地理研究》2004 年第 2 期，第 33～39 页。

朱金鹤、崔登峰：《发达国家国土空间规划对中国主体功能区规划的借鉴与启示》，《世界农业》2012 年第 8 期，第 17～20、40 页。

B.14
城市棕地治理的国际经验及借鉴

单菁菁 王斐*

摘　要： 当前中国经济正在由高速增长阶段转向高质量发展阶段，随着经济结构调整和产业转型升级，大量城市"棕地"亟须治理和再开发利用。本文将着重梳理和总结欧美等发达国家在"棕地"治理方面的主要措施、治理模式、适用地区和经验启示，为我国棕地治理提供借鉴。

关键词： 棕地治理　治理模式　经验借鉴

一　引言

改革开放以来，中国工业化、城镇化经过 40 年的快速发展，整体上进入工业化后期阶段。与此同时，中国经济也由高速增长阶段转向高质量发展阶段。随着经济结构调整和产业转型升级，城市原有的部分产业用地因与城市功能和周围的用地性质不匹配而被废弃或闲置（如工矿废弃用地等），并常常伴随土壤污染、重金属污染、地下水污染等环境问题。这些废弃或闲置且具有一定环境风险的产业用地被统称为"棕地"。我国的棕地具有分布广、类型多、规模大、环境问题突出等特点，带来了严重的资源浪费和社会环境问题，亟须治理和转型。

---

* 单菁菁，中国社会科学院城市发展与环境研究所规划室主任，研究员，博士，研究方向：城市与区域发展战略、城市与区域规划、城市与区域管理等；王斐，中国社会科学院、上海大学上海研究院硕士，研究方向：城市经济、城市管理。

城市"棕地"治理及其再开发利用是世界各国在工业化进程中普遍遇到的问题，欧美等发达国家由于工业化进程开始较早，目前大都已进入后工业化时代，在城市"棕地"治理方面积累了大量的实践经验。梳理总结这些发达国家的"棕地"治理经验与模式，对推动我国开展"棕地"治理及再开发、提高城市土地利用效益具有积极的借鉴意义。

二 国外棕地治理的主要模式

一般认为，关于"棕地"（Brownfield）较早和较权威的界定，来自美国国会于1980年通过的《环境应对、赔偿和责任综合法》（Comprehensive Environmental Response, Compensation and Liability Act, CERCLA）。在此基础上，美国环保署（U. S. Enviromental Protection Agency, EPA）将"棕地"定义为因有害物质、污染物的存在或潜在存在而使其扩张和再开发利用变得复杂的土地[①]。这与我国对"棕地"的界定基本一致，即棕地是指"已废弃、闲置或限产的工业或商业用地……其扩展或再开发受现有或潜在的环境污染风险而变得复杂"[②]。

棕地治理及其再开发利用是一项复杂的工程，需要对棕地的污染状况（特别是其土壤和地下水污染程度及主要污染物）、区位条件、发展基础、规划要求以及其在城市未来发展中可能承担的功能进行综合考量，在此基础上研究制定棕地治理的综合方案，明确棕地再利用的方向。欧美等发达国家在产业转型升级和土地再开发利用过程中，出台了一系列关于棕地治理的政策，进行了大量探索与实践，并形成了"棕地"治理的三种主要模式。

（一）生态治理模式

生态治理模式主要是以生态修复、景观规划为主，对棕地进行持续性的

---

① https://www.epa.gov/brownfields/overview-brownfields-program.
② 建筑学名词审定委员会：《建筑学名词2014》，科学出版社，2014。

生态修复，并适当保留其原有的文化内涵，增加基础建设，再开发为服务当地居民的公园、广场或城市综合体。这种模式既为公众提供了公共绿色开敞空间和休闲娱乐场所，又为城市提供了储备用地。

生态治理模式在目前世界各国棕地治理中应用最为广泛，西雅图煤气厂公园、加拿大多伦多约克维尔公园、伦敦奥林匹克公园、德国北杜伊斯堡景观公园等都是运用该模式进行棕地治理的典型案例。以西雅图煤气厂公园为例。西雅图煤气厂公园前身是华盛顿天然气公司旗下的一家煤气厂，建于1906年，1956年倒闭。由于废料排放未进行及时的处理，常年的污染物堆积使这块区域成为西雅图的严重污染地。西雅图公园管理部门在买下该地后，运用生态修复技术对土壤进行污染治理和生态修复，对厂区空间进行重构设计，根据原址上保留的厂房设施及工业设备特点，进行相应的功能分区设计和景观规划，并基于此对地形和工业设备进行改建提升，将这块土地成功改造为西雅图的中央公园。西雅图煤气厂公园作为标志性的棕地治理成功案例，其尽可能保护和合理利用资源、尊重场地历史文化的建设理念，对后期将棕地治理与生态建设相结合的城市更新发展模式产生了深远影响。

生态治理模式下的棕地治理，其出发点往往具有社会服务和公益性质，多体现为一些生态型的公益项目，因而在实施过程中，往往会进行问卷调查和民情考察，参考公众意见进行设计。而适用生态型棕地治理模式的地区一般具有以下特点。

（1）多位于老工业城市，这类城市因早期工业发展遗留下来的棕地面积较大，遗留的环境污染问题也更为突出。

（2）现存的老工业产业为数不多且已逐渐开始退出，处于产业衰退期或产业转型期。

（3）大面积棕地的存在一定程度上限制了整个城市的土地利用效率和经济发展。

在此背景下，城市采取生态治理模式，旨在通过对棕地的生态化改造，将棕地打造成公共绿色开敞空间，一方面为居民提供大型生态公园或绿地广场等休闲场所，提高居民的生活环境水平，以此吸引更多人群居住，从而达到为区域引入人力资源、注入更多发展活力的目的；另一方面则可以作为城市发展的储备用地，在改善现有土地利用效率的同时，为城市未来发展的布局规划提供新的可能。

（二）文化植入模式

文化植入模式主要是在保留工业遗产文化元素的基础上进行城市棕地修复，依托场地本身的文化内涵，在生态修复和污染治理的基础上，保持其历史特色和文化内涵，并据此注入更多的创意设计，将棕地改造成以旅游或文化创意产业为主体的场所，如以工业遗产历史文化为背景的主题公园、文化旅游区、大型的文化创意基地等。这种模式既保护了该地区的历史文化遗产，又为棕地的再利用带来了经济效益，在一定程度上实现了棕地治理、环境改善和经济发展、效益回报的结合。纽约曼哈顿 SOHO 区、美国普罗维登斯钢铁工厂庭院、法国巴黎的奥赛艺术博物馆、德国艾森矿业同盟工业区都是运用文化植入模式进行城市棕地治理的典型代表。

以普罗维登斯钢铁工厂庭院为例，普罗维登斯钢铁工厂庭院的前身主要经营钢铁产业，由于钢铁生产加工排放的大量废水废渣，该地区的土壤和地下水都受到了重金属污染，严重影响了当地居民的身体健康。项目组在对棕地进行了深入细致的调查后，采取了文化植入模式的综合治理方案：（1）对于重金属污染物采取原位稳定、覆盖隔离的处理办法，将污染土壤进行化学处理，再在上面铺上洁净的新土壤。（2）采取种植多样性本地化的植物和建设雨水排收设施等生态修复方法，利用植物根系吸附土壤中的重金属，利用雨水排收设施对污染土壤进行清洗过滤，同时防止雨水下渗继续污染地下水，既治理了污染，又美化绿化了厂区环境。（3）结合老钢铁工厂的文化内涵，对原有旧厂区的办公大楼、生产车间等进行建筑改造和功能更新，并使用了大量具有工厂特色的再生材料，如金属废料、工地废料、废弃机械、旧吊车等都被作为建筑材料或地标装饰进行加工集成，进一步凸显了老工厂的文化特质和场地特色。（4）引入文化、艺术、创意等要素，将原有厂区

改造为艺术创造区、工作区和休憩区①，使之成为当地举行音乐、艺术、舞蹈、表演、艺术家创作等文化活动的中心。普罗维登斯钢铁工厂庭院的棕地改造为旧厂区的再生利用注入了勃勃生机，对促进当地的可持续发展发挥了积极作用。

法国巴黎的奥赛艺术博物馆也是文化植入式棕地治理的成功范例。奥赛艺术博物馆位于法国巴黎塞纳河左岸，其前身是一座火车站，因为站台过短不能满足新型火车的停靠需求而于1939年后被逐渐废弃并长期闲置。蓬皮杜总统曾建议将其改造为艺术博物馆。1983年火车站棕地改造项目正式启动，车站原有的宏伟而充满艺术气息的大厅建筑、站台建筑都被完美地改造，用于艺术品的陈列与展示。目前，奥赛艺术博物馆建筑面积超过4.5万平方米，拥有4700多件珍贵的艺术藏品，包括雷诺阿、德加、莫奈、塞尚、罗丹、梵高、马奈、高更等著名艺术家的作品，已经成为闻名于世的旅游热点和巴黎的三大艺术宝库之一。

文化植入模式一般适用于以下类型的棕地治理。

（1）棕地本身具有较高的历史意义、文化底蕴或地方特色。

（2）棕地处于旅游城市，旅游人口相对密集。

通常情况下，前者多偏向于将棕地治理和发展文化创意产业相结合，试图以此增加社区发展活力，促进城市新兴文化产业的发展。而后者则更倾向于将棕地的文化改造与旅游业相结合，以进一步汇聚人气，推动旅游业的繁荣。

文化植入模式的棕地治理在我国也多有运用，如北京798艺术区、上海M50、景德镇的陶溪川等都是相对比较成功的案例。值得注意的是，因为文化植入式棕地改造存在较大的获利空间，一些投资企业可能一味追求经济利益，在房地产和建筑改造上投入较大精力和资本，而忽略了棕地本身的环境治理和生态修复。这样往往会造成项目结束后棕地修复的不彻底，土壤及地下水检测不达标，最终导致整个项目的失败。

---

① 王慧、江海燕、肖荣波、李智山：《城市棕地环境修复与再开发规划的国际经验》，《规划师》2017年第3期，第19~24页。

（三）产业置换模式

产业置换模式主要是在棕地治理基础上，引进高新技术等新兴产业，以这类无污染或污染极低的新兴产业对原污染较高的传统产业进行置换。既从源头上斩断了治理棕地再污染的可能性，也为一些处于转型期、产业衰败的城市带来新的经济发展机遇。运用产业置换模式进行城市棕地治理的典型案例，包括英国曼彻斯特科技园、伦敦金丝雀码头再开发以及德国鲁尔区等。

以德国鲁尔区的棕地治理为例。德国鲁尔区处于德国和整个欧洲地区的交通枢纽地带，拥有丰富的煤炭和矿产资源，从 19 世纪中期到 20 世纪 50 年代一直是德国乃至欧洲最重要的煤炭钢铁工业基地，被称为"欧洲工业的心脏"。从 20 世纪 50 年代末开始，受科技革命和新经济发展的冲击，其传统工业逐渐走向衰落，陷入经济发展迟滞的困境。同时，作为一个重工业区，鲁尔区的环境污染问题也十分严重。为使鲁尔区重焕活力，政府决定将棕地治理、国土整改、产业置换结合发展，对鲁尔区进行综合整治与产业更新。其主要措施包括：（1）出台《联邦区域整治法》，将鲁尔区综合整治纳入法制轨道；（2）成立鲁尔区开发协会，编制出台德国第一个区域整治规划——《鲁尔工业区总体发展规划》，通过规划引导鲁尔区的综合整治；（3）加强生态修复，重视环境保护，完善交通网络，从多方面入手改善鲁尔区的整体环境；（4）以钢铁和煤炭为基础，出台鼓励性政策，引入和发展电子、信息、通信等新兴产业，改善和优化经济结构。通过综合整治，鲁尔区实现了产业的转型升级，迅速走出了经济低谷。

适用于产业置换式棕地治理的地区一般具有以下特点。

（1）多为资源型城市或传统工业区。

（2）面临资源枯竭或传统产业衰落的困境，迫切需要产业转型。

（3）人口密集、土地资源稀缺。

（4）但同时又存在大面积棕地，土地利用效率低下。

这类城市或老工业区由于建设用地稀缺，往往需要通过棕地治理和产业置换，实现对存量土地的挖潜和功能调整，从而为新兴产业发展提供用地支撑，实现城市的成功转型。

表1　不同棕地治理模式对比

治理模式	地区特点	主要目标	具体措施
生态治理模式	多位于老工业城市；棕地面积较大；污染问题较为突出；传统产业衰败，处于转型期	1. 改善区域环境品质； 2. 提升土地利用效率； 3. 增加城市储备用地	1. 对棕地进行环境治理和生态修复； 2. 将棕地改造成公共绿地、生态公园或公共休闲场所
文化植入模式	棕地本身具有较高历史意义、文化内涵或地方特色	1. 将棕地治理与发展具有文化遗产特色的旅游业相结合； 2. 将棕地改造与发展文化创意产业相结合	1. 对棕地进行环境治理和生态修复； 2. 对棕地原有的文化遗产进行保留和修复； 3. 引入文化企业，注入更多文化创意要素
产业置换模式	多为资源型城市或传统工业区；资源枯竭或传统产业衰落；人口密集，土地资源稀缺；但同时又存在大量棕地，土地利用效率低下	1. 实现地区产业转型升级； 2. 通过棕地改造为引入新产业提供发展空间	1. 对棕地进行环境治理和生态修复； 2. 进一步提升地区营商环境； 3. 引入新兴产业实现土地功能置换和产业转型

资料来源：作者根据各国实践总结整理。

三　棕地治理的主要成效

欧美发达国家作为棕地治理和再开发利用的积极倡导者及实践者，在棕地治理方面取得了丰硕成果。以美国为例，自1995年美国环保署（EPA）设立棕地项目以来，截至2018年7月1日，全美已累计实施棕地治理项目2.86万项，创造就业岗位13.86万个，整理出可供开发利用的土地7.61万英亩（见表2）。从各国实践来看，棕地治理具有显著的环境效益、经济效益和社会效益。

表 2　EPA 棕地治理项目实施情况（截至 2018 年 7 月 1 日）

项目	单位	2018 年目标	2018 年实施情况	累积实施项目
评估项目	项	1300	1570	28629
创造就业岗位	个	7000	8513	138643
提供资金*	亿美元	11	17.9	264.08
治理后可利用土地面积	英亩	5500	7036	76119

注：提供资金是指由美国环保署棕地基金提供给项目的资助金额，主要用于棕地评估或治理。

资料来源：U. S. Enviromental Protection Agency（EPA）. https：//www. epa. gov/brownfields/brownfields – program – accomplishments – and – benefits.

1. 环境效益

棕地大多为废弃的工矿用地或闲置的旧工厂，由于过去生产工艺落后、设备陈旧、环保手段不足，环境污染普遍较为严重。棕地治理不但消除了这些地块上现实或潜在的环境风险，使这些闲置土地得以被重新开发利用，也减轻了未开发土地上的发展压力。同时，对于大量旧厂房、老建筑和原有基础设施的循环利用，也减少了资源能源消耗和环境破坏，从整体上改善并保护了环境。

2. 经济效益

第一，棕地治理盘活了大量具有区位优势和很高经济价值的土地资源，提高了土地利用效益；第二，相对于新建区域，棕地再利用可以大大节约综合开发成本；第三，为新兴产业发展提供了土地支撑，促进了地区的产业升级；第四，因环境改善显著提升了周围区域的地产价值；第五，结合棕地治理，可以为地方政府带来更多社会投资和税收。以美国为例，根据 EPA 的报告，EPA 每投入棕地治理 1 美元能够产生 16.99 美元的杠杆作用。棕地治理后，能够让离棕地 1.29 英里半径内的住宅地产增值 5% ~ 15.2%，平均每块棕地每年能够为地方政府带来 2900 万 ~ 9700 万美元的额外税收[①]。

---

① EPA, Brownfields Program Accomplishments and Benefits——Leveraging Resources to Revitalize Communities, https：//www. epa. gov/brownfields/brownfields – program – accomplishments – and – benefits.

3. 社会效益

实践表明，棕地治理不仅可以改善当地居民的生活环境，为当地居民提供良好的绿色开敞空间或文化休闲娱乐场所，还可以通过综合整治带动地区振兴，从而创造更多的就业机会，减少地区犯罪的发生。如 EPA 就曾做过统计，EPA 每投入 10 万美元的棕地治理资金，可以创造 8.9 个工作岗位，并使地方犯罪率下降。

正因为棕地治理具有显著的经济社会环境效益，发达国家对于棕地治理高度重视并投入了极大的热情。如美国环保署计划在 2018 财年投入 11 亿美元、开展 1300 个棕地治理项目，完成 5500 英亩的土地整理。但实际上，截至 2018 年 7 月 1 日，全国各地已向 EPA 申请开展了 1579 个棕地治理项目，投入资金 17.9 亿美元，整理出可利用土地 7036 英亩（见表 2），远远超出预期。

四　国外棕地治理经验

通过梳理总结，本文认为欧美发达国家在棕地治理方面主要有以下几点成功经验。

一是强化组织管理。欧美发达国家在棕地治理中取得的成功与其完善的组织管理和运行机制密切相关。在棕地治理方面，很多国家都采取了政府主导、自上而下的管理机制，注重发挥政府的引导扶持作用。如在美国，联邦政府是棕地治理再开发的最高指导部门，美国环保署则负责项目计划、审核和资金支持，州政府负责监督管理地方政府的实施进展并适时给予支持，地方政府则和执行单位进行合作，共同推进具体的棕地治理项目。又如，作为欧洲经济政治共同体的欧盟，为推进欧洲棕地治理，在欧盟层面成立了一系列协调组织，包括欧洲污染场地风险评估协作行动组织（CARACAS）、欧洲工业污染场地网络组织（NICOLE）、欧洲污染场地恢复环境技术网络组织（CLARINET）以及污染场地与地下水示范处理技术与紧急技术评估组织（NATO/CCMS），以协同推进欧盟国家共同参与棕地治理。

二是完善法律保障。不断完善相关法律法规，依法管理和推进棕地治理，也是发达国家开展棕地再开发的成功经验之一。如德国政府制定了《联邦土壤保护法》《联邦土壤保护和污染场地条例》等。美国政府先后出台了《综合环境反应、赔偿与责任法》（简称《超级基金法》）、《超级基金修订与再授权法》、《棕地行动议程》、《小企业责任减免及棕地再生法》（简称《棕地法》）、《复苏与再投资法案》（简称《复苏法案》）等，对棕地的界定、环境责任及赔偿、治理与再开发等进行了明确的规定，并将美国环保署关于棕地治理的各类方案和政策编纂进《棕地法》，为公共和私营部门开展棕地治理提供实施工具和政策指南。完善健全的法律体系明确了棕地治理中的责权关系，保障了棕地治理的依法开展，在很大程度上促进了棕地治理和再开发。

三是重视技术和标准的应用。发达国家在棕地治理过程中普遍重视治理技术和标准的应用。如美国为棕地治理设置了标准化的现场调研和清理路线图，德国建立了关于棕地风险的监控体系和预防标准，荷兰则创立了通用模型对棕地风险进行标准化评估，加拿大制定了污染场地土壤质量修复目标值导则和推荐土壤质量导则，对于棕地治理的调研、评估、清理对象、方案设计、修复目标、清理修复和风险防控等予以标准化指导。在技术方面，美国专门成立了棕地和土地振兴技术研究中心（BTSC），积极探索并实践各种可用于棕地治理的技术，包括污染修复技术、景观改造技术以及其他现代技术等，在棕地改造项目中将这些技术结合运用，以取得最佳效果。例如西雅图煤气厂公园项目就是综合运用了生态修复技术和景观改造技术，采用干预最小的方案促进棕地进行自我恢复。

四是给予资金扶持。为鼓励各地政府和机构积极开展棕地治理，很多国家都设立了专门资金对棕地治理项目给予扶持。以美国为例，围绕棕地治理设立了棕地评估补助金（Brownfields Assessment Grants）、棕地循环贷款基金（BrownfieldsRevolving Loan Fund Grants）、棕地清理补助金（Brownfields Cleanup Grants）、区域规划补助金（Area – Wide Planning Grants）、劳动力发展和就业培训补助金（Environmental Workforce Development and Job Training

Grants，EWDJT）等各类专项资金，通过资助环境评估、棕地清理、就业培训等方式对棕地治理项目的各个重要环节进行支持①。

五是加强政策引导。为鼓励公众积极参与棕地治理，美国政府出台了企业责任减免、减税等政策，欢迎开发商或私人以入股形式参与项目并享有参与项目收益分配的权利。此外，美国政府还设立网站，对各地区的棕地治理开发项目进行信息公开，并设立凤凰奖和棕地重建奖，定期召开棕地年会，对企业或私人参与棕地治理予以表彰和奖励。其他很多国家也设立有类似的政策或奖项，如英国的棕地整治简报奖、加拿大的崔布朗尼奖等，对在棕地治理过程中取得突破性进展或有突出贡献的项目及企业进行奖励。

五　对我国的启示与借鉴

我国的棕地治理起步于 21 世纪初，尽管取得了很大进步，也出现了一些成功案例，但与发达国家相比，关于棕地治理的政策法律体系和开发建设体系仍不成熟，需要在借鉴国外先进经验的基础上，结合自身特点，进一步加以规范和完善。

（一）进一步完善棕地治理法律法规体系

随着政府部门对棕地的治理越来越重视，近年来我国陆续出台了一系列关于棕地治理的法律法规和政策文件，如 2014 年颁布的《污染场地风险评估技术导则》和《污染场地土壤修复技术导则》，2016 年出台的《土壤污染防治行动计划》，2017 年 7 月 1 日开始实施的《污染地块土壤环境管理办法（试行）》（以下简称《污染地块管理办法》），2018 年 8 月 31 日通过的《中华人民共和国土壤污染防治法》（以下简称《土壤污染防治法》）等，极大地推动了棕地治理和再开发利用的实践。但这些法律法规和行动计划大

---

① EPA, Types of Brownfields Grant Funding, https：//www. epa. gov/brownfields/types - brownfields - grant - funding。

多是立足国家层面的宏观指导的纲领性文件，迫切需要进一步细化和完善。

首先，研究制定相关实施细则和地方法规。在国家已出台的《土壤污染防治法》和《污染地块管理办法》的基础上，各地政府应结合当地实际，尽快研究出台土壤污染防治的地方性法规、污染地块土壤环境的地方管理办法以及相应的实施细则，具体指导各地因地制宜开展棕地治理和再开发利用实践。

其次，研究出台土壤污染责任认定方法。尽管我国《土壤污染防治法》和《污染地块管理办法》都明确了"污染者担责"的原则，要求造成地块环境污染的单位或个人承担治理与修复的主体责任；污染者无法认定的，由土地使用权人承担主体责任；责任主体发生变更的，由继承其债权、债务者承担责任。但在实际操作中，由于各种复杂的原因，土壤污染责任人不明确或有争议的现象屡见不鲜。对此，《土壤污染防治法》虽然提出建设用地的污染责任由地方政府生态环境主管部门会同自然资源主管部门联合认定，但针对认定程序、认定依据、如何认定等，仍然需要研究制定具体的责任认定方法。

（二）着力加强土壤污染风险管控

棕地是被闲置或废弃的具有现实或潜在环境污染风险的建设用地，在其治理和再开发利用过程中，要注意对土壤污染风险进行全面管控。

首先，加强土壤污染风险管控标准建设。在国家层面，根据全国土壤污染状况、环境风险、生态安全、健康影响等，尽快研制出台国家土壤污染风险管控标准。在省市层面，依据国家标准，结合地方土壤污染情况、污染因子，制定不低于国家标准且突出地方防控重点的地方性土壤污染风险管控标准。在棕地治理和再开发利用过程中，强制实行土壤污染风险管控标准，并定期评估，根据土壤环境发展情况适时修订标准。

其次，建立建设用地土壤污染风险管控名录。对全国土壤污染状况进行普查，将污染程度超过土壤污染风险管控标准的建设用地（即棕地），按照地区和污染类别纳入建设用地土壤污染风险管控名录，对其加强风险防范、

生态修复和用途管控。凡是列入风险管控名录的地块，一律不能作为公共服务和住宅用地。确需进行再开发利用的棕地，必须先进行污染清除和生态修复，修复效果评估达标后方可进入再开发流程。建设用地土壤污染风险管控名录要向社会公开、方便公众查询，经治理达标后的建设用地要及时从风险管控名录中移出。

（三）构建多元化投融资渠道

目前我国棕地治理主要由政府主导、政府投入，尽管《土壤污染防治法》和《污染地块管理办法》都明确要求棕地治理"谁污染、谁负责"，但由于企业存续等复杂原因，许多棕地无法由责任方承担治理责任。而棕地治理程序复杂、耗时长、成本高，要保障其有序开展，必须建立多元化投融资机制。

一是加大政府资金支持力度。加强政府对棕地治理的资金支持，在中央和地方层面设立土壤污染防治基金和棕地治理专项资金，对棕地风险评估、责任认定、风险管控、生态修复、技术研发等活动给予支持。

二是引导社会资本积极参与。由政府制定有利于推动棕地治理的金融、财政、税收等鼓励性政策，鼓励引导企业积极参与棕地治理。可考虑在已有的 PPP 融资模式基础上，引入第三方机构，增加 PIPP 模式。在我国现行的 PPP 模式中，对于社会资本有一定的准入要求，参与者大多是以企业的形式。PPP 模式对于资本方过高的门槛使得数额小、基数大的小型私人资本难以介入，而引入第三方机构既在资金管理中起到社会监督作用，又拓宽了融资渠道，为数量庞大的小额私人资本参与棕地治理提供了途径。

三是为棕地项目融资提供便利。在棕地项目评估报告中，将棕地价值评估作为必备内容，在通过政府组织的评估审核后，可用棕地项目为抵押向银行机构进行贷款。

（四）鼓励公众积极参与

我国《环境保护法》明确规定，所有单位和个人都有保护环境的义务及责任。我国棕地治理也应以政府为主导，鼓励公众积极参与。

一是加强信息公开。建立土壤环境数据库，建设全国土壤环境信息平台，借助互联网、云计算等技术，实现数据动态更新和信息共享。对于土壤环境质量、土壤污染风险管控标准、棕地目录、相关政策、资金专项、治理情况等做到信息公开，能够让社会公众和企业免费查阅和下载。

二是引导公众参与。政府部门在棕地治理过程中，特别是制定土壤污染风险管控标准、进行棕地环境风险评估、制定棕地治理和开发方案时，要认真听取当地居民、社会公众和企事业单位的意见。引导企业或民间环保机构积极参与棕地治理，鼓励群众通过环保热线举报棕地治理过程中不合规、不环保、污染环境的违法违规行为，更好地发挥社会监督作用。

参考文献

Dorsey J W. Brownfields and greenfields：The intersection of sustainable development and environmental stewardship. Environmental Practice，2003（5）：69 - 76.

EPA，Brownfields Program Accomplishments and Benefits——Leveraging Resources to Revitalize Communities. https：//www. epa. gov/brownfields/brownfields - program - accomplishments - and - benefits.

Federation of Canadian Municipalities. Brownfields. Ottawa，Ontario：Federation of Canadian Municipalities，2009：1.

Ministry of the Environment Government of Japan. Current status of the brownfield issue in Japan， interim report. https：//www. env. go. jp/en/water/soil/brownfields/interin - rep0703. pdf，2007 - 3/2014 - 7 - 1.

U. S. Enviromental Protection Agency（EPA），https：//www. epa. gov/brownfields/ overview - brownfields - program.

方凌波、金云峰：《欧洲棕地景观再生策略研究——以德国北杜伊斯堡公园为例》，《住宅科技》2016 年第 9 期，第 27~32 页。

高洁、刘畅、陈天：《从"永久清理"到"全局规划"——美国棕地治理策略演变及对我国的启示》，《国际城市规划》，2018 年 6 月 16 日，http：//kns. cnki. net/kcms/ detail/11. 5583. tu. 20180417. 1200. 003. html。

龚宇阳：《国际经验综述：污染场地管理政策与法规框架（第三版）》，世界银行，

2012，第 16～32 页。

黎斌、贺灿飞、黄志基、周沂：《城镇土地存量规划的国际经验及其启示》，《现代城市研究》2017 年第 6 期，第 39～46 页。

李丹：《资源枯竭型城市转型中的土地利用政策研究——以德国鲁尔区为例》，《中国房地产》2014 年第 23 期，第 58～61 页。

林慧颖：《基于多学科视角的城市棕地改造技术体系构建》，吉林大学博士学位论文，2016。

宋飏、林慧颖、王士君：《国外棕地再利用的经验与启示》，《世界地理研究》2015 年第 3 期，第 65～74 页。

王慧、江海燕、肖荣波、李智山：《城市棕地环境修复与再开发规划的国际经验》，《规划师》2017 年第 3 期，第 19～24 页。

王凯、梁红：《后工业时代棕地治理法规及复兴方法研究》，《工业建筑》2017 年第 11 期，第 68～72 页。

温丹丹、解洲胜、鹿腾：《国外工业污染场地土壤修复治理与再利用——以德国鲁尔区为例》，《中国国土资源经济》2018 年第 5 期。

张海欧：《城市工业废弃地改造的生态规划设计——以美国西雅图煤气厂公园为例》，《绿色科技》2017 年第 20 期，第 14～17 页。

郑晓笛：《工业类棕地再生特征初探——兼论美国煤气厂公园污染治理过程》，《环境工程》2015 年第 4 期，第 156～160 页。

B.15
欧洲国家公园体系建设及启示

寇梦茜　阎 凯*

摘　要： 随着我国国家公园试点项目的启动，我国国家公园的体系建
设也逐步提上日程，因而借鉴更多发达国家的成熟经验势必
成为发展过程中的重要一环。本文根据欧洲国家公园不断演
变的建成目的，将发展历程划分为三个阶段。通过对 IUCN
分类体系中国家公园定位的深入剖析，从其独特定位的角度
阐释了欧洲国家公园内部区域划分的重要性。最终整理出欧
洲国家公园体系的特点，选择其中最为独特的环境教育体系
进行介绍，并提出其对我国国家公园体系建设的借鉴意义。

关键词： 国家公园体系建设　环境教育体系　自然保护地　欧洲国家
公园

一　引言

"国家公园"概念一般认为是由美国艺术家乔治·卡特林（Geoge Catlin）
首先提出的。依据 IUCN 自然保护地分类体系的定义，国家公园是指保护大面
积的自然或接近自然的生态系统，首要目标是保护大尺度的生态过程，以及
相关的物种和生态系统特性。但自 19 世纪 70 年代世界上第一个国家公园——
美国黄石国家公园建立以来，在近一百五十年的发展历史中，其定义与内涵

---

*　寇梦茜，同济大学建筑与城市规划学院硕士研究生，研究方向：国家公园设施体系；阎凯，
同济大学建筑与城市规划学院博士研究生，研究方向：生态城市（通讯作者）。

又有更为深远的发展，从单纯对原有大面积生态系统保护，转变为国家生态格局体系建设的基石之一，转变为人与自然心灵交流的净土，转变为民众对自然生命了解学习的课堂，转变为子孙后代传承发展的自然固定资产。

随着 2017 年 9 月 26 日《建立国家公园体制总体方案》的颁布，国家公园渐渐步入国人视野。目前，我国国家公园建设正处于起步阶段，尽管已有三江源国家公园、大熊猫国家公园、湖北神农架国家公园、云南普达措国家公园等十个试点国家公园，但随着运营、养护管理的深入可以发现，我国对国家公园体系的发展过程、功能体系建设、运营模式等还不熟悉，仍需借鉴更多发达国家的经验。

欧洲国家公园自 1909 年成立至今已拥有了近一百一十年的历史，逐渐形成了完善的国家公园体系，包括制度体系、设施体系等；欧洲国家公园的功能经历了一系列的转变，从初期最为单一的保护功能到后期综合完善的社会服务功能，也包括非常重要的环境教育功能（见图 1）。如今，在欧洲 41 个国家中分布着 473 个国家公园，占据 511 万平方公里的广袤土地，完善的建设体系，构筑了欧洲国家健全的生态格局保障与社会服务功能体系。因此，了解欧洲国家公园发展历程的变迁，对我国国家公园的长远发展有着重要的指导性作用。

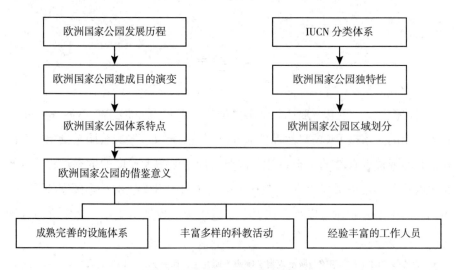

图 1　欧洲国家公园体系建设框架

二　欧洲国家公园的四个发展阶段

欧洲国家公园起步略晚于美国国家公园，主要经历了萌芽期、发展期、成熟期及拓展期等四个阶段。但与美国不同的是，欧洲并不是一个国家，近五十个国家有着截然不同的政治体制与发展理念。因此，此处所说的发展阶段是综合欧洲各国国家公园发展的整体情况所划分的。与美国国家公园相比，另一不同之处则是由于欧洲各国大多拥有丰富的人文遗产，很多欧洲国家公园中都存在一定数量的村镇居民和经济活动，也有一些欧洲国家会对国家公园中主要的农业景观予以保护。这一特点对欧洲国家公园的发展历程也有着重要影响。

（一）萌芽期（1909～1945）

第一个欧洲国家公园是由瑞典在 1909 年所设立的，同年瑞典又设立了 8 个国家公园，分别为 Hamra，Garphyttan Ängsö，Gotska Sandon，Abisko，Pieljekaise，Sarek，Stora sjöfallet，Sonfjället。这第一批国家公园是根据它们的审美价值或旅游价值非常随机地建立起来的，并且集中分布在瑞典的北部地区。瑞典作为第一个设立国家公园的欧洲国家，其发展模式是极具代表性的，瑞典国家公园是这一阶段欧洲国家公园发展的缩影。在这一阶段，绝大部分的欧洲国家公园都设立在人迹罕至的高山地区。

在这一阶段，国家公园设立的主要目的是为了保护自然区域及自然资源以便进行相关的科学研究，此外还有爱国主义教育的作用，并逐渐向旅游方向过渡。在萌芽期，欧洲国家公园更为侧重珍稀物种、生态完整性以及环境多样性的保护。

（二）发展期（1945～1975）

1945 年后的三十年是欧洲国家公园蓬勃发展的黄金时期，至 1975 年几乎每一个欧洲国家都设立了自己的国家公园。各个国家由于政治经济体

制的不同，设立国家公园的目的也不尽相同。但民族自豪感与地域认同感仍然是不可忽视的原因，这也导致越来越多的国家公园设立在可达性较好的地区，逐渐开始迎合人们的旅游需求。人们也对这种功能多样化的趋势表现出一定的担忧，因为人类毕竟是国家公园保护范围内不可分割的一部分，无论是原住民的居住还是游客的游憩都对国家公园的发展有着举足轻重的影响。

1948 年 10 月，IUCN（International Union for Conservation of Nature，国际自然保护联盟）在法国枫丹白露成立，该组织对推进欧洲国家公园乃至全球自然保护地的发展都起到了重要的作用。同时，这一阶段也是环境保护教育的萌芽期，初期基础的解说设施逐步设立，国家公园的管理者逐渐有了对游客进行环境教育的意识，这一转变也使得欧洲国家公园有了新的使命，为日后国家公园在处理人与自然的关系、运营、养护等方面奠定了基础。

（三）成熟期（1975~2003）

20 世纪 70 年代，欧洲自然与国家公园联合会的出现极大地推动了欧洲国家公园及自然保护地的蓬勃发展。1997 年，该组织以 EUROPARC 正式命名，致力于通过国际合作、交流思想经验以及影响政策来改善欧洲保护地的管理。作为欧洲保护区的代表机构，EUROPARC 的发展也是欧洲国家公园的成长历程。从表 1 中看出，愈来愈多的项目是针对环境教育开展的，比较典型的有：1985 年首次护林员培训，1994 年开展的"合作与交流计划"，1995 年开设的青年自然保护主义者奖学金，等等。

自 1975 年起，欧洲国家公园逐步发展完善，渐渐步入了成熟期。这种成熟不仅仅体现在设施体系与管理体制方面，更多的是思想观念上的成熟。国家公园管理者逐渐认识到青少年是欧洲国家公园未来不可或缺的一部分，而国家公园工作人员则是青少年最好的老师，例如护林员、教育工作者、导游，等等。他们多年的工作经验就是对自然最贴切的注解，也可以让青少年更好地了解国家最引以为傲的宝贵资源。

表 1 EUROPARC 发展历程

发展阶段	年份	历史事件	管理体制	环境教育	生态网络
发展期	1973	欧洲自然与国家公园联合会(the Federation of Nature and National Parks of Europe)成立,即如今 EUROPARC 联合会的前身	√		
	1974	第一届欧洲自然与国家公园联合会正式会议在德国戈斯拉尔召开	√		
成熟期	1975	第一批 15 个成员国加入欧洲自然与国家公园联合会	√		
	1979	欧洲自然与国家公园联合会在欧洲委员会环保委员会获得观察员席位	√		
	1984	第一次人员交流(德国巴伐利亚森林国家公园和英国峰区国家公园)		√	
	1985	欧洲自然与国家公园联合会开展员工交流项目		√	
	1985	欧洲自然与国家公园联合会在英国 Losehill Hall 举办首次护林员培训研讨会		√	
	1986	欧洲自然与国家公园联合会成员国达到 50 个	√		
	1988	欧洲自然与国家公园联合会与 IUCN 和 WCMC 签署谅解备忘录	√		
	1988	欧洲自然与国家公园联合会启动"欧洲自然与国家公园清单项目(Inventory of Nature and National Parks of Europe)"	√		
	1988	初次提出 EUROPARC 这个名字	√		
	1989	EUROPARC 发表欧洲 IUCN 管理分类实践的相关报告	√		
	1990	EUROPARC 建立德国分部	√		
	1991	EUROPARC 建立大西洋群岛分部	√		
	1991	EUROPARC 设立"生态旅游与公园项目(Ecotrans and Parks)"		√	
	1992	国家公园环境保护目标的合理性	√		
	1993	EUROPARC 建立西班牙分部	√		
	1994	EUROPARC 开展"合作与交流计划(Partnership & Exchange Programme)"		√	
	1995	EUROPARC 起草首版欧洲保护地可持续旅游宪章(European Charter for Sustainable Tourism in Protected Areas)	√		

续表

发展阶段	年份	历史事件	管理体制	环境教育	生态网络
发展期	1995	EUROPARC 成立两个为青年自然保护主义者提供的奖学金		√	
	1997	自然与国家公园联合会以 EUROPARC Federation 的名字正式命名	√		
	1997	EUROPARC 建立意大利分部	√		
	1997	EUROPARC 启动"专业知识交流项目（Expertise Exchange）"		√	
	1999	第一个欧洲公园日：来自18个欧洲国家的100多个组织参与了活动		√	
	2000	EUROPARC 启动第二阶段"专业知识交流项目（Expertise Exchange）"		√	
	2000	EUROPARC 建立捷克分部	√		
	2000	欧洲保护地可持续旅游宪章最终版出版	√		
	2001	EUROPARC 咨询公司成立	√		
	2001	EUROPARC 与美国国家公园管理局签署谅解备忘录	√		
	2002	EUROPARC 启动青少年护林员项目		√	
拓展期	2003	EUROPARC 启动越境公园计划（Transboundary Parks Programme）			√
	2003	EUROPARC 建立北欧波罗的海分部	√		
	2004	EUROPARC 与欧洲自然保护组织（Eurosite）和电子文献组织（ELO）启动了生态网络立法提案程序（Natura Network Initiative）	√		
	2006	EUROPARC 启动了 NatuRegio 培训项目		√	
	2007	EUROPARC 启动了"为自然而工作——工作中的自然（Working for Nature-Nature for Working）"项目		√	
	2007	EUROPARC 启动了"Natura 2000 合作项目"			√
	2009	EUROPARC 启动了公园与福利项目（Parks and Benefits）		√	
	2010	EUROPARC 启动了"欧洲公园志愿者管理（Volunteer Management in European Parks）项目"		√	
	2010	EUROPARC 启动了"企业、国家公园与保护地参与的可持续旅游项目（STEPPA – Sustainable Tourism in Enterprises, Parks and Protected）"		√	

续表

发展阶段	年份	历史事件	管理体制	环境教育	生态网络
发展期	2011	EUROPARC 启动了"青少年公园活动项目(Action for Youth in Parks)"		√	
	2012	EUROPARC 启动了"N2000 合作高效管理者项目(Action for Youth in Parks)"			√
	2012	越境公园计划(Transboundary Parks Programme)启动十周年			√

资料来源：EUROPARC Federation，2013。

在这一阶段的初期，游客不再仅仅满足于单纯的游览体验，而更倾向于参与、学习、沉浸式的游憩活动，同时人们也愈来愈关心国家公园的环境现状并更渴望了解自然。人们游憩需求的转变也促使管理者思想上的转变，并推进了环境教育的快速发展（见图 2）。近十年来，欧洲国家公园环境教育已逐渐发展成熟，形成了完善的环境教育体系。由此可见，欧洲国家公园与其环境教育体系的发展变迁是相辅相成的（见图 3），环境教育体系的蓬勃发展也标志着国家公园进入了一个崭新的阶段。

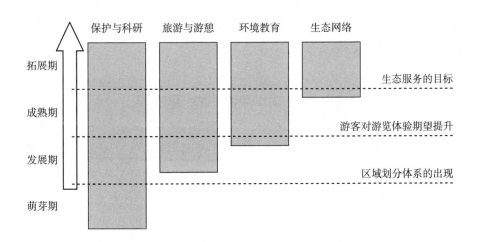

图 2 欧洲国家公园及其环境教育体系发展阶段

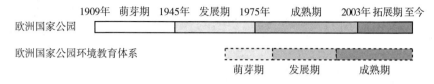

图3　欧洲国家公园及其环境教育体系发展阶段

（四）拓展期（2003至今）

2003年，EUROPARC启动越境公园计划（Transboundary Parks Programme），这对欧洲国家公园来说是具有划时代意义的。前文提到欧洲众多国家都拥有自己的国家公园，其中不乏边界相连的国家公园，例如阿尔卑斯山脉附近的德国贝希特斯加登国家公园、意大利大帕拉迪索国家公园、法国瓦娜色国家公园等。但生态系统与国土不同，是不可割裂的，这也体现出欧洲范围内不同国家通力合作的重要性。

在这一阶段，欧洲国家公园逐渐加强了欧盟范围内的合作。同时人们渐渐意识到国家公园除了游憩、环境教育等功能外，还是城市甚至国家重要的生态网络系统组成部分，拥有更为重要的功能：生态碳存储、可持续水循环、土壤保护等。欧洲国家公园与其他欧洲自然保护地覆盖了欧洲土地面积的21.8%（不包括格陵兰岛），可以说保护这片珍贵的土地不仅仅是国家的责任，更是整个欧洲的责任。

三　欧洲自然保护地分类体系

了解欧洲国家公园体系的前提是理解欧洲国家公园在自然保护地分类体系中的意义及其定位。欧洲国家遵循IUCN自然保护地分类体系，将自然保护地划分为七大类。其中，国家公园作为II类保护地具有重要的生态价值，同时也是科学、教育、游憩等活动的重要组成部分。但在IUCN分类体系中，国家公园并不仅仅局限于这一大类，而是在其他类别也有少量的分布（见图4）。

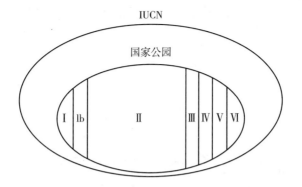

图4 IUCN分类体系与国家公园的从属关系

资料来源：Living Parks：100 Years of National Parks
in Europe，2009。

事实上，国家公园的发展历史远远长于IUCN分类体系，只是在分类的过程中将其划分为第二类大型保护区，沿用了"国家公园"的名字。如今，一些国家为了更好地实现国家公园保护目的，并确定更为适宜的管理体系，已开始将国家公园划分为其他保护类别（见表2）。

表2 国家公园其他分类

分类	名称	国家	面积(公顷)	建立年份
Ia	Dipperu National Park	澳大利亚	11100	1969
Ib	Guanacaste National Park	哥斯达黎加	32512	1991
III	Yozgat Camligi National Park	土耳其	264	1988
IV	Pallas Ounastunturi National Park	芬兰	49600	1938
V	Snowdonia National Park	英国威尔士	214200	1954
VI	Expedition National Park	澳大利亚	2930	1994

作为IUCN分类体系中重要的组成部分，国家公园（II类）拥有自身独特的定位（见表3）。通过比较可以看出，国家公园（II类）更为侧重于建成区域内完整生态系统的保护，其中部分区域会建设一定量的游憩基础设施，以承担一些低影响游憩活动的需求，但通常不会有大量的资源使用（见图5）。国家公园（II类）为了便于内部资源的保护管理，内部会设置相

应的区域划分，例如，核心区、发展区、荒野保育区、生态缓冲区等。虽然欧洲各国国家公园区域划分各不相同，但最终目的都是为了实现国家公园内部保护等级的划分，这对实现保护其重要生态价值的目标至关重要。而环境教育活动所需要的自然资源正是依赖这样的保护体系才得以保存，后期环境教育活动的开展也需要依据国家公园区域划分来进行安排。

表3　国家公园（Ⅱ类）的独特之处

分类	相比于其他类别的特点
Ia	Ia类自然保护地通常面积较小。国家公园(Ⅱ类)一般不会像Ia类自然保护地那样进行严格保护,可能会包含一些游憩基础设施和游览活动。但国家公园(Ⅱ类)通常会有核心区,而在核心区内访客数量受到严格控制,这类似于Ia类自然保护地
Ib	Ib类自然保护地通常面积较大。国家公园(Ⅱ类)的游览活动可能与荒野地区大不相同。由于国家公园(Ⅱ类)的基础设施更多(步道、道路、旅馆等),因此访客数量可能更多。国家公园(Ⅱ类)通常会有核心区,而在核心区内访客数量受到严格控制,这可能与Ib类自然保护地更接近
Ⅲ	Ⅲ类自然保护地通常面积较小,其管理多聚焦于一个单一的自然特征,而国家公园(Ⅱ类)则侧重于维护一个完整的生态系统
Ⅳ	国家公园(Ⅱ类)侧重于维护生态系统大尺度上的生态完整性,而Ⅳ类自然保护地则旨在保护栖息地和个体物种。在实践中,Ⅳ类自然保护地通常比较小,并不足以保护整个生态系统。因此国家公园(Ⅱ类)和Ⅳ类自然保护地之间的区别在一定程度上体现在:Ⅳ类自然保护地的范围可能非常小(独立的沼泽、碎片化的林地等),而国家公园(Ⅱ类)则可能要大得多,并且至少其中的生态循环可以自我维持
V	Ⅲ类自然保护地通常面积较大,国家公园(Ⅱ类)基本上是处于自然体系下或正在恢复到自然体系的过程中,而V类自然保护地是文化景观,目的是保持现状
Ⅵ	Ⅵ类自然保护地通常面积较大。除了维持生计或影响较小的游憩活动外,国家公园(Ⅱ类)通常不会有资源使用

资料来源: IUCN Guidelines for applying protected area management categories, 2008。

四　欧洲国家公园区域划分体系

绝大多数欧洲国家公园都是极大尺度的自然保护地，其中为了明确保护范围及方便管理也存在着不同区域的划分（见表4）。不难看出，总体上可

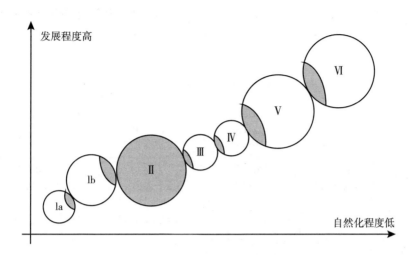

图 5　IUCN 分类体系下国家公园发展程度示意

注：阴影为国家公园，圆形面积为各类自然保护地建成面积。

以分为三种方式（见图 6）：一是将国家公园划分为三类及三类以上，15%～25% 的严格保护区、35%～70% 的生态保育区、5%～60% 的旅游发展区等；二是将国家公园划分为两类，65%～75% 的核心保护区、25%～35% 的发展管理区；三是将国家公园划分为两类，90% 左右的荒野保育区，10% 左右的生态缓冲区。

从以上数据可以看出，核心保护区、荒野保育区等核心区域在国家公园面积的占比还是非常高的，由于保护自然资源仍是欧洲国家公园最为重要的功能，因此可供游客游览的面积并不多。但值得一提的是，在实地调研的过程中，游客并没有感受到严格的区域划分。欧洲国家公园通过游径、标识等基础设施的设计，对游客的游览过程进行积极的引导，使游客在游览过程中自然而然地避开了生态敏感性较高的核心区域。另外，通过参与专业人士带领的环境教育活动，游客也可以获得进入核心保护区的机会，并从中得到完美的游览体验。

反观中国自然保护区"一刀切"的管理模式，游客大多数情况下只能在核心保护区外望而却步。事实上，在专业人士的带领下，少量游客的参观

游览并不会为自然带来不可逆的影响。相比之下，欧洲国家公园的管理方式更为人性化。

表4 欧洲国家公园分区

案例名称	分区统计								
Šumava NP	Zone I 核心保护区	39%	Zone II 生态缓冲区	57%	Zone III 发展活动区	4%	—		—
Abruzzo NP	Zone A 严格保护区	6.9%	Zone B 生态保育区	83.8%	Zone C 农业保护区	8.5%	Zone D 发展活动区		0.8%
Hohe Tauern NP	荒野保育区	18.3%	核心保护区	7.1%	生态缓冲区	13.3%	旅游发展区		61.3%
Bavarian Forest NP	核心保护区	68.03%	生态缓冲区	23.22%	旅游发展区	8.75%	—		—
KalKalpen NP	荒野保育区	89%	生态保护区	11%	—		—		—
Berchtesgaden NP	核心保护区	75%	发展管理区	25%	—		—		—
Kellerwald-Edersee NP	荒野保育区	90%	生态缓冲区	10%	—		—		—
Hortobágy NP	Zone A 严格保护区	15%	Zone B 生态保育区	80%	Zone C 旅游发展区	5%	—		—
Kiskunság NP	Zone A 严格保护区	24.4%	Zone B 生态保育区	44.7%	Zone C 旅游发展区	30.9%	—		—
Bükk NP	Zone A 严格保护区	25%	Zone B 生态保育区	70.75%	Zone C 旅游发展区	4.25%	—		—
Aggtelek NP	Zone A 严格保护区	19.5%	Zone B 生态保育区	13.2%	Zone C 旅游发展区	67.5%	—		—
Fert-Hanság NP	Zone A 严格保护区	16%	Zone B 生态保育区	60%	Zone C 旅游发展区	24%	—		—
Balaton-felvidék NP	Zone A 严格保护区	19.9%	Zone B 生态保育区	35.6%	Zone C 旅游发展区	44.5%	—		—
Wadden Sea NP	Zone I 荒野保育区	37%	Zone II 生态缓冲区	62%	Zone III 发展活动区	1%	—		—

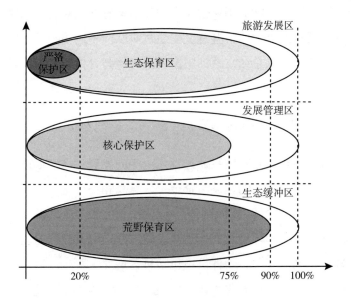

图6　欧洲国家公园区域划分体系示意

资料来源：Relations between IUCN-zoning and tourism in the Hungarian national parks，2004。

五　欧洲国家公园环境教育体系

欧洲自然保护地具有很多不可替代的作用，例如，游憩、康健、环境教育、可持续旅游、可持续化土地使用（农业、林业、渔业、狩猎）、乡镇可持续发展、国家及地域认同感、区域经济、综合区域发展等。其中，环境教育则是极为重要的一部分，与下一代的成长息息相关。依据 IUCN 对环境教育的定义，环境教育是建立价值观与概念认知的过程，这是为了培养人们理解并欣赏人与人、人与文化、人与环境之间的内在联系的能力和态度。这种认识和理解自然的能力是在童年的早期阶段形成的，这种基础能力对儿童今后的学习与发展有着举足轻重的作用。

另外，欧洲国家公园通过对公民的环境教育，提升了公民的环境保护意识。使得公民更早地意识到应如何与自然和平相处，从根本上减轻了自然环

境的负担。因此，探究欧洲国家公园中的环境教育体系对我国国家公园建设体系今后的发展有着极大的借鉴意义。通过对欧洲不同国家及不同类型国家公园的实地调研，可以总结出欧洲国家公园环境教育体系具有以下三个显著特点。

（一）成熟完善的设施体系

欧洲国家公园环境教育体系通过近几十年的发展，已经形成成熟完善的设施体系。尽管设施体系的建设与资金投入息息相关，是一个需要持续关注的过程，并非一朝一夕就可以完成的，但其中仍有很多方式值得我国国家公园借鉴。欧洲国家公园环境教育体系从设施方面上可大致分为两部分，即硬件设施与软件设施。其中，硬件设施包括科普展厅、野生动物观察设施、室外科教设施（交互设施、科教展板、解说牌）等，软件设施包括官方网站、相关应用程序以及科教活动等（见图7）。

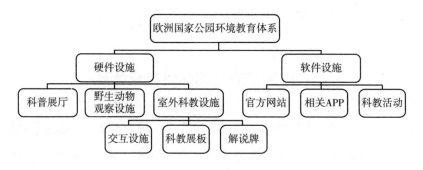

图7 欧洲国家公园环境教育体系

1.硬件设施

（1）科普展厅：通常科普展厅位于游客服务中心内，配备有完善的国家公园自然资源介绍，包括最具生态价值的珍稀物种、国家公园的自然地貌等。在展厅中，孩子们可以通过多种方式进行学习，如观看纪录片、触摸体验，以及游戏等（见图8）。交互式工具、视频与声音等元素的使用让教育内容对青少年更具有吸引力，另外，也会提高设施建设的成本。

（2）野生动物观察设施：在核心区域内，为了便于科研人员进行科学观测与研究，会建设一些野生动物观察设施，例如，法国克罗斯港国家公园的鸟类观测站（见图9）。这类观察设施可供人们近距离地观察野生状态下的动物，是环境教育中不可或缺的一部分。

（3）室外科教设施：该类设施包括交互设施、科教展板、解说牌三部分。在欧洲国家公园内，时常会在游客服务中心、交通枢纽等游客活动较为集中的场所设立交互设施与科教展板，让游客在潜移默化中了解关于国家公园的信息（见图10）。解说牌是最为基本的一类硬件设施，通常用来对物种信息进行标注，最为常见的是植物名称解说牌（见图11）。但如今，知识不能仅限于动植物的名字，还应包括更复杂的生态过程。因此目前，许多自然景观解说牌仍然存在文字量过大、形式过于枯燥等问题。

图8　德国海尼希国家公园
科普展厅（自摄）

图9　法国克罗斯港国家公园
鸟类观测点（自摄）

图10　荷兰南肯内默兰国家公园
科普展板（自摄）

图11　德国海尼希国家公园
解说牌（自摄）

2. 软件设施

（1）官方网站：绝大多数欧洲国家公园都拥有成熟完善的官方网站，承担着国家公园介绍、教育宣传、游憩指导等功能。通过游览网站，游客可以了解整个国家公园全貌，其所拥有的自然资源，以及可参与的环境教育活动等等。

（2）相关 APP：随着科技的发展，一些国家公园运用新兴媒体技术推出了面向市场营销，同时又可作为环境教育平台的应用程序。但另一些人并不认同这种方式，他们认为用身体感官来感受自然仍然是环境教育中最为重要的环节。

（3）科教活动：很大程度上，环境教育是通过丰富多样的科教活动实现的。欧洲国家公园的工作人员会综合考虑国家公园所拥有的自然资源，定期举办针对不同人群的环境教育活动，这些活动使游客有了更为丰富的游览体验，例如，法国克罗斯港国家公园的观鲸活动、德国海尼希公园的植物认知活动等。

（二）多种多样的科教活动

通过调研与数据收集，绝大多数欧洲国家公园都具有完善的宣传媒体与丰富多样的科教活动。相关科教活动可以分为四大类：动物认知、植物认知、环境认知、生存体验。

（1）动物认知：是最为人所熟知的环境教育方式，无论是在展馆内观摩动物模型还是在森林中徒步寻找野生动物的踪迹，都可以让人们感受自然的魅力。这些活动使青少年在了解动物习性的同时也对自然产生了浓厚的兴趣。

（2）植物认知：是较为宽泛的概念，除了在专业人士的带领下在森林中徒步寻找珍稀植物的体验，也包括多种多样的应季采摘体验。通过这些活动，城市中长大的孩子能够重新感受到久违的自然气息。

（3）环境认知：每年都有数千名学生利用国家公园提供的多种环境教育选择，学习、理解并解释自然。在国家公园中，学生可以更为直观的了解全球水循环或气候变化等当前环境问题，并提出自己的观点与大家交流。

（4）生存体验：则是最有意义的一类体验，通过这种方式可以教会孩子如何在森林中自给自足、获得野外生存的技能。这些丰富多样的科教活动成为人们与自然的桥梁，将欧洲国家公园环境教育功能发挥得淋漓尽致。

（三）经验丰富的工作人员

欧洲国家公园的工作人员均拥有专业的学科背景，无论是课堂讲解还是野外徒步都具有丰富的实践经验。在 20 世纪 80 年代初期，EUROPARC 已经开始针对欧洲国家公园从业人员开展一系列专业培训及经验交流活动。事实上，工作人员专业的学科背景是环境教育的保障，也是环境教育体系不可或缺的一部分。对比我国国家公园发展现状，很多在业工作人员都不具备专业的学科背景，这也是我国环境教育较难开展的一个重要原因。

六 欧洲国家公园的借鉴意义

世界自然保护联盟（IUCN）驻华代表朱春全曾指出，未来的中国国家公园与现有的风景区相比，最大的不同在于将提供完善的环境教育服务。因此，在未来十年发展具有中国特色的国家公园教育体系是完善我国国家公园社会功能的重要一环。

根据欧洲国家公园环境教育体系三个突出特点，其对我国国家公园的借鉴意义有以下三点。

一是完善我国国家公园环境教育体系的设施体系。无论是软件设施还是硬件设施，我国与欧洲均存在较大的差距。硬件设施的建设是我国面临的首要问题，并不能生搬硬套欧洲的模式。因为考虑到我国人口数量、资金投入等因素，硬件设施既需要满足使用需求，又需要克服以上问题。首先，应当重视硬件设施的设计，设计是对国家公园认识的根本；其次，合理安排资金使用情况，根据设计与实际需要，因地制宜的建设基础设施；最后，注重软件设施的宣传与使用，引导和教育民众与管理者共同参与、共同管理。

二是加强国家公园从业人员的专业背景。相比欧洲国家公园工作人员的专业化程度，我国国家公园仍需要经过长期的努力。应对目前在职工作人员进行全面系统的专业化培训，同时结合他们已有工作经验形成完善的知识体系。通过新的奖励与培训机制，让在职员工找到新的工作方向；另外，国家公园管理部门应招募并启用更多具有专业学科背景的工作人员，打破公务员与专业服务人员的招聘、薪资体制，为我国国家公园环境教育体系的专业发展打下坚实的基础。

三是开展多样化的环境教育活动。环境教育活动是能够鼓励人们接近自然、了解自然、保护自然的重要渠道，也是国家公园社会功能实现的重要途径。例如借助国际 NGO 组织或各类公益基金，大力保护发展绿色自然教育；合理、充分利用绿色金融手段，为开展各类活动提供必要的资金保障；提高对周边居民的培养，加入更多本地化元素，让周边居民共同参与到教育活动中，丰富完善适合不同人群的教育活动。

国家公园环境教育体系标志着国家公园社会功能的多样化，其发展也是国家公园发展进程中的必然趋势。通过国家公园环境教育体系建设，提升管理者与普通民众对国家公园的认知，它是城市、国家建设体系中的重要环节，是国家、城市大生态格局的基石之一，也是丰富国家、地域文化与民众生活的重要载体。相信通过借鉴欧洲国家公园的成熟经验，可以为我国国家公园未来发展带来更多的灵感。

参考文献

杨锐：《美国国家公园体系的发展历程及其经验教训》，《中国园林》2001 年第 1 期，第 62 ~ 64 页。

朱春全：《世界自然保护联盟（IUCN）自然保护地管理分类标准与国家公园体制建设》，《陕西发展和改革》2016 年第 3 期，第 7 ~ 11 页。

维基百科：《中华人民共和国国家公园列表》，https：//zh. wikipedia. org/zh-hans/中华人民共和国国家公园列表。

Wikipedia. List of national parks. https：//en. wikipedia. org/wiki/List_ of_ national_ parks, 2018 - 6 - 20：

EUROPARC Federation. Living Parks：100 Years of National Parks in Europe. IUCN, 2009.

Sweden National Park. History. http：//www. nationalparksofsweden. se/national-park-facts/history/, 2018 - 6 - 9：

IUCN. A brief history. https：//www. iucn. org/about/iucn-brief-history, 2018 - 6 - 22：

EUROPARC Federation. About us. https：//www. europarc. org/about-us/, 2018 - 6 - 22：

European Environment Agency. Number and size of protected areas.

https：//www. eea. europa. eu/themes/biodiversity/protected-areas/facts-and-figures/ number-and-size-of-protected-areas - 1. 2018 - 6 - 22：

Stolton S. Communicating values and benefits of protected areas in Europe//Results of a seminar organised by BfN and EUROPARC Federation at the International Academy for Nature Conservation, Vilm, Germany April. 2009, 14.

Abbas G. NASSD background paper：Environmental education. Gilgit：IUCN Northern Areas Programme, 2003.

Megerle H. Sensitizing people to natural forest dynamics：a report on a project in the Northern Black Forest, Germany. Mountain Research and Development, 2007, 27 (3)：284 - 285.

Christian Baumgartner. ENVIRONMENTAL EDUCATION IN PROTECTED AREAS ALONG THE DANUBE. http：//www. danubeparks. org/files/1847_ AssessmentTour_ QGuidelines_ Final. pdf, 2018 - 6 - 22：

罗欢欢：《中国国家公园来了》,《南方周末》2017 年第 5 期。

大 事 记

Memorabilia

B.16

中国城市发展大事记

(2017 年 7 月 1 日～2018 年 6 月 30 日)

武占云　张双悦*

2017 年 7 月 6 日　国务院发布《关于沈阳市城市总体规划的批复》（国函〔2017〕92 号），原则同意《沈阳市城市总体规划（2011～2020 年）》。

住房和城乡建设部印发《城镇污水处理工作考核暂行办法》的通知（建城〔2017〕143 号），要求进一步加强城镇污水处理设施建设和运行监管，全面提升城镇污水处理效能。

2017 年 7 月 15 日　国务院发布《关于批准焦作市城市总体规划的通知》（国办函〔2017〕72 号），原则同意《焦作市城市总体规划（2011～

---

* 武占云，中国社会科学院城市发展与环境研究所助理研究员，博士，研究方向：城市规划、城市与区域经济等；张双悦，首都经济贸易大学城市经济与公共管理学院区域经济学博士研究生，研究方向：城市与区域发展。

2020 年）》。

2017 年 7 月 16 日　国务院发布《关于同意将浙江省龙泉市列为国家历史文化名城的批复》（国函〔2017〕97 号），同意将龙泉市列为国家历史文化名城。

2017 年 7 月 17 日　住房和城乡建设部发布《关于开展城市停车设施规划建设督查工作的通知》（建办城函〔2017〕495 号），要求加快建设停车设施，加强停车用地保障等。

2017 年 7 月 20 日　国务院办公厅发布《关于批准马鞍山市城市总体规划的通知》（国办函〔2017〕73 号），原则同意《马鞍山市城市总体规划（2002～2020 年）（2017 年修订）》。

2017 年 7 月 28 日　国务院发布《关于鞍山市城市总体规划的批复》（国函〔2017〕111 号），原则同意《鞍山市城市总体规划（2011～2020 年）》。

2017 年 7 月 30 日　国务院发布《关于拉萨市城市总体规划的批复》（国函〔2017〕112 号），原则同意《拉萨市城市总体规划（2009～2020 年）》。

2017 年 8 月 11 日　国务院办公厅发布《关于批准泰安市城市总体规划的通知》（国办函〔2017〕80 号），原则同意《泰安市城市总体规划（2011～2020 年）（2017 年修订）》。

2017 年 8 月 16 日　国务院办公厅发布《关于批准湘潭市城市总体规划的通知》（国办函〔2017〕83 号），原则同意《湘潭市城市总体规划（2010～2020 年）（2017 年修订）》。

2017 年 9 月 1 日　国务院发布《关于支持山西省进一步深化改革促进资源型经济转型发展的意见》（国发〔2017〕42 号），指出要坚持改革引领、聚焦产业转型、突出生态优先、加强协同联动，强化山西省主体责任，加强与京津冀地区互动合作，加大国家层面指导和支持力度，协同推进资源型经济转型。

2017 年 9 月 7 日　国土资源部印发《关于加强城市地质工作指导意

见》，明确提出统筹城市地上地下建设，补齐城市绿色发展的地质工作短板，到2020年完成城市地质调查示范，到2025年实现地级以上城市地质工作全覆盖，以地质工作推动城镇加快形成绿色发展方式和绿色生活方式。

2017年9月10日　国务院办公厅发布《国务院办公厅关于批准牡丹江市城市总体规划的通知》（国办函〔2017〕86号），原则同意《牡丹江市城市总体规划（2006~2020年）（2017年修订)》。

国务院发布《关于抚顺市城市总体规划的批复》（国函〔2017〕122号），原则同意《抚顺市城市总体规划（2011~2020年)》。

2017年9月11日　国务院印发《国务院关于支持山西省进一步深化改革促进资源型经济转型发展的意见》（国发〔2017〕42号），要求将山西省建设成为创新创业活力充分释放、经济发展内生动力不断增强、新旧动能转换成效显著的资源型经济转型发展示范区。

2017年9月16日　国务院办公厅发布《关于批准阜新市城市总体规划的通知》（国办函〔2017〕88号），原则同意《阜新市城市总体规划（2001~2020年）（2017年修订)》。

住房和城乡建设部、国家发改委、财政部、能源局印发《关于推进北方采暖地区城镇清洁供暖的指导意见》（建城〔2017〕196号），要求按照"企业为主、政府推动、居民可承受"的方针，以满足群众取暖需求为导向，推进供暖供给侧改革，大力推进清洁能源利用，加快推进北方采暖地区城镇清洁供暖工作。

2017年9月19日　国务院办公厅发布《关于批准伊春市城市总体规划的通知》（国办函〔2017〕89号），原则同意《伊春市城市总体规划（2011~2020年）（2017年修订)》。

2017年9月21日　国务院办公厅发布《关于批准大同市城市总体规划的通知》（国办函〔2017〕92号），原则同意《大同市城市总体规划（2006~2020年）（2017年修订)》。

2017年9月28日　国务院办公厅发布《关于批准盘锦市城市总体规划的通知》（国办函〔2017〕111号），原则同意《盘锦市城市总体规划

（2011～2020 年）》。

2017 年 9 月 29 日　国务院办公厅发布《关于批准嘉兴市城市总体规划的通知》（国办函〔2017〕113 号），原则同意《嘉兴市城市总体规划（2003～2020 年）（2017 年修订)》。

2017 年 10 月 13 日　住房和城乡建设部印发《城市湿地公园管理办法》的通知（建城〔2017〕222 号），《国家城市湿地公园管理办法（试行）》（建城〔2005〕16 号）同时废止。

2017 年 10 月 15 日　国务院发布《关于同意将吉林省长春市列为国家历史文化名城的批复》（国函〔2017〕131 号），同意将长春市列为国家历史文化名城。

2017 年 11 月 20 日　国务院办公厅印发《关于创建"中国制造 2025"国家级示范区的通知》（国办发〔2017〕90 号），对"中国制造 2025"国家级示范区创建工作进行全面部署。

2017 年 11 月 23 日　国务院办公厅发布《关于批准新乡市城市总体规划的通知》（国办函〔2017〕124 号），原则同意《新乡市城市总体规划（2011～2020 年）（2017 年修订)》。

2017 年 12 月 4 日　国务院办公厅发布《关于批准鹤岗市城市总体规划的通知》（国办函〔2017〕135 号），原则同意《鹤岗市城市总体规划（2006～2020 年）（2017 年修订)》。

2017 年 12 月 5 日　国务院发布《关于贵阳市城市总体规划的批复》（国函〔2017〕140 号），原则同意《贵阳市城市总体规划（2011～2020 年）（2017 年修订)》。

2017 年 12 月 11 日　国务院发布《关于同意设立中韩产业园的批复》（国函〔2017〕142 号），同意在江苏省盐城市设立中韩（盐城）产业园，在山东省烟台市设立中韩（烟台）产业园，在广东省惠州市设立中韩（惠州）产业园。

2017 年 12 月 15 日　国务院发布《关于上海市城市总体规划的批复》（国函〔2017〕147 号），原则同意《上海市城市总体规划（2017～2035

年)》。

2017 年 12 月 20 日　住房和城乡建设部印发《关于加快推进部分重点城市生活垃圾分类工作的通知》（建城〔2017〕253 号），明确要求 2020 年底前 46 个重点城市基本建成生活垃圾分类处理系统，基本形成相应的法律法规和标准体系，形成一批可复制、可推广的模式。

2018 年 1 月 9 日　国务院发布《关于关中平原城市群发展规划的批复》（国函〔2018〕6 号），原则同意《关中平原城市群发展规划》。

2018 年 1 月 12 日　住房和城乡建设部印发《关于做好推进"厕所革命"提升城镇公共厕所服务水平有关工作的通知》（建城〔2018〕11 号），要求全面落实习近平总书记关于"厕所革命"的重要指示，提升城镇公共厕所服务水平，满足人民日益增长的美好生活需要。

2018 年 2 月 1 日　国务院发布《关于同意宁波、温州高新技术产业开发区建设国家自主创新示范区的批复》（国函〔2018〕13 号），同意宁波、温州两个高新技术产业开发区建设国家自主创新示范区，区域范围为国务院有关部门公布的开发区审核公告确定的四至范围。

2018 年 2 月 2 日　国家发改委、住房和城乡建设部印发《关于关中平原城市群发展规划的通知》（发改规划〔2018〕220 号），通知指出要努力把关中平原城市群建设成为具有国际影响力的国家级城市群、内陆改革开放新高地。

2018 年 2 月 5 日　国务院发布《关于呼包鄂榆城市群发展规划的批复》（国函〔2018〕16 号），原则同意《呼包鄂榆城市群发展规划》。

2018 年 2 月 13 日　国务院发布《关于同意太原市建设国家可持续发展议程创新示范区的批复》（国函〔2018〕30 号），同意太原市以资源型城市转型升级为主题，建设国家可持续发展议程创新示范区。

国务院发布《关于同意深圳市建设国家可持续发展议程创新示范区的批复》（国函〔2018〕32 号），同意深圳市以创新引领超大型城市可持续发展为主题，建设国家可持续发展议程创新示范区。

2018 年 2 月 22 日　国务院发布《关于兰州—西宁城市群发展规划的批

复》（国函〔2018〕38 号），原则同意《兰州—西宁城市群发展规划》。

2018 年 2 月 28 日　国务院发布《关于同意荆州高新技术产业园区升级为国家高新技术产业开发区的批复》（国函〔2018〕40 号）、《关于同意黄石大冶湖高新技术产业园区升级为国家高新技术产业开发区的批复》（国函〔2018〕41 号）、《关于同意潜江高新技术产业园区升级为国家高新技术产业开发区的批复》（国函〔2018〕42 号）、《关于同意湛江高新技术产业开发区升级为国家高新技术产业开发区的批复》（国函〔2018〕43 号）、《关于同意茂名高新技术产业开发区升级为国家高新技术产业开发区的批复》（国函〔2018〕44 号）、《关于同意楚雄高新技术产业开发区升级为国家高新技术产业开发区的批复》（国函〔2018〕45 号）、《关于同意淮南高新技术产业开发区升级为国家高新技术产业开发区的批复》（国函〔2018〕46 号）、《关于同意荣昌高新技术产业开发区升级为国家高新技术产业开发区的批复》（国函〔2018〕47 号）、《关于同意永川高新技术产业开发区升级为国家高新技术产业开发区的批复》（国函〔2018〕48 号）、《关于同意九江共青城高新技术产业园区升级为国家高新技术产业开发区的批复》（国函〔2018〕49 号）、《关于同意宜春丰城高新技术产业园区升级为国家高新技术产业开发区的批复》（国函〔2018〕50 号）、《关于同意怀化高新技术产业开发区升级为国家高新技术产业开发区的批复》（国函〔2018〕51 号），同意上述开发区实行现行的国家高新技术产业开发区的政策。

2018 年 3 月 7 日　国务院办公厅印发《关于保障城市轨道交通安全运行的意见》（国办发〔2018〕13 号），指出要构建综合治理体系、有序统筹规划建设运营、强化运营安全管理、提升应急处置能力、完善保障措施，切实保障城市轨道交通安全运行。

2018 年 3 月 9 日　国家发改委印发《关于实施 2018 年推进新型城镇化建设重点任务的通知》，围绕加快农业转移人口市民化、提高城市群建设质量、提高城市发展质量、加快推动城乡融合发展和深化城镇化制度改革提出了二十项重点任务。

2018 年 3 月 12 日　全国爱卫会发布了《关于命名国家卫生城市（区）

的决定》（全爱卫发〔2018〕1号），命名辽宁省丹东市等9个城市（区）为国家卫生城市（区），要求被命名城市（区）落实国务院《关于进一步加强新时期爱国卫生工作的意见》，推进新时代爱国卫生工作全面深入开展，建立健全城市卫生长效管理机制，着力解决影响群众健康的突出问题。

2018年3月13日 国家发改委、住房和城乡建设部发布《关于印发兰州—西宁城市群发展规划的通知》（发改规划〔2018〕423号），要求着眼国家安全，立足西北内陆，面向中亚西亚，把兰州—西宁城市群培育发展成为支撑国土安全和生态安全格局、维护西北地区繁荣稳定的重要城市群。

2018年3月28日 全国爱卫会发布《关于印发全国健康城市评价指标体系（2018版）的通知》（全爱卫发〔2018〕3号），要求各地充分认识健康城市评价工作的重要意义，认真做好全国健康城市评价工作，组织开展好各地区健康乡村评价工作。

2018年4月18日 财政部发布《关于下达2018年中央对地方资源枯竭城市转移支付的通知》（财预〔2018〕56号），要求省级财政部门要根据本地资源枯竭城市和独立工矿区、采煤沉陷区转型发展情况和财力水平，适当加大转移支付规模，完善省对下转移支付分配办法，重点向财政收支矛盾突出的资源枯竭试点城市，转型发展任务重的独立工矿区、采煤沉陷区倾斜等。

2018年5月3日 国家发改委、住房和城乡建设部发布《关于推进资源循环利用基地建设的通知》（发改办环资〔2018〕502号），对开展资源循环利用基地建设工作进行了要求和部署。

2018年5月10日 国务院发布《关于同意将河北省蔚县列为国家历史文化名城的批复》（国函〔2018〕70号），同意将蔚县列为国家历史文化名城。

2018年5月23日 国务院发布《关于做好自由贸易试验区第四批改革试点经验复制推广工作的通知》（国发〔2018〕12号），明确了复制推广的主要内容。

2018年5月24日 国务院印发《关于印发进一步深化中国（广东）自

由贸易试验区改革开放方案的通知》（国发〔2018〕13 号）、《关于印发进一步深化中国（天津）自由贸易试验区改革开放方案的通知》（国发〔2018〕14 号）、《关于印发进一步深化中国（福建）自由贸易试验区改革开放方案的通知》（国发〔2018〕15 号），对进一步深化自贸试验区改革开放进行了部署。

2018 年 6 月 7 日　国务院办公厅印发《关于公布山西太宽河等 5 处新建国家级自然保护区名单的通知》（国办发〔2018〕41 号），公布了山西太宽河、吉林头道松花江上游、吉林甑峰岭、黑龙江细鳞河、贵州大沙河 5 处新建国家级自然保护区。

2018 年 6 月 27 日　国务院发布《关于印发打赢蓝天保卫战三年行动计划的通知》（国发〔2018〕22 号），指出要以京津冀及周边地区、长三角地区、汾渭平原等区域（以下称重点区域）为重点，持续开展大气污染防治行动，要求到 2020 年地级及以上城市空气质量优良天数比率达到 80%，重度及以上污染天数比率比 2015 年下降 25% 以上。

Abstract

Land is the mother of all things. Economic and social development as well as people's production and life require land as a space carrier to provide support and continuous supply. Since the reform and opening up, China's urbanization and economic development have shown a high degree of dependence on land. Although it promoted the rapid development of the economy, it also led to a series of social and environmental problems such as the disorderly spread of urban land, the large amount of rural construction land, the inefficiency of land use, the contradiction of land acquisition and demolition, and the destruction of ecological environment. At present, China's economy has shifted from a high-speed growth stage to a high-quality development stage. Strengthening land management, optimizing land development methods, and improving land use efficiency have become important tasks in the new era. The report of the 19th National Congress of the Communist Party of China also emphasized that it is necessary to build a land-based space development and protection system and promote comprehensive land-based governance.

The "China Urban Development Report No. 11" (hereinafter referred to as the "Report") is based on the theme of "The Transformation of Urban and Rural Areas by Great Powers" and closely integrates the spirit of the 19th National Congress. A total of seven chapters were designed, including "General Report", comprehensive article, land planning, land remediation, urban and rural reform, international experience, and development memorabilia. Through the sub-theme, the paper analyzes the status quo and problems of land development and land management in China, systematically evaluates the healthy development of China's cities, and combines international experience to put forward the general ideas and countermeasures for "big country governance". It is worth emphasizing that in this "Report", the "governance" of "Land Governance in China" is a "governance" in a broad sense, that is, through scientific planning, rational development, efficient use and protection and rectification of land resources, achieving overall improvement and sustainable development of land use efficiency.

The "Report" pointed out that China's land resources have the following characteristics: large total resources, small per capita, relatively insufficient reserve resources; more mountains, less plains, lower overall quality of cultivated land; large differences in natural endowments, uneven distribution of regional resources, etc. , bringing great difficulties for the development and utilization of land.

With the deepening development of China's land space planning, land ecological improvement and land system reform, the land development and utilization and land management measures have been continuously upgraded, the level of land and resources utilization has been improved, and the national ecological environment has been initially improved. At present, the increase of construction land in China is decreasing year by year, the land use efficiency is continuously improved, the urbanization of land is faster than the population urbanization trend is initially reversed, and land desertification and stony desertification are effectively controlled. However, at the same time, due to poor spatial planning, imperfect rural land system, insufficient land governance, problems such as upside down of urban and rural construction land, continuous reduction of per capita arable land, low utilization efficiency of agricultural land, illegal occupation of agricultural land, soil pollution, and degradation of ecosystem functions still exist.

In view of the problems existing in China's land development and utilization and land management, the "Report" suggests that we should base on China's national conditions and learn from international successful experiences to promote the improvement of land use efficiency and maintain national ecological security. First of all, comprehensively promote "multi-regulation", give full play to the role of planning, guidance and control; secondly, promote the development of land-based space agglomeration and human-land linkage, and promote high-quality development of urban and rural areas; third, strictly implement the intensive land use and further improve the land use efficiency; fourth, continue to deepen the urban-rural land system reform and build a unified urban and rural land market.

Fifth, increase pollution prevention and restoration efforts, and comprehensively safeguard the national ecological security; finally, improve relevant laws and regulations, and guide the public to participate. Through the joint efforts of the government and all walks of life, we will open up new ways for the sustainable use of land and resources through the green concept and promote the healthy development of urban and rural areas.

Contents

I General Report

Abstract: At present, China's economy has shifted from a high-speed growth stage to a high-quality development stage. Strengthening land management, optimizing land development methods, and improving land use efficiency have become important tasks in the new era. This paper focuses on the characteristics of China's land resources, the status of development and utilization, as well as problems and challenges. And on this basis, aiming at promoting land use efficiency improvement and maintaining national ecological security, putting forward suggestions that improving the level of land management and governance, optimizing the development and utilization model of land and space, promoting the development of land resources and the linkage of people and land, continuing to deepen the reform of urban and rural land system with the core of releasing

城市蓝皮书

management rights, and comprehensively safeguarding the ecological security of the country through ecological construction and comprehensive governance.

Keywords: Land; Governance; Development; Utilization; Reform

II   Comprehensive Chapter

B. 2   Evaluation of China's Healthy City Development in 2017

Wu Zhanyun, Shan Jingjing and Fu Jin / 051

Abstract: Under the realistic background of China's economy entering a high-quality development stage, as the most economical space unit, the healthy development of the city is particularly important. According to the results of China's healthy city evaluation in 2017, the healthy development of urban areas in the eastern region is generally dominant, the urban health level in the central region has improved significantly, the cities in the western region are in a state of steady improvement, and the gap between the northeast region and the other three regions has expanded significantly. There are gradient differences in urban health levels at different administrative levels, and a hierarchical administrative system has created an unfair competitive environment for urban development. In view of the current problems of the development of China's urban development, the concept of healthy development is biased, the regional development gap is too large, and the administrative level is biased, This paper suggests that we should comprehensively improve various economic and social environmental factors affecting health unfairness from the aspects of strengthening dynamic assessment, strengthening classification guidance, and district policy, and construct a long-term mechanism to promote urban health and sustainable development.

Keywords: Health development index; Size distribution; Regional gap; Administrative level

B. 3   The main tasks, progress and effectiveness of ecological

land construction   *Li Hongyu* / 085

Abstract: The construction of ecological land is a new era of land and resources management from the overall height of ecological civilization construction, with the overall goal of realizing the sustainable development of beautiful China and the Chinese nation, and promoting the unification of economic, social and ecological benefits. The main tasks of ecological land construction include optimizing land development pattern, saving and intensive use of resources, conserving natural resources and rehabilitating ecology, coordinating the development and protection of marine ecology by land and sea, and reforming and improving the natural resource management system. Since the 18th National Congress of the Communist Party of China, the overall ecological land construction has been improved, the land development pattern has been further optimized, and the resources for conservation and intensive use have made great progress. The protection of natural resources and ecological restoration have become more systematic, and the development of land and sea and the protection of marine ecological protection have been further advanced, the natural resource management system has been gradually improved, but there are also some problems. In the future, ecological land construction needs to do at least the following four points: first, to strengthen the protection of the source of land and resources, second, to accelerate the transformation of resource utilization and management methods, third, to accelerate the pace of scientific and technological innovation, and fourth, to strengthen the legal system and policy guarantees.

Keywords: Ecological land construction; Land Resources; Ecosystem; Natural resources

城市蓝皮书

Ⅲ   Land Planning Chapter

B. 4   Territoral spatial planning in the context of integrating
       different plans into one

Zhao Yuntai, Ge Qianqian / 103

Abstract: To set up a functioning territorial spatial planning system is a powerful method to strengthen a country's capability of spatial governance. This article puts forward the logical framework of formulating spatial plans by both literature review method and comprehensive analysis method with combing the status quo of the country's spatial planning system, analyzing differences of the existing plans and the causes of conflicts between these plans, as well as integrating current value orientation of spatial planning. In the article, the task assignment, the content, the technical scheme and implementation effect of the territorial spatial plan of Yulin City, Shan'xi Province are introduced as an example. In term of territorial spatial planning, speeding up legislation, improving the whole system and enhancing land use regulation should be on the to-do-list in the future.

Keywords: Territorial spatial planning, planning system, land use control

B. 5   Progress and Countermeasures of Optimization of
       production-ecological-living Space   *Wu Zhanyun* / 117

Abstract: In the critical period when China's economic development enters a stage of high-quality growth, the coordination of economic development goals, ecological environment improvement goals and social progress goals requires the overall optimization of production space, ecological space and living space. Based on the classification of China's current national land space, this paper defines the connotation and function of production, life and ecological space, and analyzes the progress and problems of China's production-ecological-living space optimization, and proposes that the land space management ability should be improved from the aspects of reconstructing the spatial planning system, strengthening the space use control, improving the spatial planning legislation and establishing a differentiated performance appraisal mechanism, so as to realize the coordinated development of the production-ecological-living space.

Keywords: Production space; Ecological space; Living space; Land optimization; Use control

B. 6 Application of New Technology in Land Planning and Management

Geng Bing / 136

Abstract: Land planning and management is a complex system engineering involving massive geographic information data, safe and reliable data storage methods, and complex property rights relationships. Therefore, it is necessary to rely on new ideas, new technologies, and new methods to improve the effectiveness of land management work and the accuracy of decision-making, and to achieve efficient use of land resources. This paper introduces new technologies in land planning and management, including modern mapping and geographic information technologies, such as remote sensing technology, global navigation satellite systems, geographic information technology, and "3S" integration technologies, and new technologies resulting from the convergence of mobile internet, big data, cloud computing, artificial intelligence and virtual reality technologies. This paper also introduces the exploration and application of new technologies in land planning and management by taking the land resources survey, land space planning, national conditions dynamic supervision and emergency support services as examples. Through combing and summarizing, this paper looks forward to the development prospects and trends of the application of new land planning and management technologies.

Keywords: Land planning, Land management, Surveying and mapping geographic information technology, New technology, Application

Ⅳ   Land Remediation Chapter

B. 7   Desertification Situation and Control Strategy in China

Huang Shunjiang / 150

Abstract: China has vast desert land. At the same time, China is also one of the countries that have achieved a progress in combating desertification. Since the beginning of the new century, the state has stepped up efforts to combat desertification, and has launched a series of action plans such as Beijing-Tianjin sand source control, returning farmland to forests and grassland, and grassland ecological protection subsidies. After nearly 20 years of hard work, an improvement has been made in the northern part of China. The trend of seriously desertification, which has continued to deteriorate since the 1960s, has stopped. However, it is not a fundamental reversal. Desertification continues, and it is still the most prominent ecological problem and the biggest obstacle to be beautiful China. The string that governs desertification cannot be loose. At present, our national economy enters a new stage of high-quality development, and the people await eagerly a beautiful ecological environment. The desertification governance model should been changed from "treatment of sand" to "ruling people", focusing on regulating their environmental behavior and reducing the overall ecological load by improving national economic quality. It is useful to create conditions for naturally recuperation of desertified lands. We must take Xi Jinping's thought of ecological civilization as a guide to build ecological civilization. A systematic strategies to combat desertification should been adopt: first, to promote green development and to improve economic quality; second, to accelerate the pace of urbanization, promoting the population and economic activities to concentrate in cities and towns; third, to implement key development strategies to concentrate developing activities in a few areas with relatively superior ecological conditions in the central and western regions; fourth, to implement the "National Main Functional Area Planning" and to design basic ecological functional areas (ecological red lines) to maximize ecological lands.

Keywords: desert, desertification, land degradation, ecological civilization

B. 8   Utilization Mode and Treatment Methods of Urban Brownfield
in China   *Fu Meichen, Lei Yahui and Wang Yixuan* / 167

Abstract: Driven by the optimization and upgrading of urban industrial structure, the large area of remaining brownfield has brought about many problems such as soil pollution, ecosystem disturbance, and landscape heterogeneity. In this paper, through the collection of domestic and foreign literature and case studies on the development of brownfields, combined with the examples of brownfield reutilization in China, we analyzed the five typical patterns of brownfield reuse (urban public space model, cultural industry district model, new type of residence district model, urban industrial district model, and commercial district model), summed up the governance methods of landscaping elements such as topography, soil, water system, and vegetation, as well as the selection and design of brownfield recycling model. The results show that the current brownfield reuse in China is mainly guided by urban and rural planning. According to its location, natural conditions and evolution, it determines its urban functions and the best potential it can play, and stimulates the redevelopment model of urban vitality. According to the function of the brownfield partition, the use of ecological and diversified restoration technologies will gradually increase the social value of landscape elements. In general, the brownfield reutilization work in China has progressed steadily. The brownfield restoration process has continued to deepen and improve, and the restoration system has also become more robust. However, the depth of relevant policy safeguard measures and financing systems needs to be strengthened.

Keywords: brownfield; brownfield governance; brownfield reuse

城市蓝皮书

B. 9   Local Practice of Brownfield Management and Reuse in China

Zheng Xiaodi , Zhuo Baihui and Fu Quanchuan / 183

Abstract: The promotion of ecological civilization construction and the release of policy documents such as "Ten Soil" have effectively promoted the practice of brownfield governance and reuse in China. Industrial and infrastructure idle land, mining wasteland and landfills are the three main types of brownfields in China. According to various types of characteristics and target uses, the brownfield regeneration practice is subdivided into eleven types, and each type of conceptual characteristics, policy background, practice scale, typical cases, etc. are sorted and interpreted, striving to build a panoramic view of China's current practice of brownfield regeneration. At the end of the article, the paper discusses the failure lessons caused by the lack of pollution information, the irregularity of the repair process, and the tight design and construction time of the brownfield management process, and looks forward to the future practice of brownfield in China. China's brownfields are diverse in scale and large in scale and there are huge opportunities and challenges for future brownfield management and reuse. Existing practices can provide valuable experience for future work.

Keywords: Brownfield; Governance; Reuse; China; Practice

B. 10   Current Situation and Progress of Soil Pollution Control
in Agricultural Land   *Cong Xiaonan , Shan Jingjing / 203*

Abstract: The use of chemical fertilizers and pesticides in China is at a high level in the world, causing serious pollution in agricultural land. The pollution poses a major hidden danger to food safety, land security and ecological safety. Reducing and controlling agricultural land pollution by ecological way and

Protecting soil environment is the inherent requirement and inevitable choice to realize rural revitalization, improve high quality development of agriculture, promote ecological civilization construction and maintain national fundamental security. To promote pollution control in agricultural land, we should the improve legislation on farmland soil environmental protection, strengthen supervision on soil environmental pollution, formulate and improve the green agricultural standard system, encourage enterprises to play the main role of innovation agents, and establish the demonstration system of ecological agriculture technology promotion.

Keywords: soil pollution; agricultural land; chemical fertilizer; farm chemical; ecological safety

V   Urban and Rural Land Reform Chapter

B. 11   The reform of China's sceond-hand land market

Wang Jianwu / 216

Abstract: By combing the development course of the sceond-hand market in China, including transfer, lease and mortgage, this paper expounds the significance of the development of the sceond-hand land market, and on the basis of the analysis of the problems existing in the sceond-hand market, puts forward the direction of the development of the sceond-hand market of China's land and the policy suggestions in the future.

Keywords: sceond-hand market, transfer, rental, mortgage

B. 12   Analysis of the "Three Rights Division" of the Homestead

Yue Yongbing / 230

Abstract: This paper introduces the progress of the practice of "Three

Rights Division" in the homestead from the aspects of implementing collective ownership, guaranteeing farmers' qualification rights and appropriately releasing living rights. Then, the dispute on the nature of the qualification right and the use right is analyzed. The problems in the process of implementation of ownership, the identification of the right of qualification and the transfer of use right are analyzed. Finally, suggestions are put forward from five aspects to promote the "three rights division" of the homestead: organizing the collective economic organization, introducing the guidance, managing the homestead which is for the operational use in accordance with the original use, promoting the circulation of the homestead in the county range, and accelerating the reform of related fields.

Keywords: three rights division; homestead; rural land system

Ⅵ International Experience Chapter

B. 13　Spatial Planning System and Development Trend in Major

Developed Countries　　　　　　　　　　*Miao Tingting* / 241

Abstract: In different countries, different government systems or different stages of social development, the legal basis, formulation model, content and effect of spatial planning system vary greatly. The developed countries, such as Germany, the Netherlands, France, the United Kingdom, the United States, and Japan, have undergone a spatial planning process for about a century, and their planning systems have grown mature and displayed their own characteristics. On basis on this, this article systematically summarizes the legal system, administrative system, compilation management, goals and effects of spatial planning in these six developed countries, and discusses their planning trends in recent years and in the future.

Keywords: Spatial planning; developed countries; development trend

Abstract: China is in the stage of rapid urbanization, and the management and redevelopment of brownfields has undoubtedly become an inevitable problem in the sustainable development of cities. With the deepening of the global sustainable development agenda, the governance and redevelopment of brownfields has long been valued by foreign government departments. Some developed countries have taken concrete measures and achieved some empirical results. This paper summarizes the experience of brownfield management by sorting out the measures of different countries for brownfield management, and provides reference for the brownfield management in China.

Keywords: Brownfield governance; Governance model; Experience

Abstract: At present, the system construction of Chinese national parks is still in the rudimentary stage. With the launch of pilot projects of national parks, using the mature experience of developed countries has become an important part of the development. According to the evolution of European National Park establishment purposes, the development process is divided into three phases. Meanwhile, it analyses the special niche of National Park in the IUCN protected area categories and explains the importance of region zoning in European National Park. In the end, this article sorts out the characteristics of the European national park system and choose the most unique environmental education system to introduce, which are the references to the construction of Chinese national park system.

Keywords: National park system construction, Environmental education system, Nature protected area, European National Park

Ⅶ Memorabilia

社会科学文献出版社 **皮书系列**

✤ 皮书起源 ✤

"皮书"起源于十七、十八世纪的英国,主要指官方或社会组织正式发表的重要文件或报告,多以"白皮书"命名。在中国,"皮书"这一概念被社会广泛接受,并被成功运作、发展成为一种全新的出版形态,则源于中国社会科学院社会科学文献出版社。

✤ 皮书定义 ✤

皮书是对中国与世界发展状况和热点问题进行年度监测,以专业的角度、专家的视野和实证研究方法,针对某一领域或区域现状与发展态势展开分析和预测,具备原创性、实证性、专业性、连续性、前沿性、时效性等特点的公开出版物,由一系列权威研究报告组成。

✤ 皮书作者 ✤

皮书系列的作者以中国社会科学院、著名高校、地方社会科学院的研究人员为主,多为国内一流研究机构的权威专家学者,他们的看法和观点代表了学界对中国与世界的现实和未来最高水平的解读与分析。

✤ 皮书荣誉 ✤

皮书系列已成为社会科学文献出版社的著名图书品牌和中国社会科学院的知名学术品牌。2016年,皮书系列正式列入"十三五"国家重点出版规划项目;2013~2018年,重点皮书列入中国社会科学院承担的国家哲学社会科学创新工程项目;2018年,59种院外皮书使用"中国社会科学院创新工程学术出版项目"标识。

基本子库
SUB DATABASE

中国社会发展数据库（下设 12 个子库）

全面整合国内外中国社会发展研究成果，汇聚独家统计数据、深度分析报告，涉及社会、人口、政治、教育、法律等 12 个领域，为了解中国社会发展动态、跟踪社会核心热点、分析社会发展趋势提供一站式资源搜索和数据分析与挖掘服务。

中国经济发展数据库（下设 12 个子库）

基于"皮书系列"中涉及中国经济发展的研究资料构建，内容涵盖宏观经济、农业经济、工业经济、产业经济等 12 个重点经济领域，为实时掌控经济运行态势、把握经济发展规律、洞察经济形势、进行经济决策提供参考和依据。

中国行业发展数据库（下设 17 个子库）

以中国国民经济行业分类为依据，覆盖金融业、旅游、医疗卫生、交通运输、能源矿产等 100 多个行业，跟踪分析国民经济相关行业市场运行状况和政策导向，汇集行业发展前沿资讯，为投资、从业及各种经济决策提供理论基础和实践指导。

中国区域发展数据库（下设 6 个子库）

对中国特定区域内的经济、社会、文化等领域现状与发展情况进行深度分析和预测，研究层级至县及县以下行政区，涉及地区、区域经济体、城市、农村等不同维度。为地方经济社会宏观态势研究、发展经验研究、案例分析提供数据服务。

中国文化传媒数据库（下设 18 个子库）

汇聚文化传媒领域专家观点、热点资讯，梳理国内外中国文化发展相关学术研究成果、一手统计数据，涵盖文化产业、新闻传播、电影娱乐、文学艺术、群众文化等 18 个重点研究领域。为文化传媒研究提供相关数据、研究报告和综合分析服务。

世界经济与国际关系数据库（下设 6 个子库）

立足"皮书系列"世界经济、国际关系相关学术资源，整合世界经济、国际政治、世界文化与科技、全球性问题、国际组织与国际法、区域研究 6 大领域研究成果，为世界经济与国际关系研究提供全方位数据分析，为决策和形势研判提供参考。

法律声明